Barbara Schaupp

# Meine Route 66

Barbara Schaupp

# Meine Route 66

## Die Back-to-the-Roots-Tour
## von Oberjettingen nach Wuppertal

Eine Reiseerzählung

**Impressum**

Bibliografische Information der Deutschen Nationalbibliothek: Die Deutsche Nationalbibliothek verzeichnet diese Publikation in der Deutschen Nationalbibliografie; detaillierte bibliografische Daten sind im Internet über http://dnb.dnb.de abrufbar.

Die automatisierte Analyse des Werkes, um daraus Informationen insbesondere über Muster, Trends und Korrelationen gemäß §44b UrhG („Text und Data Mining") zu gewinnen, ist untersagt.

© 2024 Barbara Schaupp

Verlag: BoD · Books on Demand GmbH,
In de Tarpen 42,
22848 Norderstedt

Druck: Libri Plureos GmbH, Friedensallee 273, 22763 Hamburg

ISBN: 978-3-7693-0700-9

# Inhaltsverzeichnis

# VORWORT

Beim Ausmisten unseres Dachbodens fällt mir ein zerfleddertes, abgegriffenes gelbes Buch in die Hand: *„Sang und Klang für's Kinderherz"* [1] mit Bildern von Paul Hey (1867-1952). Ich setze mich auf den Boden und fange an zu blättern. Umgehend werde ich in mein altes Kinderzimmer zurückversetzt. Auf einer Schlafcouch lasse ich mir vom Frankfurter Kinderchor die dazugehörigen Lieder ins Herz singen, immer und immer wieder. Meine Lieblingsbilder ziehen mich an. Die Wandersmänner haben es mir ganz besonders angetan. Gleich auf einer der ersten Seiten stehe ich hinter einer dunklen Gestalt, die sich mit Stock und Beutel auf einem Felsen ausruht. Sie blickt von oben auf einen Fluss, der sich durch ein bewaldetes, felsiges Tal schlängelt, vorbei an einer kleiner Ortschaft. Weit hinten zieht sich ein indigofarbenes Gebirge am Horizont entlang. Der Himmel wirkt bedrohlich mit seinen dunklen Wolken. *„Begleitest mich, du lieber Fluss... Bist traurig, dass ich wandern muss..."* [12] höre ich so deutlich, als hätte ich die kleine dazugehörige schwarze Scheibe noch einmal auf den Plattenspieler gelegt. Ich blättere etwas weiter und entdecke einen dunklen Fußgänger vor mir, ganz klein einem grasbewachsenen Weg. Er wandert rechts entlang eines Flusses. Auf der linken Seite erheben sich hinter einem Gehöft hohe, schroffe Felsen. Der Himmel verbreitet trübes Licht. *„Er geht viele Straßen, er sieht manchen Ort; doch fort muss er wieder, muss weiter fort."* [3] Und gleich auf der nächsten Seite treffe ich diesen jungen Mann, der am Brunnen trinkt. Hut und Wanderstab hält er in der linken Hand. Sein breiter Weg führt in einer scharfen Kurve nach links. Hinter Bäumen, Fluss und Wiesen erhebt sich ein Felsen mit Burgruine, geheimnisvoll in leichten Nebel gehüllt. *„Wem Gott will rechte Gunst erweisen, den schickt er in die weite Welt, dem will er seine Wunder weisen in Berg und Wald und Strom und Feld."* [4.] Puh, welch schaurig schönen Gefühle lösten diese Szenen damals bei mir aus! Manches Mal rührten mich Bild, Wort und Klang sogar zu Tränen. Und jetzt, nach über sechzig Jahren, wirken die drei romantischen Aquarelle immer noch merkwürdig anziehend auf mich. Ich spüre sie plötzlich wieder, diese unbestimmte Sehnsucht. Mir kommt der Verdacht, dass sie seit damals in mir geschlummert haben könnte, ohne dass ich mir dessen auch nur ansatzweise bewusst gewesen wäre. Hat sie letztlich für den konkreten Fernwanderplan gesorgt, der mir im letzten Jahr meines Berufslebens scheinbar so ganz und gar aus heiterem Himmel in den Sinn schoss?

Bild 1: Wandersehnsucht im Kinderzimmer

Ich befinde mich im Besitz einer „Löffelliste". Darauf sind Unternehmungen gesammelt, die ich noch durchziehen möchte, solange ich lebe – sozusagen, bevor ich den „Löffel abgebe". Neben anderen mehr oder weniger verrückten Dingen steht seit Jahren eine *„mehrtägige Wanderung von zuhause aus"* darauf. Und dann, ein gutes halbes Jahr vor meinem Ruhestand formulierte ich diesen Eintrag auf einmal ganz präzise: *„Ich möchte überwiegend alleine von Oberjettingen nach Wuppertal wandern!"* Es war mir später so, als ob dieser Plan mich gefunden hätte und nicht ich ihn. Gewiss, es hatte einige Vorüberlegungen

8

gegeben. In den Süden wollte ich nicht wegen der Berge. Ich sehe mich eher als ausdauernde Schildkröte, denn als geschickte Gämse. Ein Pilgerweg kam auch nicht in Frage, da ich nicht auf vorgegebenen Routen unterwegs sein wollte. Die Idee mit dem Besuch der Orte meiner Kindheit war ebenso nicht ganz neu. Und mit dem Rhein verbinde ich seit jeher positive romantische Bilder. Doch all das erklärt mir bis heute noch nicht, warum sich so urplötzlich alles wundersam in meinem Kopf zusammen puzzelte. Nach kurzer Überraschungsstarre wusste ich, dass mich nichts und niemand mehr ohne ernsthafte Gründe zurückhalten würde. Kurzerhand kombinierte ich das Vorhaben dann noch mit einem weiteren Punkt von der Löffelliste: *„Ein Buch schreiben"*. So würden meine Eindrücke festgehalten werden und auch andere könnten an dieser Unternehmung teilhaben.

Vorsichtig tastete ich mich zunächst vor, um Reaktionen zu testen. Als ich anfing, meinen Plan laut auszusprechen, war „Oberjettingen" stets gut nachvollziehbar. Immerhin ist das mein Wohnort. Aber „Wuppertal" bewirkte häufig überraschtes Nachfragen. „Weil ich dort geboren bin und bis zu meinem zehnten Lebensjahr lebte, eine 'Back-to-the-Roots-Tour' sozusagen!" Mit der Zeit wurde ich immer mitteilsamer, denn niemand zeigte mir offen einen Vogel. Falls mich jemand belächelte, dann geschah das maximal hinter meinem Rücken. Ich registrierte viel Neugierde und saugte aufmerksam wohlwollende Tipps auf. Ich beantwortete alle mögliche Fragen oder gab Erklärungen ab, soweit ich es konnte.

Dann bereitete ich mich einige Monate lang intensiv vor, legte an manchen Tagen mehr als zehn Kilometer zurück. Rücken und Arme mussten fast täglich Gymnastiktübungen über sich ergehen lassen. Fitness und Outfit wurden bereits kurz nach den letzten Schultagen erfolgreich einem zweitägigen Test unterzogen. Was für ein schonender Übergang von einem Beruf, der durch einen 45-Minuten-Takt und den Rhythmus von Schulferien geprägt wurde, in die Zeit als Rentnerin!

„Ich wandere in Zukunft und Vergangenheit bei ganz viel Gegenwart." Diese Haltung zog sich durch das ganze Projekt. Während und nach der Reise wurde ich mit Fragen oder Aufforderungen zum Erzählen überschüttet. Die Fülle des Erlebten konnte dabei eigentlich nur angedeutet werden. Niemals war genug Zeit, selten gab es einen geeigneten Rahmen für eine ausführliche Darstellung. Also lasse ich in diesem Buch meine Wanderung noch einmal ganz lebendig werden. Ich erzähle über das merkwürdige Zusammenspiel von Unspektakulärem und Ergreifendem, über Vergänglichkeit und Urvertrauen ins Leben. Ich gehe auf eine Facette des Alleinseins ein, die in keinerlei Widerspruch zu vielfältigsten Gefühlen von Verbundenheit steht.

# 1 ZUM RHEIN

## 1.1 AUFBRUCH

„Ich laufe dann einfach fröhlich von zuhause weg, soweit mich die Füße tragen, bis ich am Abend in einer mir völlig fremden Gegend todmüde ins Bett falle." So hatte ich mir das ursprünglich vorgestellt. Doch zunächst einmal muss die völlig fremde Gegend noch auf mich warten, beziehungsweise ich auf sie. Da hat mir doch tatsächlich das Wetter einen Strich durch die Rechnung gemacht. Meine erste Etappe wird mich „nur" nach Calw-Stammheim zu meiner ehemaligen Kollegin Barbara führen. Noch vor drei Wochen lehnte ich ihr freundliches Übernachtungs-angebot etwas überheblich ab, wegen zu geringer Entfernung! Wie gut, dass ich dabei eine relativ offene Formulierung gewählt hatte und somit nicht das Gesicht verlor, als ich mich vor drei Tagen etwas kleinlaut doch bei ihr ankündigte. Und ganz ehrlich, jetzt freue ich mich so richtig auf mein erstes Ziel. Warum nicht noch einen netten Schwatzabend von Barbara zu Barbara, bevor es dann wirklich richtig auf Tour geht! Die 17 Kilometer bis Stammheim sind ja immerhin nicht nichts. Vielleicht sollte ich dem Regen sogar dankbar sein? Aber erst mal abwarten, was der Tag überhaupt bringen wird.

Auf meinem Handy steht Mittwoch, 14. September 12:30. Nicht die Spur von schlechtem Wetter, nur unscheinbare weiße Wölkchen am überwiegend blauen Himmel. Konrad und ich halten uns nicht lange mit Abschiedszeremonien auf. „Tschüss, mach's gut! Komm bald wieder!" oder so ähnlich. Küsschen. Die mulmigen Gefühle, die wir wahrscheinlich beide spüren, werden nicht ausgesprochen. Los geht's. In meinem Kopf mischen sich Fragen wie „Wann werde ich wohl wieder zurück sein?" oder „Wird denn auch alles klappen?" oder „Habe ich mir das wirklich gut genug überlegt?" mit der Vorfreude auf die große Freiheit.

Meine Vernunftstimme weist völlig überflüssigerweise leise darauf hin, dass sich Bedenken nach den vielen Vorbereitungen doch jetzt wohl ein bisschen sehr spät melden würden. Während sich dieser Mix in meinem Kopf so langsam sortiert und endlich die Freude über den langersehnten Aufbruch Oberhand gewinnt, taucht bereits links von mir das Ortsschild auf. Wie bin ich nur hierher gekommen? Diese Wanderung fängt ja äußerst unkonzentriert an! Langsam werden Körper und Geist etwas ruhiger. Sonnenstrahlen streicheln die Haut, Vogelgezwitscher belebt die Ohren. Hier, in diesen heimatlichen Gefilden, bin ich mit jedem Grashalm per du, aber nichts ist wie sonst. Es geht auf unbestimmte Zeit nur in eine Richtung. Jetzt noch eine kurze 180°-Wende, um mich von meinem Wohnort mit einem Lieb-Heimatland-ade-Foto zu verabschieden. Oberjettingen ist nur noch als schmaler Streifen am Horizont zu erkennen. Passend dazu erscheint in meinem Kopf eine kleine Hitliste der Wanderlieder, die ich als Kind und Jugendliche so sehr mochte. Dabei kommt es mir vor, als hätte ich schon ein Leben lang auf diese Szene gewartet.

Bild 2: Abschied von Oberjettingen

Und doch stelle ich mir große Abschiedsgefühle anders vor als das, was ich gerade erlebe. Stattdessen drückt mein Rucksack etwas unangenehm im Rücken. Das kann ja heiter werden! Jetzt fange ich auch noch an zu schwitzen. Von wegen „so weit die Füße tragen": Auf noch bekannten Wegen muss ich bereits zum ersten Mal anhalten. Weg mit der Bluse! Wie gut, dass ich wie eine Zwiebel angezogen bin. Der Rucksack wartet bei dieser Aktion auf einer Bank. Sentimental betrachte ich das Gepäckstück. Eigentlich habe ich ein fast freundschaftliches Verhältnis zu ihm entwickelt. Er heißt Gustav, der zweite Vornamen meines Vaters. Der wanderte auch gern, zumindest manchmal. Ich fand das als Jugendliche ziemlich langweilig und sinnlos, zumindest wenn er die Familie mitnahm. Etwas bewunderte ich ihn dann aber schon, als er einmal zusammen mit unserem Hund den Schwarzwald durchquerte. Meine Mutter sorgte mit einem Shuttleservice dafür, dass er dabei immer im eigenen Bett übernachten konnte. Vorletztes Jahr ist mein Vater verstorben. Gerade fällt mir auf, dass ich genau auf dieser Bank, auf der Gustav gerade steht, kurz nach seinem Tod weinend über sein Leben nachdachte. Zufall? Gustav beherbergt mit seinen fast neun Kilogramm Gewicht all die Dinge, auf die ich mich in den nächsten Wochen beschränken werde. Besonders bedeutsam für mich ist das Vesperfach ganz oben, meine Schatzkammer. Neben einem riesigen Beutel mit Studentenfutter befindet sich dort auch eine Kollektion verschiedener Müsliriegel, alles Geschenke von lieben Freundinnen oder Kolleginnen für meine Reise, teilweise sogar selbst gebacken. Gerührt erinnere ich mich an einige Abschiedsszenen. Ich nehme so viele gute Wünsche mit auf die Reise, wunderbar! Das sind jetzt aber doch große Gefühle, da bin ich ja beruhigt.
Ich schieße noch schnell ein Foto von meinem Gustav auf der Bank. Fotografieren hat mir schon immer Spaß gemacht. Da passt es ganz gut, dass ich für meine Lieben einen Reiseblog zusammenstellen möchte. Meine Bilder werden mich bei Dokumentation und Recherche unterstützen.

Bild 3: Ein Wanderrucksack namens „Gustav"

Es geht weiter. Etwas umständlich hieve ich nun mein Gepäck wieder auf den Rücken. Wie nenne ich meinen Blog? „Ein Rucksack voller Kostbarkeiten"? Wie schwülstig und wenig aussagekräftig! Aber so auf Kommando zaubere ich keine bessere Idee aus dem Hut, also abwarten. Bereits nach ein paar Metern überkommt mich die Eingebung: „Meine Route 66" – das passt, natürlich! Immerhin bin ich seit zwei Wochen 66 und deshalb seit über sechs Wochen im Ruhestand. Nur dieser Umstand erlaubt es mir überhaupt, dass ich diese „Back-to-the-Roots-Wanderung" nach Wuppertal unternehmen kann, so ganz ohne Zeitplan. Route 66 klingt wirklich gut, diese Straße erinnert mich nämlich auch an meine jugendlichen Amerikaschwärmereien. Vor meinem inneren Auge tauchen jetzt Bilder aus Western oder Roadmovies auf, alles Themenbereiche, für die mich damals sehr ereifern konnte. Im

Namen ist gewissermaßen schon eine meiner Wurzeln enthalten. Schließlich konnte ich in der damaligen Phase eine so große Begeisterung für die englische Sprache entwickeln, dass ich sie später sogar studierte und unterrichtete. Mit solchen Wurzeln möchte ich mich ja in den nächsten Wochen beschäftigen, um die Frau noch besser kennenzulernen, die jetzt keine Lehrerin mehr ist.

So laufe ich zufrieden und vergnügt grübelnd vor mich hin, bis dann eine Hinweistafel und ein Gedenkstein meine Aufmerksamkeit erfordert. Sie informiert darüber, dass hier 1724 ein Forstknecht überfallen und erschossen wurde. Mein Jugend-Wildwestfeeling-Modus ist kurzzeitig aktiviert, aber ich komme schnell zurück in die Gegenwart. Ich bin sehr dankbar, dass ich heutzutage so bequem und sicher zu Fuß reisen kann. Das verdanke ich – neben den im Vergleich mit 1724 guten gesellschaftlichen Verhältnissen – ganz besonders Dingen wie Handy, Scheckkarte, Regen- und Sportbekleidung, Wanderschuhen und natürlich auch dem leichten Rucksack oder den praktischen Wanderstöcken.

Während ich mich noch so mit dem armen Forstknecht vergleiche, tritt genau das ein, was ich schon seit Tagen befürchtet habe. Es fängt an zu regnen. Diese Rechthaberei meiner Wetterapp, das hätte doch wirklich nicht sein müssen! Aber, was soll's, ich bin ja gut vorbereitet. Bester Regenschutz wartet im vorderen Abteil des Rucksacks auf mich und auch auf Gustav, alles in Quietsche-orange. Nachdem ich erneut angehalten habe, um die Objekte etwas umständlich aus meinem Besitz heraus zu kramen, verkleide ich uns, sodass wir jetzt wahrscheinlich an eine Fachkraft für Müllentsorgung erinnern. Aber wen stört das? Bei diesem Wetter ist ja sowieso niemand unterwegs, wahrscheinlich. Ich bin mal gespannt, wie trocken wir wirklich bleiben. Heute findet sozusagen der Testlauf statt.

Temperatur, Gerüche und Geräusche verändern sich. Ich übe mich erfolgreich in Selbstsuggestion, was dazu führt, dass ich weiterhin vergnügt vor mich hin stapfe. „Bei solch einer langen Wanderung darf dir Regen nichts ausmachen, außerdem ist es noch relativ warm!" redet mir eine innere Stimme ein. Also fühlen sich die einzelnen Tropfen auf meiner Hose gar nicht so fürchterlich unangenehm an.

Ich ziehe mein Handy aus der Hosentasche. Mein Online-Routenplaner übernimmt jetzt die Führung. Recht umständlich leider, denn das Gerät sollte ja trocken bleiben. Mein Fingerabdruck versagt wegen Nässe. Jedes Mal muss der Code neu eingegeben werden, etwas nervig, aber machbar. Schwupps, nur einmal etwas unaufmerksam, und schon bin ich zu weit gelaufen. Mist, ich habe keine Lust umzukehren. Vielleicht hilft auch hier Selbstsuggestion: „Bestimmt geht es auch anders. Sicherlich kann ich parallel zum eigentlichen Weg laufen. An diesen dünnen, schwarzen Linien sehe ich ganz deutlich Alternativen!" Leider bleibt meine Suggestion dieses Mal ohne Wirkung. Schnell zeigt sich, dass es mit den Pfaden auf meiner Karte nichts wird. Bei einem ist ein unüberwindbares Tal im Weg, der andere scheint nicht vorhanden beziehungsweise unpassierbar zu sein. Oder waren das etwa Höhenlinien? Ich muss zurücklaufen und einen großen Umweg in Kauf nehmen. Dabei lerne ich zwangsläufig bereits heute zwei wichtige Grundregeln für die nächsten Wochen: 1. „Sei nicht zu faul zum Umkehren, wenn du bemerkst, dass du dich verlaufen hast!" und 2. „Traue nicht allen Wegen, die du meinst auf deiner Onlinewanderkarte zu sehen!" Zurück auf dem richtigen Pfad achte ich jetzt peinlichst genau darauf, dass ich den Anweisungen meines Handys brav Folge leiste.

Ich tanze zunächst geduldig um Regenpfützen herum, bevor ich dann unter dem Dach einer Scheune Unterschlupf suche. Welch wunderbare Aussicht trotz Sauwetters! Nach einem langsamen Panoramaschwenk fokussiert sich mein Blick auf die Regentropfen, die direkt vor mir meditativ herunter perlen. Wie schön ist doch diese Welt selbst im Regen! Ich bin mittlerweile echt romantisch drauf. Glücksgefühle machen sich ungehemmt breit. In diesem Modus ziehe ich kurz danach an einer friedlichen

Schafherde vorbei, die auf dem nächsten Hügel all den Regen gelassen ignoriert. Bin ich denn in einem Gemälde von Caspar David Friedrich gelandet? Ein schlechtes Gewissen meldet sich, denn letzten Sonntag gab es bei uns Lammfleisch.

Bild 4: Wen stört schon der Regen?

Hier, beim Einstieg in den Schwarzwald, geht es jetzt erwartungsgemäß konstant bergauf, abwechselnd auf Asphalt, Waldboden oder Gras. Ich schnaufe wie eine Kettenraucherin. Steile Anstiege waren noch nie mein Ding. „Wenn ich nur schon an der Stelle wäre, von der aus es nach Stammheim nur noch bergab geht!" „Was soll das, du sollst doch auf deiner Wanderung den Augenblick genießen!" Die inneren Stimmen streiten, bis ich dann energisch durch rhythmisches, tiefes Atmen von frischer, feuchter Luft für Frieden sorge.

Trotzdem freue ich mich, als der Anstieg endlich aufhört. Vor mir liegt ein Grillplatz, eigentlich der ideale Ort für eine Verschnaufpause. Ich pflanze Gustav auf die Bank, leiste ihm aber keine

Gesellschaft, denn es ist zu feucht. Im Stehen trinke ich Wasser: Wasser für innen und Wasser von oben auf meine Kapuze. Als ich mich aus dem Schutz der Bäume heraus auf die benachbarte Wiese wage, stelle ich fest, dass der Regen aufgehört hat. Es tropft nur noch vom Blätterdach runter. Vorsichtig befreie ich meinen Kopf. Er bleibt unter freiem Himmel trocken. Danke, liebes Wetter, dass du nun doch noch gnädig mit mir bist!

Kurz nach dem Aufbruch ist mir ein zauberhaftes Spektakel vergönnt. In der Ferne werden leuchtende pastellfarbene Ortschaften scheinbar magisch umhüllt von märchenhaften Dunstschwaden, die tief aus den Tälern emporsteigen. Es fehlen jetzt nur noch ein paar mystische Sagengestalten, um das Setting abzurunden. Aber das wäre dann vielleicht doch etwas zu viel verlangt.

Mich irritiert, dass mein Pfad viel höher liegt als die Straße, auf der wir sonst mit dem Auto unterwegs sind. Ein ärgerlicher Verdacht bahnt sich an: Ist dem Online-Wanderführer etwa meine Bergauf-Abneigung egal? Ist er stattdessen einfach nur bestrebt, mir die schönsten Routen zu bieten? Zugegeben, der Weg hierher war wirklich traumhaft, aber grundsätzlich darf landschaftliche Schönheit in den nächsten Wochen nicht die höchste Priorität bekommen. Reibungsloses Vorwärtskommen sollte an oberster Stelle stehen. Bei meinen weiteren Streckenplanungen werde ich versuchen, unnötige Höhenmeter zu vermeiden. Ärgere ich mich nun, oder sehe ich den heutigen Anstieg einfach als Warmup? Ich entscheide mich für die zweite Option.

Jetzt fehlt mir eigentlich nur noch ein kleiner Cappuccino zum Glück. Ich laufe runter zur Ortschaft, ernte aber nur Misserfolge. Kein Café, keine Wirtschaft am Wegesrand, zudem verdaddle ich mich auch noch. Meine Route ist gelöscht. Ich muss sie erneut eingeben, was mir bei der Feuchtigkeit wieder etwas Geduld abverlangt. Ärgerlicherweise weiß ich nicht einmal so genau, warum mir meine Wander-App ihren Dienst versagt hat. Das muss noch souveräner laufen!

Dann halt weiter. Ich habe sowieso zu sehr getrödelt. Was soll ich mich ärgern, Gelassenheit passt besser zu meinem Projekt. Um sechs wollte ich bei Barbara sein. Jetzt zeigt sich, dass ich wahrscheinlich eine Stunde länger brauchen werden. Egal, meine Füße finden wieder zurück zu einem angenehmen Rhythmus. Sie tragen mich langsam, aber stetig voran, selbst bei einer erneuten Steigung. Und dann eröffnet sich dieser grandiose Blick als Belohnung: Stammheim liegt mir im abendlichen Sonnenschein zu Füßen.

Bild 5: Stammheim im abendlichen Sonnenschein

„Jetzt bin ich bald da!", jubiliert eine innere Stimme, aber weit gefehlt. Der Weg zieht sich scheinbar noch unendlich lang dahin, erst auf der Landstraße, dann durch den Ort. Echt unangenehm, zumal ich mich mit meinem inneren Auge eigentlich schon in Barbaras heimeligem Wohnzimmer sehe. Aber maulen hilft ja nichts. Niemanden interessiert es, dass mittlerweile meine Waden ziemlich zwicken, an beiden Füßen erste Blasenbildung eingesetzt hat und gewisse Bewegungen nur noch in Schonhaltung durchgeführt werden. Natürlich ziehe ich es durch bis zum Ende. Warum nur wollte ich ursprünglich heute sogar noch weiter laufen?

Jetzt sind Zipperlein und Unmut auf einmal wie weggefegt. Ich stehe vor Barbaras Haustüre, klingele und werde unmittelbar darauf herzlichst umarmt. Nun kann ich mir kein größeres Glück vorstellen als das, welches mir der Augenblick bietet. Ich pfeffere meine feuchten Sachen in die Ecke und trinke mit Barbara einen warmen Tee am gemütlichen Holztisch. „Einfach nur wunderbar!" Mehr fällt mir nicht ein, als ich mit ausgestreckten Gliedmaßen auf dem Stuhl hänge.

Meine ehemalige Kollegin und ihr Mann stellen mir viele Fragen. Ich erzähle aus vollem Herzen von meiner ersten Etappe. Alles fühlt sich so ganz anders an als beispielsweise damals bei der Planung des ersten Schultags unserer gemeinsamen Klasse. Ich bin einfach nur da, nicht mehr Kollegin, sondern Gast oder Freundin. Wie freue ich mich jetzt über den Regen, der mich hierher führte, Abendessen, Übernachtung und Frühstück inklusive. Sogar Beratung ist im Paket enthalten, wertvolle Tipps für meinen nächsten Wandertag. Gegen später stelle ich Fragen zum neuen Schuljahr, dem ersten Schuljahr, an dem „meine Schule" ohne mich auskommen wird. Es fühlt sich komisch an. Ich spüre noch viel Verbundenheit mit meinem früheren Arbeitsplatz, jedoch trennen mich Äonen davon. Es ist aber in Ordnung. Es steigt keine Wehmut in mir auf. Ich bin mir fast sicher, dass meine Wanderung mir helfen wird, mit diesem neuen Lebensabschnitt klarzukommen. Barbara hat morgen Unterricht, also sollten wir uns trotz meines enormen Mitteilungsdranges nicht verquatschen.

Völlig aufgedreht bemerke ich erst im Bett, wie erschöpft und müde ich eigentlich bin. Dort bekomme Konrad am Telefon neben einem Tagesbericht noch die Pläne für morgen geschildert: Ich möchte vor Pforzheim in der Jugendherberge Burg Rabeneck übernachten. Diese Information ist sehr wichtig, denn er hat sich als Quartiermanager zur Verfügung gestellt, und das, obwohl ich diese Stelle überhaupt nicht ausgeschrieben hatte. Dankbare Verbundenheit mit meinem Mann breitet sich aus, natürlich nicht nur, weil seine Unterstützung mir vermutlich Zeit und Entscheidungszwänge ersparen wird.

Blog- und Tagebuchschreiben soll fester Bestandteil meines Projekts sein, dafür nehme ich sogar das Gewicht meines Tablets in Kauf. Gleich heute soll es losgehen, aber bei der Erstellung des Blogs gibt es noch Schwierigkeiten. Dann lasse ich es heute mal und beginne stattdessen mit dem Tagebuch. Auch nicht viel besser, denn letztendlich entsteht nur ein kurzer, nichtssagender Eintrag:

*„Ich fühlte mich heute wie auf einer eintägigen Wanderung mit anschließendem Besuch bei Freunden. Dem Regen sei von Herzen dank, dass er mich motiviert hat, erst einmal zu Barbara zu laufen."*

Nun ist aber auch die letzte Energie verpufft. Ich knipse das Licht aus, bestimmt schlafe ich sofort ein. Irrtum, das Gegenteil tritt ein. Es fühlt sich so an, als schlafe ich die ganze Nacht lang überhaupt nicht. Doch eigentlich macht mir das nicht einmal viel aus.

## 1.2 DURCHS NAGOLDTAL

Die Barbaras frühstücken noch zusammen, dann breche ich um neun Uhr auf. Es regnet, ich bin müde. Und trotzdem freue ich mich nun endlich „richtig" unterwegs zu sein. Die ehemalige Lehrerin lasse ich endgültig zurück und mutiere langsam zur Wanderin. Diese gedämpfte Regenstimmung wirkt ganz eigenartig reizvoll auf mich. Ich sehe mein rotoranges rucksackbepacktes Konterfei in einem tropfenbehangenen Straßenspiegel. „Die anderen arbeiten gerade alle, und ich darf mit kindlicher Freude durch Pfützen tapsen!"

Bild 6: Nasses Konterfei in einem Calwer Straßenspiegel

Hier in Calw komme ich nun schon wieder meinen Wurzeln auf die Spur. Vor genau 25 Jahren kam ich in dieser Stadt an mehreren Wochenenden mit netten Menschen zusammen. Wir besuchten einen Kurs, der unser Leben positiv beeinflusste. Dankbar lasse ich Bilder, Szenen und prägende Sätze in mir aufsteigen. Bei aller Nachdenklichkeit zieht es mich jedoch stetig weiter. An der Brücke über die Nagold fühle ich mich von einer Hauswand angesprochen: *„Wanderer stehe still! In diesem Hause war das Contor der Calwer Companie..."* Ich stehe wirklich kurz still und überfliege den Text, der dann aber doch keine sonderlich interessanten Informationen für mich bereithält. Schnell grüße ich noch Herman Hesse, den berühmten Sohn der Stadt, der als Bronzestatue lässig auf der Brücke post. Dann schnell weiter, denn es ist mir, als würde ich von einem Magneten angezogen. Auf der dunklen, regennassen Straße patsche ich zum Marktplatz.

Dort verliert der Magnet auf einmal seine Anziehungskraft. Ich nehme schlagartig meine Müdigkeit wahr. Ein Cappuccino an einem gemütlichen, trockenen Ort würde mir gewiss jetzt guttun. Diesmal finde ich sogar umgehend ein ansprechendes Bäckerei-Café. Es gibt WLAN, der gemütliche Raum ist fast leer. Niemanden stört es, dass ich mein Tablet hervorkrame, um an meinem Blog zu schreiben. Ich versinke in meine Tätigkeit, bis mir irgendwann einfällt, dass ich heute noch mehr als 20 Kilometer wandern möchte. Der Magnet wird erneut aktiv. Schnell bin ich wieder unterwegs. Erfreulicherweise hat es sogar aufgehört zu regnen.

Heute brauche ich keinen Online-Wanderführer, denn aufgrund der ortskundigen Tipps meiner Stammheimer Gastgeber laufe ich einfach nur durchs Nagoldtal. Als Orientierung dienen mir die Radwegweiser nach Pforzheim.

Auf dem Weg von Calw nach Hirsau bin ich damals bereits mit den Leuten aus dem Kurs unterwegs gewesen. Heute gibt es jedoch weder Sightseeing in der Aureliuskirche noch in den Klosterruinen. Stattdessen geht es nach einer Brückenüberquerung an der rechten Flussseite zügig weiter. Auf meinem Weg bin ich keinen Fahrrädern im Weg, vermutlich weil es wieder zu regnen angefangen hat. Die Temperatur ist wie gestern recht angenehm, also keine Panik. Ich lasse mich von der Gelassenheit des Reihers anstecken, der sich einfach in Seelenruhe Flusswasser um die Beine spülen lässt. Die beliebten Klosterruinen zeigen sich im Hintergrund zwischen den Bäumen, ziemlich eingetrübt vom Regengrau. Vor meinem inneren Auge taucht auf einmal ein gigantisches Feuerwerk samt virtuosem Männerquartett und sogar der Räuber Hotzenplotz auf, alles Erinnerungen an Veranstaltungen innerhalb dieser Ruinen.

Dann untermalen bald wieder regelmäßige, eintönige Schritte meine Wahrnehmungen. Mir wird es langweilig, und ich tanze etwas unmotiviert um verschiedene Pfützen herum. Heute bediene ich mich der Unterstützung meiner Wanderstöcke. Diese klacken gerade allerdings nicht in monotonem Rhythmus, sondern dienen mehr als Spielzeug. So komme ich gleichmütig Schritt für Schritt voran und störe mich merkwürdigerweise nicht einmal an meiner langsam aufkommenden Unlust. Ganz allmählich nähere ich mich Bad Liebenzell. Schnell noch die Bahnlinie und den Fluss überqueren, dann bin ich auch schon im Kurpark. Hier finde ich endlich wieder Eyecatcher, die mein Interesse wecken. Ich beobachte die Regentropfen, wie sie sich in einer riesigen teichähnlichen Pfütze sammeln. Interessanterweise liegt hinter dieser Pfütze ein wirklicher Teich, in den es natürlich genauso rein tropft. Mir gefällt diese abwechslungsreiche, konstante Berieselung: wie ein inszeniertes Spiel der Natur. Den schwarzen Schwan, der völlig ungerührt seine Bahn zieht, lässt dieses Schauspiel kalt, genauso wie die Entenbande, die so munter am Ufer watschelt, als hätten wir bestes Sonnenwetter. Auf einmal fällt mir der irische Satz ein: "Rain is liquid sunshine!". Der passt gut zu meiner Stimmung. In einem hübschen Rondell am Rande des Teiches suche ich trockenen Unterschlupf und krame mein Handy aus dem Regenschutz hervor. Ich versuche, den flüssigen Sonnenschein in schöne Fotos einzufangen. Kurzerhand kreiere ich eine kleine Lebensweisheit: „Schönes kannst du manchmal auch in trüben Stunden entdecken, wenn du nur die passende Einstellung und einen geschickten Blickwinkel hast!"

Bild 7: Liquid Sunshine in Bad Liebenzell

Das Telefon klingelt, Konrad teilt mir mit, dass es mit der Juhe nicht klappen wird, warum auch immer. Er hat stattdessen in der Nähe des Pforzheimer Bahnhofs ein Zimmer in einem kleinen Hotel für mich gebucht. Ich stöhne innerlich. Noch fast fünf Kilometer mehr! Nun denn, da muss ich halt durch, irgendwie werde ich es schon schaffen!

Dann, an der Trinkhalle, habe ich auf einmal drei Dimensionen von Wasser beisammen: von oben, unten sowohl in der Pfütze als auch im Teich und nun auch noch zum Trinken. Jetzt ist es aber genug mit den wässerigen Gedanken! Ich steuere auf direktem Weg das nächste Café an. Sofort gefallen mir die gemütlichen Räumlichkeiten. Die Zielgruppe scheint überwiegend aus Damen und Herren zu bestehen, die noch älter sind als ich. Teppichboden, gepolsterte Stühle und lange, helle Gardinen mit bizarrem Muster lösen Assoziationen an meine Omi aus. Sie lud uns einst gerne in solche Cafés ein. Es ist Mittag und nicht viel los. Trotzdem erwarte ich, dass sich alle Blicke fragend auf mich richten, als ich tropfnass mit Gustav eintrudle. Aber nichts geschieht. Niemand scheint sich für meine besondere Situation zu interessieren. Na gut, kein Problem! Ich war zwar auf Kontakte und Gespräche eingestellt, kann aber die Zeit gut alleine füllen. Ich erfreue mich nun einfach nur am Augenblick. Ganz langsam und bewusst genieße ich ein Stückchen Himbeertorte zu meinem Cappuccino mit Blick auf Palmen und Kurhaus. Allzu lange halte ich mich allerdings nicht im Paradies für ältere Leute auf.

Weiter geht's der Nagold entlang, jetzt wieder ohne Regen. Das mit dem Kaffeetrinken scheint ein guter Trick zu sein. Ich fühle mich wie neugeboren, voller Energie. So gelange ich mühelos ins Monbachtal, immer entlang entsprechender Beschilderung (meine ich jedenfalls). Entschlossen schreite ich über ein Gelände, das zu einer Ansammlung von christlichen Gästehäusern gehört. Irgendwann wird schon der nächste Wegweiser auftauchen. Nein! Dann laufe ich halt noch ein wenig weiter! Es dauert ziemlich lang, bis ich misstrauisch werde. Als ich endlich anhalte, um mich auf dem Handy zu orientieren, kann ich meinen Irrtum nicht mehr leugnen. Mir schießt umgehend eine selbstgebastelte Erkenntnis ins Hirn: „Ein falscher Weg wird nicht dadurch richtig, dass man ihn ausdauernd immer weiterläuft!" Ohne viel unnötiges inneres Lamentieren drehe ich um und suche meine Fehlerquelle. Es geht wieder vorbei an den christlichen Gästehäusern der Bad Liebenzeller Mission.

Ich denke an Leute, die hier ihren Urlaub verbringen oder Seminare belegen. Die Bezeichnung „Christliche Mission" löst ein vielleicht ganz unberechtigtes Gefühl der Enge in mir aus. Ich habe ein Berufsleben lang Religion unterrichtet und stets versucht, viel Freiheit beziehungsweise Befreiung zu vermitteln. Mein augenblickliches Gottesbild beziehungsweise meine „Göttlichkeitsvorstellung" scheint viel offener zu sein als das, was ich hier vor Ort vermute. Trotzdem kann ich mir vorstellen, dass Menschen, die hier ein paar Tage lang wohnen, unter Umständen ähnlich fruchtbare Erfahrungen sammeln können wie ich beispielsweise damals während meines Kurses in Calw. Ich lasse meine eigenen religiösen Empfindungen noch ein wenig nachschwingen, als ich dann wieder an denselben Wegweiser gelange, den ich vor einer gefühlten halben Stunde schon einmal betrachtet habe. Siehe da, hier war der Fehler, die Unachtsamkeit: Der Pfeil zeigt genau in die entgegengesetzte Richtung. Wie gut, dass mich niemand sieht und diese Peinlichkeit mitbekommt. „Immer genau hinschauen!", lautet nun der nächste Punkt auf meiner mentalen Wanderregel-Liste. Dann wandere ich wesentlich konzentrierter auf dem richtigen Weg durchs Nagoldtal weiter.

Bild 8: Nagoldtal

Jetzt am Nachmittag bin ich mit einem latenten, aber konstanten Hochgefühl unterwegs ohne jegliche Erwartungen an das Wetter. Doch als dann auf einmal die Sonne über den Bäumen durch die Wolkendecke hindurch leuchtet, hüpft mein Herz regelrecht vor

Freude. Ich laufe noch beschwingter weiter, schwebe fast an den nächsten Ortschaften vorbei. Der Weg wird an der rechten Seite felsig und zieht sich durch einen Bannwald, der mit verschiedenen Kunstwerken – meist hölzerne Waldtiere – neue Abwechslung bietet.

Jetzt ist eine Stunde vergangen, seitdem die Sonne sich gezeigt hat. Der Himmel liegt in strahlendem Blau über mir. Nach dem Wald komme ich an Gärten vorbei, in denen das Licht mit Hilfe der noch nassen gelben und pinkfarbenen Blumen eine regelrechte Farbexplosion verursacht. Ich bleibe kurz staunend stehen.

Bild 9: Farbexplosion in den nassen Gärten

Dann zeigt mir der von einem Kleingartenbesitzer gebastelte Wegweiser, dass ich zwar schon 14,6 Kilometer von Calw entfernt bin, aber immer noch zehn Kilometer bis Pforzheim vor mir habe. Also trotte ich emsig weiter, um diese verbliebene Herausforderung langsam abzuarbeiten. Es geht eine Weile entlang eines Flößerweges weiter mit vielen lehrreichen Hinweisen, die ich aber entweder schnell überfliege oder überhaupt nicht zur Kenntnis nehme. Immer wieder sehe ich die Bahnlinie, rechts und später links des Flusses. Meine Eisenbahnromantik erwacht, und ich freue mich jedes Mal, wenn das sogenannte Kulturbähnle vorbeizieht. So komme ich langsam, aber stetig voran, ohne mich zu langweilen. In Pforzheim-Weißenstein erblicke ich den von Eisenbahnfreunden liebevoll restaurierten Bahnhof von 1874. Meine romantische Seele ist entzückt.

Danach fällt mir das Weiterlaufen nicht mehr ganz so leicht. Ich werde langsam müde. Burg Rabeneck lasse ich dann verärgert links liegen: „Blöde Juhe, warum willst du mich nicht? Ich habe keine Lust mehr auf die fünf Kilometer bis zur Stadtmitte!" Es hilft natürlich nichts, im Gegenteil. Ich nehme jetzt bewusst meine Blasen unter dem linken kleinen Zeh und am rechten großen Zeh wahr. Es geht bergab. Die Knie schmerzen auf ganz unbekannte Weise. Ich werde doch wohl wegen meiner Wanderung keine Knieprobleme bekommen? Diese letzte Stunde Weg hätte nun wirklich nicht mehr sein müssen. Aber auch das geht irgendwie vorbei, und endlich erreiche ich erleichtert mein Hotelzimmer.

Es ist schon halb acht. Als erstes ziehe ich Schuhe und Socken aus, säubere die Füße und klebe meine beiden Blasen ab. Wie geht es dem Inhalt meines Rucksacks? Ohje, ein Teil der Wäsche ist etwas feucht geworden. Ich lege alles auf dem kleinen Tisch zum Trocknen aus, wasche kurz die dreckigen Socken aus, föhne sie ein wenig und mache mich zum Abendessen bereit. Nach kurzer Katzenwäsche werfe ich mich in Schale. Konkret bedeutet das für meine Füße dünne, weiße Pünktchensöckchen mit Sandalen und für meinen Oberkörper ein dünnes schwarzes Sportshirt. Als Accessoire trage ich meinen Dry-Bag als Handtasche, in dem ich Tablet und Bauchgurtgeldbeutel verstaue. Die Wanderhose behalte ich aus Mangel an Alternativen an. Ich sehe sicherlich recht schräg aus, als ich auf diese Weise stolz durch die Innenstadt watschele. Mein Gang wirkt bestimmt etwas unrund, wenngleich ich mich wesentlich besser fühle als vorher mit Rucksack.

Es ist dunkel geworden und viel los auf der Straße. Junge und ältere Leute treffen sich, um den Feierabend zu feiern. Ich bin ohne Begleitung und könnte Einsamkeit empfinden. Stattdessen fühle ich mich jedoch glücklich, ja sogar privilegiert, weil ich alleine eine solche Reise durchziehen möchte. Wahrscheinlich bin ich gedopt mit Endorphinen. Souverän frage ich im Restaurant nach einem Tisch für eine Person, als hätte ich darin Routine. Ich bestelle ein vegetarisches Gericht und ein Weizenbier. Die Wartezeit überbrücke ich mit Tagebuchschreiben:

*„Es gefällt mir gut, einfach hier zu sitzen und mit meinem komischen Outfit völlig zufrieden zu sein. Diese freiwillige Einschränkung ist Teil der Faszination des Wanderns, genauso wie die Vielzahl an Eindrücken, welche ich sozusagen gratis geliefert bekomme. Darüberhinaus bin ich fasziniert von dieser ungewohnten Kombination von Aktivität und Passivität, Neuland ganz und gar. Ich plane, meine Füße lassen mich laufen. Es ist aber auch diese souveräne Art des Alleinseins, mit der ich mich wohl fühle. Ich bin sehr freundlich und aufgeschlossen allen Arten von Begegnung gegenüber, habe aber keinerlei Erwartungen. Und so spüre ich überhaupt keine Enttäuschung, wenn sich gerade wieder niemand für mich zu interessieren scheint. Dieses freiwillige Sichzurücknehmen fühlt sich sehr viel besser an als das ungeliebte Gefühl des Nichtdazugehörens. Das Leben auf dem Wanderweg unterscheidet sich grundlegend von dem Leben, das ich gewohnt bin. Es ist großartig, dass ich so viel Neues erfahren darf, nachdem ich aus meinem alten Leben herauskatapultiert worden bin."*

Ich fühle mich so satt von den Eindrücken des Tages, dass mir die relativ kleine Portion Kartoffeln mit Gemüse gut ausreicht. Bereits kurz danach zieht mich heftige Müdigkeit zu meinem Bett im Hotel, und um halb elf plumpse ich in die Federn. Aber anstatt zu schlafen, schreibe ich zunächst an meinem Blog weiter. Danach taucht trotz Erschöpfung wieder diese überdrehte Schlaflosigkeit

auf, zu allem Überfluss diesmal kombiniert mit starken Wadenkrämpfen. Die 30 Kilometer heute waren wohl etwas zu viel für
mich.

## 1.3 DER BERÜHMTE DRITTE TAG

*„Ich konnte wieder so gut wie überhaupt nicht schlafen. Es ist
kurz nach sechs, und ich bin schon hellwach. Am liebsten würde
ich gleich loslaufen, damit ich Bretten möglichst früh erreiche.
Meine zwei Blasen schmerzen. Ich habe einen furchtbaren Muskel-
kater und auch etwas Kopfschmerzen. Werde ich so mein Tagesziel überhaupt erreichen können? Das ist dann wohl der berüch-
tigte dritte Tag. Bei den Kinderfreizeiten vor vielen Jahren hatte
das Leitungsteam immer ein wenig Angst davor. Erfahrungs-
gemäß gab es dann gehäuft Ärger oder Schwierigkeiten. Aber wer
sagt, dass das heute auf mich zutreffen muss? Ich hoffe jedenfalls
ganz fest, dass Müdigkeit und Schmerz bei der Wanderung
verschwinden werden. Der Weg ist nicht so lang wie gestern, nur
ungefähr 20 Kilometer. Konrad hat mir bereits ein Zimmer
gebucht, und ich bin ihm sehr dankbar dafür. Es ist einfach super,
einen Quartiermanager zu haben! An der Oberfläche ist meine
Laune zwar etwas schlecht, aber darunter verstecken sich
eigentlich viel Vorfreude und Tatendrang."*

Heute habe ich den Tag mit Tagebuchschreiben im Bett begonnen.
Nach dem Aufstehen begutachte ich meine Wäsche und stelle
erfreut fest, dass sie vollständig trocken ist. Alle wichtigen
Kleidungsstücke packe ich nun in den Dry-Bag, um weiteren
unliebsamen Überraschungen vorzubeugen. Meine Morgentoilette
erledige ich im Zeitlupentempo. Ich lege wie gestern mehr-
schichtige Wanderbekleidung an, und der Bauchgeldbeutel wird
erneut unter die Hose gegurtet. Dieses Outfit hat sich seit Beginn
der Wanderung bewährt. Zum Frühstück erwartet mich ein ganz
einfaches Buffet, welches mich vollkommen zufrieden stellt. Es ist
gut, dass mich niemand beobachtet, als ich mich etwas gierig an

der Thermoskanne mit Kaffee bediene. Ich sitze alleine am Fenster in einem kleinen, etwas türkisch dekorierten Raum und beobachte interessiert die Leute auf der Bahnhofsstraße. Sie trotten zielstrebig mit ihren grauen geöffneten Schirmen voran. Direkt vor dem Fenster fallen Tropfen rhythmisch aufs Dach. Da die Wetterapp wieder angenehme Temperaturen anzeigt, verunsichert mich der erneute Regen nicht allzu sehr.

Ich bezahle beim freundlichen Herrn an der Rezeption und verlasse das Hotel. Mein erstes Ziel ist die nächste Apotheke, wo ich Magnesiumpulver kaufe, um mich vor weiteren Wadenkrämpfen zu schützen. Als ich dann endgültig reisefertig bin, hat der Regen bereits aufgehört. Meine Bewegungen sind wegen des Muskelkaters etwas langsamer als gestern, aber die trüben Gedanken verschwinden nach und nach. Ich werde es bis nach Bretten schaffen!

Der Weg durch Pforzheim zieht sich hin, genau wie gestern nur diesmal natürlich in entgegengesetzte Richtung mit Steigung nach oben. Zunächst sehen die Straßenzüge langweilig aus. Schade, dass die Gegend mich nicht mit Motiven für meinen Blog lockt. Da kommt mir der Einfall mit den 66-Fotos, die ich sammeln könnte, um sie dann jeweils an den Anfang eines neuen Blogbeitrages zu stellen. Gute Idee, denn jetzt habe ich etwas, nach dem ich auch in langweiligen Gegenden Ausschau halten kann, Hausnummern gibt es beispielsweise überall. Dieser Einfall hilft tatsächlich gegen Langeweile.

Ich komme an wunderbaren Villen mit parkähnlichen Gärten vorbei. Erstaunlich, dass es in dieser Stadt noch so viele prächtige Gebäude aus der Zeit vor dem Zweiten Weltkrieg gibt. Mit Pforzheim verbinde ich den schrecklichen Luftangriff am Ende des Krieges, bei dem über ein Fünftel der Bevölkerung getötet wurde, mehr als in jeder anderen deutschen Stadt. Anlässlich einer Fortbildung erlebte ich einmal einen Jahrestag. Ich hatte eine Gänsehaut, als alle Glocken zum Gedenken an diese furchtbare Bombardierung geläutet wurden. Diese erhabenen alten Villen wirken deshalb etwas tröstlich. Wenigstens wurde nicht alles zerstört!

Ich bin schon eine Stunde lang unterwegs, als ich endlich am Ortsausgangsschild vorbeiziehe. Mein Weg führt mich über die Autobahn, welch ungewohnte Perspektive! Oft war ich schon auf dieser stauanfälligen Strecke unterwegs. Jetzt schaue ich so unbeteiligt und distanziert auf sie herab, als wäre ich wieder im Miniaturwunderland in Hamburg, so wie erst vor zweieinhalb Wochen. Es gefällt mir, dabei zuzugucken, wie die Spielzeugautos unter mir gemächlich dahinziehen. Ich bewundere die hübsche Gestaltung: Als Hintergrund ist eine Bergkette gemalt, und im Vordergrund wurde kunstvoll ein Hügel in die Landschaft gesetzt. Die Fahrbahn ist links und rechts mit Büschen und Bäumchen begrenzt. Die Wirklichkeit dieser Autobahn hat rein gar nichts mit meiner augenblicklichen Wirklichkeit zu tun.

Außerhalb der Stadt ist das Laufen angenehmer. Ich fühle mich frei auf den Wiesen und Feldern. Nach einer halben Stunde erreiche ich das Katharinentaler Hofgut. Es gehörte früher dem Markgrafen von Baden und ist heute im Besitz der Stadt Pforz-heim. Eine Künstlergilde besitzt hier einen Ausstellungsraum, der an Wochenenden geöffnet ist. Romantische Bilder tauchen in mir auf. Es muss schön sein, an diesem Ort seine Kunst zu präsen-tieren. Ich sehe vor meinem inneren Auge überall Künstler, die hier mit ihren Familien wohnen und kreativ arbeiten. Und doch wollte ich, trotz aller vermeintlichen Romantik, im Augenblick mit niemandem tauschen. Mein Wanderweg erfüllt mich ganz und gar. Es zieht mich deshalb schnell weiter. Ich brauche zurzeit keine Träume, die mich in eine andere Welt entführen. Wovon ich im Augenblick allerdings träume, das ist mal wieder ein leckerer Cappuccino, vielleicht im nächsten Dorf. Auf meiner Onlinekarte sehe ich im übernächsten Ort ein Schlosscafé, das möglicherweise geöffnet hat. Diese Vorstellung treibt mich an, soweit schaffe ich es noch. Dann wird auch bereits mehr als die Hälfte meiner Tagesstrecke hinter mir liegen.

Jetzt kommt mir meine Umgebung erneut eintönig vor. Ach, wären da doch mal wieder ein paar Eyecatcher! Mein 66-Foto-Trick funktioniert noch nicht sonderlich gut. Der einzige Treffer ist eine witzige Autonummer, mit der ich aber wegen des Datenschutzes nichts anfangen kann. Ich bin kurz vor meinem Ziel, dem kleinen Schloss Bauschlott im Ort gleichen Namens, da werde ich an einem Gartenhäuschen im Wohngebiet endlich fündig. Dort hängt doch tatsächlich ein Route 66-Schild aus dem Staat Kalifornien, mit dem ich freudig meine Sammlung beginne.

Nach einigen unfreiwilligen Schleifen steuere ich direkt auf das ersehnte Schloss zu. Tatsächlich, das Café hat freitags geöffnet und die Belegschaft ist seit einer Woche aus den Betriebsferien zurück. „Glück gehabt!," murmele ich ganz leise vor mich hin, bevor ich dann entsetzt ein Schild sehe, was ganz sachlich verkündet: *„Heute geschlossene Gesellschaft"*. Nein, das kann doch jetzt nicht Wirklichkeit sein! Aber tatsächlich, da feiert eine Gruppe von elegant gekleideten Menschen fröhlich im Schlosshof. Niemand nimmt mein Cappuccinobedürfnis wahr. Frustriert suche ich im Schloss noch ein paar Fotomotive und verziehe mich schnell wieder.

Bild 10: Kein Cappuccino im Schloss Bauschlott

Immerhin sehe ich auf meiner Onlinekarte eine Bäckerei und ein Eiscafé, aber mein Glück wird nicht besser. Sowohl Bäckerei als auch Eiscafé haben für immer geschlossen. Mir tut jetzt alles weh. Meine Schritte werden langsam, und ich tippele nur noch unmotiviert vor mich hin. Die Laune ist am Tiefpunkt angelangt, aber wenigstens der Landgasthof Adler hat geöffnet. Dort trinke ich dann den ersehnten Cappuccino, während andere Gäste zu Mittag essen. Ich halte mich gerade lange genug dort auf, um ein wenig aufzutanken.

In der hübschen Ortsmitte setze ich mich auf eine sonnige Bank. Eigentlich fühle ich mich nicht mehr erschöpft, aber meine Blasen schmerzen so sehr, dass ich etwas Angst vor dem restlichen Weg habe. Da kommt mir eine Idee. Ich krame meine Sandalen aus dem Rucksack und tausche sie mit den Wanderschuhen aus. Wie gut das tut! Ich ziehe weiter, spüre aber die Blasen kaum noch. Nun bin ich wieder nahezu unbeschwert unterwegs. Wie schön die Landschaft in der Sonne liegt! Meine Aufmerksamkeit richtet sich allerdings während der nächsten Kilometer weniger auf die Umgebung als auf das Telefongespräch mit Andrea, meiner Tochter. Sie wohnt in Nordrhein-Westfalen. Wir überlegen, wie und wann wir vielleicht einen Tag lang gemeinsam unterwegs sein können. Konkrete Pläne entstehen noch nicht, aber es liegt ja noch viel Zeit vor uns, falls ich es überhaupt bis in ihre Nähe schaffen werde. Am Ende des Gesprächs bin ich in einem hellen, einladend wirkenden Wald angekommen.

Es geht auf dem weichen Waldweg erstaunlich gut voran mit den Sandalen. Ich muss lediglich gelegentlich kleine Steine von den Fußsohlen wegpulen. Meine Stöcke verleihen mir Schwung, auch wenn ich sie gerade wieder ein wenig wie Spielzeug behandle. Mal lasse ich sie gelassen vom Handgelenk herab baumeln, bevor sie den Boden berühren. Dann benutze ich sie wie Walkingstöcke und stochere energisch in den Boden, oder ich nehme den rechten Stock schwungvoll als Wanderstab, während der linke kurz danach plump zu Boden sinkt. Ich produziere Rhythmen wie ein schnelles Klick-Klack, Klick-Klack oder ein ruhigeres Klicke-

Schritt, Klacke-Schritt oder auch ein energisches Klick-Schritt-Schritt, Klick-Schritt-Schritt. Soll das körperfreundlich sein? Keine Ahnung, aber auf diese Weise komme ich zumindest unbeschwert weiter, und die Zeit fließt dabei angenehm dahin.

Nach einem Kletterwald und einem Tierpark erreiche ich bald das Ortsschild von Bretten. Diese Stadt ist mir noch unbekannt. Als ich eine gute halbe Stunde lang durch die Peripherie spaziere, steigen keine großen Erwartungen auf. Um so erfreulicher, dass mich in der Unteren Kirchgasse verschiedene schöne, alte Häuser überraschen. Aber als ich kurz danach den Marktplatz erreiche, fühle ich mich regelrecht ergriffen von der Schönheit der charaktervollen historischen Gebäuden im späten Nachmittags-herbstlicht. Ich bewundere das Melanchtonhaus, die vielen Fach-werkbauten und den uralten Brunnen. Auf eben diesem Marktplatz befindet sich auch mein Hotel, das mich magisch anzieht wegen seiner hübschen Fassade. Eine lustige Eulenspiegelgestalt sitzt über dem kunstvoll gestalteten Café-Bistro-Schild. Als mir mein Zimmer gezeigt wird, steigert sich mein Entzücken noch: Alte, verspielt verzierte Möbel erinnern an eine Märchenwelt. Das können doch nicht nur die Endorphine sein? Ich lege den Rucksack ab, wechsle meine Kleidung, um es mir kurz in dieser Märchen- oder Sagenwelt gemütlich zu machen. Dann aber ziehe ich schnell wieder los in die Sonnenuntergangsstimmung.

Bild 11: In Bretten oder in einem Märchenfilm?

Es wird zwar schon ein wenig frisch, aber ich setze mich trotzdem in der Fußgängerzone ins Freie und bestelle ein Getränk. Dieses konsumiere ich ganz genüsslich und beobachte vorbeiziehende Leute. Danach geht es wieder zurück zu meiner Eulenspiegel-Geschichten-Unterbringung namens Hundlezimmer. Ich möchte an meinem Blog weiterschreiben. Allerdings stelle ich schnell fest, dass – passend zur Welt der Sagen und Märchen – kein WLAN-Empfang vorhanden ist. Also Planänderung: Ich packe mein Tablet zurück in den Dry-Bag und gehe in das ansprechende griechische Restaurant im Haus. Mit größter Selbstverständlich-keit lasse ich mir auch heute wieder einen Zweiertisch geben und bestelle ein vegetarisches Nudelgericht mit Salat. Nach dem Essen bleibe ich noch länger sitzen für Blog und Tagebuch.

*„Es war wirklich anstrengend heute, der berühmte dritte Tag machte seinem Ruf Ehre. Die zwanzig Kilometer fielen mir*

*insgesamt schon schwer. Sie zogen sich ziemlich in die Länge. Ich erlebte nicht nur den Frust im Schloss, sondern auch die Blasen schmerzten heftig. Aber dann endete mein Weg im Eulenspiegel, und jetzt fühlt es sich so an, als wären die Unannehmlichkeiten nichts als nur kleine Streiche gewesen. Es ist so märchenhaft schön in diesem Haus! Im Augenblick empfinde ich ganz tiefes Glück."*

## 1.4 COME RAIN OR COME SHINE

Come rain or come shine: Was immer heute auf mich zukommen mag, ich freue mich auf den Tag! Hochmotiviert stehe ich auf, obwohl mich wieder leichtes Kopfweh plagt. Das wird bestimmt auch heute wieder mit den ersten Atemzügen an der frischen Luft verschwinden! Ich erledige zügig meine Morgentoilette, dann geht's zum Restaurant. Es hält heute einen liebevoll gerichteten Frühstückstisch für mich bereit, nur für mich, welche Ehre! Wie schade, dass ich vorher nicht gefragt worden bin, was und wie viel ich essen möchte, denn nach dem Frühstücken muss ich schweren Herzens offene Wurst und Brötchen liegen lassen. Lebensmittel-verschwendung geht mir ganz und gar gegen den Strich. Nun denn! Es ist gemütlich hier alleine im Raum. Ich bleibe noch ein wenig, um an meinem Blog weiterzuschreiben. Fertig werde ich allerdings immer noch nicht.

Es ist halb elf, als Gustav und ich aufbrechen. Die Sonne hat uns endlich doch aus dem Haus gelockt. Samstag, hier ist Markttag. Ich schaue mir die hübschen bunten Stände auf dem historischen Platz an und fühle mich wie in einem Museum. Warum eigentlich? Ganz einfach: Ich darf mir den Luxus erlauben, alles in Ruhe auf mich wirken zu lassen. Ich kann interessiert Farben und Zusammenstellung betrachten, Waren bewundern oder Aktivitäten beobachten. Ich brauche weder meinen Einkaufszettel abzu-arbeiten noch einen gefüllten Korb zu schleppen. Ich nehme diese Bedürfnislosigkeit stolz als besondere Form von Freiheit wahr.

Lange halte ich mich nicht auf, zumal die Sonne sich bereits wieder versteckt und nur noch vereinzelt blaue Stellen am Himmel zu sehen sind. Dadurch verliert der Marktplatz ein wenig von seiner Anziehungskraft.

Meine gut abgeklebten Blasen haben sich über Nacht nicht entzündet. Ich spüre sie kaum beim Laufen, auch meinem Kopf geht es wieder gut. Mit dem Handy in der Hand finde ich leicht den Weg in Richtung Bruchsal. Ich muss mir für meine heutige Route nur die drei „Heims" merken: Diedelsheim, Gondelsheim, Heidelsheim. Es dauert fast eine Stunde, bis ich das Ende des bebauten Gebietes erreiche. Der Himmel spielt mit Licht. Im Vordergrund sind Wiesen, Felder und Bäume hell von der Sonne erleuchtet. Der dunkle, wolkenbehangene Hintergrund stellt einen faszinierenden Kontrast dazu dar. Wenn ich malen könnte, würde ich bestimmt gerne versuchen, solch eine reizvolle Stimmung auf Leinwand zu bannen. Und so fotografiere ich halt einfach nur.

Bild 12: Bei Bretten: Spiel des Himmel mit Licht und Schatten

Ich bleibe erst wieder in Gondelsheim stehen, als ich am Bahnhof vorbeilaufe und nach rechts schaue. Durch einen verschnörkelten, ziemlich heruntergekommenen Zaun erkenne ich zwischen den Bäumen einen verspielten Märchenturm. Natürlich trete ich näher heran und erblicke ein verwunschenes Schloss, das zu diesem Turm gehört. Ich fühle mich bei diesem Anblick auf wundersame Weise nach Schottland versetzt und siehe da, meine Internet-recherche bestätigt: Das heutige Schloss Gondelsheim ist im schottisch-neugotischen Stil erbaut. Es wurde Anfang des 20. Jahrhundert durch einen Jugendstilanbau erweitert. In unseren Tagen gehört es keinem Grafen mehr, sondern ist laut Quelle ein Kultur- und Tageszentrum in Privatbesitz, wovon ich allerdings nichts erkennen kann. Auf mich wirkt es eher wie ein schlafendes Dornröschenschloss. Trotzdem gefällt es mir, und ich versuche von zwei Seiten aus möglichst viel zu erspähen. Es gelingt mir leider nicht, das Gelände zu betreten. Fast stolpere ich über eine Amphore mit einem Steinfrosch, der auf einer schrägen Säule genüsslich seinen Bauch in den Himmel streckt. Ich bin anscheinend bei einer Märchenverschmelzung von Dornröschen und Froschkönig gelandet?

Jetzt geht es an der Bahnlinie weiter, vorbei am ersten Weinberg. Hier sind Streckenkilometertafeln im Abstand von 200 Metern angebracht, die mich über die noch verbleibende Entfernung nach Bruchsal auf dem Laufenden halten. „Nun geht es aber zügig voran, Meter um Meter!", lobe ich mich. Hoch erfreut finde ich bei Kilometer 6,6 zwei Motive für die Erweiterung meiner noch recht rudimentären 66-Foto-Sammlung. Dafür nehme ich bereit-willig eine etwas unangenehme Brennnesselhang-Ersteigung in Kauf. Ich verrenke mich, um weit weg vom Körper einen pas-senden Blickwinkel für die Fotos zu finden. „Jetzt nur nicht das Handy fallen lassen!", befehle ich mir. Dann ist es geschafft, ganz ohne Drama. Hoffentlich hat mich niemand beobachtet und für verrückt erklärt!

Bild 13: Das Eisenbahn-Romantikerinnen-Herz freut sich.

Immer noch gibt es dieses wunderbare Spiel von Licht und Schatten, auch wenn die Wolken mittlerweile recht bedrohlich wirken. Die fast unnatürlich leuchtende rote Lok eines vorbeidonnernden Güterzuges fährt unaufhaltsam auf den dunklen indigofarbenen Himmel zu, ein Augenschmaus für die Eisenbahn-Romantikerin.

An einer Streuobstwiese staune ich nicht schlecht, als ich plötzlich riesige gefiederte Tiere flanieren sehe. Als ich mich dem Zaun nähere, verdreht ein schwarzer Straußenhahn seinen langen Hals und schaut mich herablassend mit seinen großen dunklen Augen an. Es ist so, als würde er mir mit dem größten Selbstbewusstsein seine grauen Damen präsentieren, die zurückhaltend im Hintergrund verbleiben. „Du Macho!" rufe ich ihm leise grinsend zu. Die Hennen drehen zwar ihre Köpfe nach mir um, nehmen aber sonst keine weitere Notiz von der Szene. Ich lasse den Tieren wieder ihre Ruhe und ziehe weiter.

Bild 14: Straußenfarm Gottesau vor Heidelsheim

Bald aber gibt es keine Schatten mehr, sondern nur noch schwarzen Himmel. Und jetzt tritt ein, was ich schon lange erahnt habe: Regen! Erst tropft es ganz schüchtern und zögerlich, dann aber wird es richtig ernst. Notgedrungen muss ich stehen bleiben, um die Regensachen hervorzukramen. Wie geschickt, dass ich sie vorausschauend ins Außenfach gestopft habe. Jetzt ganz schnell wieder Gustav und mich verkleiden. Tropfen hämmern auf meinen Kopf, Regengeruch steigt erneut in die Nase, wie gehabt. Eigentlich sollte ich mich jetzt wohl unwohl fühlen, aber stattdessen setze ich unbekümmert meinen Weg fort.

Mit lauten Schritten patsche ich in Heidelsheim vom Bahnhof zum Rathausplatz. Triefend bewundere ich Rathaus, Brunnen und einige Bürgerhäuser, alles Gebäude aus dem 18. Jahrhundert. Als ich dann eine Weile unter dem barocken Stadttor innehalte, wage ich es nicht, mir einen Cappuccino im Trockenen zu wünschen nach den Erfahrungen von gestern. Trotzdem entdecke ich umgehend ein nettes, kleines Café auf der rechten Straßenseite. Es scheint mit seiner gemütlichen Atmosphäre auf mich zu warten. Gustav bekommt sogar einen eigenen Stuhl, damit er nicht im Weg steht. Ich lasse mich auf einer bequemen Bank nieder. Während ich entspannt das ersehnte Getränk Schluck für Schluck genieße, beobachte ich durchs Fenster, wie es Bindfäden regnet. Jetzt habe ich genug Zeit, um mich näher mit meiner nächsten Übernachtung zu beschäftigen. Konrad hat ein Hotelzimmer in Bruchsal Büchenau reserviert. Als ich mir den Ort auf der Karte anschaue, erschrecke ich ein wenig, denn ich bin schon zu weit gelaufen, um ohne Umweg ans Ziel zu gelangen. Also beschließe ich kurzerhand, Bruchsal, das ich nur von mündlichen Abiturprüfungen her kenne, endlich genauer zu erkunden. Dafür nehme ich halt den längeren Weg in Kauf.

Wie gut, dass ich eigentlich keinen Hunger habe. Sonst würde ich mich vielleicht darüber ärgern, dass ich mir heute Morgen aus den Resten meines Frühstücks keine Verpflegung mitgenommen habe. Nach der Pause wirkt die Landschaft erneut heiter, der Regen hat sich verzogen. Wieder tauchen blaue Fetzen am Himmel auf, als wäre nichts gewesen. Lediglich kleine Pfützen erinnern noch an den Spuk. Mein Weg verläuft nun nicht mehr entlang der Bahnlinie, sondern neben einer Straße, die recht beeindruckend klingt mit ihren beiden Bezeichnungen „Badische Weinstraße" und „Bertha Benz Memorial Route".

Mein Sohn Daniel ruft an, um sich nach meinem Befinden zu erkunden. Er will wissen, wie es mit meinem Blog läuft, da ich ja in Verzug bin. Rührend, dass er so genau meine Einträge verfolgt! Mit einer Zusammenfassung der noch nicht dokumentierten Erfahrungen überzeuge ich ihn von meinem hervorragenden Wohlbefinden. Es ist schön, durch das Handy so unkompliziert mit Familie, Freunden und auch Bekannten in Kontakt zu sein. Mehrmals am Tag unterhalte ich mich beispielsweise mit meinem Mann. Laufend schreiben mir alle möglichen Leute liebe, aufmunternde oder anerkennende Worte in Textnachrichten oder Blogkommentaren. Obwohl ich alleine unterwegs bin, erlebe ich ein Gefühl von tiefer Verbundenheit mit meinen Lieben. Das hätte ich mir vorher so nicht vorstellen können!

Ich komme nach Bruchsal und orientiere mich an den Türmen von St. Peter, wodurch ich allerdings nicht in der Stadtmitte, sondern am Friedhof lande. Ich betrete die Barockkirche, welche von dem bekannten Barockbaumeister Balthasar Neumann geplant wurde. Der Innenraum kann aber nur durch eine verschlossene Glastür von hinten betrachtet werden. Das macht nichts, denn Barockkirchen sind normalerweise nicht so mein Ding. Ich schreite langsam über den Friedhof hinter dem Gotteshaus dem Ausgang am anderen Ende entgegen. Dabei denke ich rührselig an verschiedene Menschen, von denen ich mich im Laufe des Lebens bereits für immer verabschieden musste. Freundinnen und Familienmitglieder, sie alle haben mich auf ihre Weise ein Stück weit geprägt. Ich bin traurig und dankbar zugleich. Diese Gefühle lasse ich bei den Gräbern zurück, als ich dann endlich das Zentrum anpeile. Am Ziel bin ich leider wenig beeindruckt. Es zieht mich umgehend weiter, keine Lust einzukehren.
Irgendwo wird doch wohl ein interessanter Eyecatcher auf mich warten, mal sehen, was das Onlinelexikon sagt. Ich erfahre, dass die Stadt 1945 zu 90% zerstört wurde und verstehe jetzt ihre Gesichtslosigkeit. Ich bin zwar mittlerweile müde, aber nach der Enttäuschung muss ich einfach weiter zum Schloss laufen. Und da ist sie, die monumentale Überraschung! Ich schäme mich wegen meiner Bildungslücke, denn ich hatte keine Ahnung, dass Bruchsal eine solch weiträumige barocke Schlossanlage besitzt. Mir wird sofort klar, dass ich bei Weitem nicht genug Zeit habe, um dieser Sehenswürdigkeit gerecht zu werden. Die gesamte Pracht des Bauwerkes präsentiert sich mir in schönstem Nachmittagssonnenschein. Ich staune einfach nur. Es ist zwar schon halb fünf, aber ich komme nicht am hübschen Schlosscafé vorbei, ohne einen Cappuccino zu trinken. Ich nehme mir dabei wieder etwas Zeit für eine schnelle Recherche. In diesem gut 300 Jahre alten Gebäude wohnten einst die Fürstbischöfe von Speyer.

Bei dieser ältesten geistlichen Barockresidenz am Oberrhein hatte wieder Balthasar Neumann die Finger im Spiel und zwar als Bauleiter. Ich verbiete es mir, intensiver über die Kirchenfürsten jener Zeit beziehungsweise deren Mangel an christlicher Bescheidenheit nachzudenken.

Bild 15: Schloss Bruchsal: Residenz der Bischöfe von Speyer

Es ist schon spät, ich muss noch über sieben Kilometer laufen. Langsam schreite ich bewundernd durch den Garten hinter dem Schloss, dann geht es schnell weiter.

Nach und nach lasse ich Bahnlinie, Feld und Wald hinter mir. Ich bin schon fast in Büchenau, muss aber noch an einem See vorbei. Der Himmel wirkt wieder bedrohlich dunkel, doch der Regen wird sich mir zuliebe bestimmt ein wenig Zeit lassen! Ich erreiche sogar noch das Ortsschild, aber dann zeigt sich, dass meine Hoffnung vergeblich war. Das darf doch wohl nicht wahr sein! Es schüttet regelrecht. Ich muss wieder unsere Regenmontur rauskramen. Dabei bin ich schon fast am Hotel! Es stinkt mir, denn ich kann mich nicht einmal mehr so einfach auf dem Handy orientieren. Jede Aktion erfordert ein Dach. Natürlich versagt der

Fingerabdruck wieder. Und zu allem Überfluss sehe ich wegen meiner beschlagenen Brille so gut wie nichts.

Es ist fast ein wenig erstaunlich, dass ich dann letztendlich trotzdem im Hotel ankomme, wenn auch vermutlich nicht auf dem direktesten Weg. Ich durchquere schnell den verwaisten Biergarten, auf den ich mich im Vorfeld schon gefreut hatte. Und dann wird plötzlich wieder alles gut. In einem relativ ansprechenden Zimmer wechsle ich meine Kleidung und werde wieder trocken. Bei einer halbstündigen Entspannung auf dem Bett zieht der Tag noch einmal im Kopf vorbei. "Come rain - come shine"! In Regen und Sonnenschein bin ich nach einer abwechslungsreichen Tour glücklich hier angekommen, was will ich mehr?

Vielleicht würde ich jetzt einschlafen, wenn da nicht die Tischreservierung in Kombination mit dem Hunger wäre. Und so besuche ich das Restaurant auf der anderen Straßenseite. Es ist heute am Samstag recht voll hier. Trotzdem werde ich freundlich an ein hübsches Tischlein geführt, direkt unter einem Aquarium. Als ich kurz darauf mein leckeres Essen genieße, habe ich den Eindruck, dass mir die Fische mit großen Augen auf den Teller glotzen. Ich muss über meine Tischgesellen schmunzeln. Obwohl ich mich sehr wohl fühle, bleibe ich nicht lange. Kurz nach neun liege ich bereits im Bett und nutze noch eine Zeit lang die gute WLAN-Qualität für die Arbeit an meinem Blog.

## 1.5 HURRA!

*„Ich komme nicht mehr so richtig hinterher mit Tagebuch und Blog. Gestern habe ich zwar noch etwas zu den ausstehenden beiden Tagen geschrieben, knipste dann aber schnell todmüde das Licht aus, lange bevor ich fertig war. Leider klappte das Schlafen wieder nicht gut. Ich blieb ganz in der Nähe zum Wachsein. Heute ist Sonntag und kein Wecker belästigte mich. Ich wurde erst um neun Uhr richtig wach und habe dann wohl genug Schlaf abbekommen.*

*Das Hotel hätte mir vor dreißig Jahren vermutlich gut gefallen. Vorher, am umfangreichen Frühstücksbüffet, erinnerten mich einige Menschen auch an diese Zeit. Sie schienen eine „Ich-sag-dir-was-richtig-ist-im-Leben"-Grundhaltung einzunehmen, die mir damals noch etwas Respekt einflößte. Ich kenne diese Art von Selbstsicherheit von meiner Herkunftsfamilie. "*

Heute werde ich den Rhein sehen, wenn alles nach Plan läuft. Bereits als ich meine Tour im Vorfeld grob einteilte, hielt ich den Fluss für ein wichtiges Etappenziel und stellte mir vor, dass sich die Wanderung danach anders anfühlen würde. Ich sagte zu Konrad: „Wenn ich erst mal am Rhein bin, dann habe ich schon Einiges geschafft!" Mal sehen! Ich breche auf jeden Fall erwartungsvoll vom Hotel auf in Richtung Rheinsheim, wo mein nächstes Zimmer auf mich wartet. Büchenau wirkt heute viel heller und bunter. Das Straßendorf zeichnet sich jedoch trotzdem nicht durch besondere Attraktivität aus. Aus dem Himmel blinzelt gelegentlich ein wenig Sonne hervor. Alles ist wieder angenehm trocken. Die Regensachen sind weggepackt. So lässt sich's ange-nehmer laufen.

Nach einer halben Stunde befinde ich mich auf dem Weg parallel zur Landstraße, die zum Ort Neuthard führt. Die Landschaft ist etwas eintönig und so schaue ich nicht in die Weite, sondern direkt vor meine Füße. Dabei erfreue ich mich an den hübschen Blümchen am Wegesrand in Pink, Gelb, Weiß oder Lila. Warum denn in die Ferne schweifen? Auch diese unscheinbaren, winzigen Schönheiten verdienen meine Bewunderung. Im Ort setze ich die heutige Blumenserie fort: Eine Hibiskusblüte und eine Bougain-villea-Hecke präsentieren sich bei optimaler Beleuchtung direkt hinter der Barbara-Apotheke. Ansonsten hat auch dieses Dorf meinen Augen nicht viel Abwechslung zu bieten.

Orangebraune Farbe blättert von den Wänden eines verlassenen, vermutlich einst prächtigen Hofes und leuchtet trotz aller Ver-gänglichkeit kräftig im Sonnenschein. Es ist kein Mensch da, der sich daran erfreut. Niemand sorgt mehr für Leben hier. Mich stimmen solche Eindrücke stets traurig. Ich spüre wieder, wie gestern auf dem Friedhof, dass mich das Thema Endlichkeit sehr berührt. Gar nicht so unpassend, denn ich suche ja auf meiner Route 66 ganz bewusst Orte, die mich an Vergangenheit erinnern. „Ist das nicht einfach nur kitschige Rührseligkeit? Vorbei ist vorbei, warum lasse ich nicht alles einfach nur auf sich beruhen? Ich kann ja doch nichts mehr ändern!", philosophiere ich. „Gewiss, aber ich kann heute noch beeinflussen, auf welche Weise die eigene Geschichte in mir wohnt!", gebe ich mir selbst schlau zu bedenken. Ich glaube, das trifft es. Ich möchte bewusst früheren Stationen meines Lebens begegnen, um sie wertschätzend in meine neue Gegenwart zu integrieren.

Während mir solche großen Gedanken durch den Kopf schwirren, bemerke ich kaum, dass ich schon wieder auf der eintönigen Landstraße angekommen bin. Ich überquere einen kleinen Kanal, gehe näher heran und suche eine schöne Fotoperspektive. Wasserbilder gefallen mir immer, egal in welcher Umgebung. „Du fotografierst dir die langweilige Landschaft schön!", meldet sich eine tadelnde innere Stimme. „Ist es im Leben denn nicht auch manchmal wichtig, den Blick auf das Schöne zu richten und die Macht der Eintönigkeit zu ignorieren?", antwortet die innere Philosophin. Ich achte nicht weiter darauf, welche der beiden Stimmen sich durchsetzt, sondern konzentriere mich auf den Weg. Der Herbst drängt sich in den Vordergrund mit seinem kräftigen Licht, aber auch mit dem leicht süßlichen Geruch nach gegorenen Früchten, der vom Fallobst unter den Bäumen am Wegesrand herrührt.

Ein kleiner Weg führt mich zu einem hübschen Bade- und Freizeitsee, an dem heute aber nichts los zu sein scheint. Neugierig gehe ich durch ein offenes Tor und gelange zum Bereich des Schiffsmodell-Clubs. Ich beobachte, wie ein Mann in meinem Alter ein schmuckes Boot über das Wasser steuert. Erst habe ich Angst, entdeckt und verjagt zu werden, aber dann bin ich so fasziniert von seinem Hobby, dass ich ihn einfach anspreche. Er reagiert zunächst zögerlich, doch als er meine Freude am Modellbau registriert, öffnet er sich freundlich. Ich schere dabei großzügig Schiffsmodellbau und Modelleisenbahnromantik über einen Kamm. Wir bedauern gemeinsam, dass das Interesse an solchen Hobbys bei den jungen Leuten verloren gegangen ist. Danach will er wissen, warum ich hier so mit meinem Riesenrucksack aufgetaucht bin. Ich erzähle ausführlich von meiner Reise. Er bewundert mich zwar, hat aber selbst seit seiner Bundeswehrzeit nicht mehr viel fürs Wandern übrig. Wir lachen und quatschen noch ein wenig, dann verabschiede ich mich, um weiterzuziehen. Es war schön, mit jemandem zu reden!

Mir fällt auf, dass sich bisher noch niemand unterwegs sonderlich für mich interessiert hat. Ich frage mich, ob es wohl an meiner eigenen Verschlossenheit liegt, denn diese nette Unterhaltung durfte ich schließlich auch nur erleben, weil ich mich überwinden konnte, weil ich einfach losgelegt habe. Vielleicht sind Gustav und ich aber den Leuten ziemlich egal. Das große Interesse für uns besteht möglicherweise lediglich bei Familie, Freunden oder Bekannten. Ich werde versuchen, mehr darüber in Erfahrung zu bringen, nehme mir vor, ab jetzt bewusst Kontakte und Begegnungen zu forcieren.

Endlich führt mich mein Online-Reiseführer von der Straße weg durch einen Wald. Ich überquere die Brücke über ein Gewässer namens Saalbachkanal. Das Geländer besteht aus alten grünen, genieteten Stahlelementen. Ich lasse mich in einen Hauch von Nostalgie einhüllen. Aus unterschiedlichen Blickwinkeln entstehen mehrere Schnappschüsse. Diesmal ist es kein „Schönfotografieren", sondern „das Fotografieren von etwas Schönem". Meine innere Stimme hat nichts zu beanstanden. Immer noch richtet sich der Blick auf das Kleine. Ich schaue einem munteren Käfer zu, der scheinbar zielsicher vor mir über den Weg läuft. Wie schön sein tiefschwarzer Panzer im Sonnenlicht zur Geltung kommt!

Trotz dieser Fotopausen und Beobachtungen komme ich zügig voran und gelange zum Ortsschild von Graben-Neudorf. Ich muss an ein weiteres Würzelchen meines Lebens denken. Vor genau fünfzig Jahren wohnte hier ein Junge namens Dieter, dem ich den ersten Kuss meines Lebens verdanke. Das geschah im fernen Südengland, in Lymington. Während einer Jugendgruppenreise versuchten wir beide, dort unsere Sprachkenntnisse zu verbessern. In der Freizeit hingen wir in einfachen Cafés herum und hörten dabei „Little Willy" oder „Popcorn" aus der Jukebox. Die Freundschaft mit Dieter verblasste schnell, nicht aber die Freundschaft zu Sue, meiner damaligen Gastmama. Wir sehen uns heute noch regelmäßig. Erst vor vier Monaten waren Konrad und ich zum letzten Mal bei ihr. Sie verfolgt sogar meinen Blog, versteht meine Texte mit Hilfe eines Internetübersetzers. Insofern assoziiere ich mit dem Namen auf dem Ortsschild indirekt auch den Beginn meiner Verbundenheit mit England. Über all das denke ich gerührt nach, als ich durch den unscheinbaren Ortsteil Neudorf trotte.

Nach dem Ortsausgang komme ich an einem hügeligen Gelände vorbei, auf dem Jugendliche mit ihren Fahrrädern halsbrecherische Kunststücke einüben und vorführen. Tief beeindruckt lobe ich diese Glanzleistungen klatschend. Ich zaubere damit ein verlegenes Lächeln auf den Gesichtern der Akrobaten hervor. Dann führt mich der Weg schon wieder an einem idyllischen See vorbei. Ich klettere runter zum Ufer, um mehr von diesem Gewässer zu erblicken. Es ist auch hier nichts los an diesem Sonntag. Am Ufer liegen – scheinbar gelangweilt – einige Segelboote. Keine Menschenseele lässt sich blicken. Es gäbe großartige Badestellen, aber niemand braucht jetzt noch eine Abkühlung unter einem nun wolkenbehangenen Spätseptemberhimmel.

Bild 16: Nichts los am Badesee hinter Graben-Neudorf

Meine Füße genießen es, als sie kurz danach neben dem See auf einem Teppich von Gras flanieren dürfen. Die Freude über diesen Wiesenpfad hätte ruhig kürzer sein dürfen, denn leider entferne ich mich mit jedem Schritt unwissentlich immer weiter vom richtigen Weg. Als ich das endlich bemerke, habe ich aber keine Lust, mich zu ärgern, sondern drehe einfach um, zurück zur Straße nach Huttenheim. „Straße der Festungen" und „Straße der Demokratie" lese ich fasziniert, habe aber keine Ahnung, was sich hinter den imponierenden Begriffen verbirgt. Im Ort erhoffe ich von den Geschichtstafeln an der Kirche erhellende Informationen, lerne aber lediglich, dass der Ort wegen einer großen Tragödie gegründet wurde. Eine Überschwemmung hatte im Jahr 1758 ein Dorf am Rhein vollständig zerstört. Dieses wurde danach mit großzügiger Hilfe des Landesherrn von Hutten hier wieder neu aufgebaut und nach dem Wohltäter benannt.

Das Beste an Huttenheim ist, dass es das letzte Dorf vor meinem Ziel Rheinsheim ist. Ich habe noch ungefähr sechs Kilometer vor mir. Das Wandern fällt mir langsam wieder schwerer. Die Landschaft wird eintönig und auch flach, das Rheintal. Im Hintergrund sehe ich die Reste des ehemaligen AKWs Phillipsburg. Wie gut, dass die Kühltürme vor gut zwei Jahren gesprengt wurden und nicht mehr die Landschaft verunstalten. Ich komme an einer Wiese vorbei, wo ein Ehepaar sich gerade bei der Apfelernte befindet. „Möchten Sie welche haben?", ruft mir die Frau von der anderen Straßenseite her zu. „Gerne!" Ich überquere die Fahrbahn und gehe auf sie zu. Während sie liebevoll vier Exemplare – jede Frucht eine andere Sorte – zusammenstellt, unterhalte ich mich mit ihrem Mann über die Qualität der Ernte. Er ist unzufrieden, weil wegen der Trockenheit des vergangenen Sommers viele Äpfel von Würmern befallen sind. Ich freue mich über die Aufmerksamkeit des Paares, bedanke mich und beiße umgehend herzhaft in eines meiner vier Geschenke hinein. Erst jetzt bemerke ich, wie sehr ich Lust auf diesen Apfel habe. Er ist gerade genau das Richtige. Ich bilde mir ein, dadurch noch einmal genug Energie für den restlichen Weg zu bekommen.

Geduldig nähere ich mich nun dem Ziel, das mit einer Überraschung auf mich wartet. Neben der Kirche ist gerade ein Fest im Gange mit Ständen, Karussell und Musik. Ich verweile ein wenig, um meine Ankunft mit einem kleinen Bier zu feiern. Alle scheinen sich gut zu kennen. Ich genieße einfach den Rummel, ohne mich wegen meiner Andersartigkeit einsam zu fühlen. Lange bleibe ich allerdings nicht, sondern suche bald mein Quartier im Bürgerhaus Löwen auf.

Als ich den Gastraum betrete, wird ein lebendiger Geist spürbar. Mein bepacktes Erscheinungsbild löst spontane Neugier bei der kleinen Gruppe von Leuten aus, die hier ungezwungen beisammensitzen. Meine Geschichte stößt auf vielseitiges Interesse, löst ein Ping-Pong-Spiel von Fragen und Antworten aus. Im Gegenzug werde ich offenherzig über die Hintergründe dieses Hauses in Kenntnis gesetzt. Die Räumlichkeiten sind im Besitz einer Genossenschaft, die sich zum Ziel gesetzt hat, den Ortskern von Rheinsheim wieder zum Leben zu erwecken. Sie betreibt neben dem Hotel auch das dazugehörige Restaurant, einen Dorfladen und eine Bäckerei. Mir gefallen solche Projekte. Ich teile dies dem Herrn vom Vorstand begeistert mit. Dieser führt mich freundlich und redselig zu meinem Zimmer. Dort blicke ich kurz darauf interessiert aus dem Fenster zur neugotischen roten Sandsteinkirche und beobachte, wie sich das Fest langsam auflöst. Dann geht es eine halbe Stunde lang ins Bett, um neue Energie zu sammeln. Es wartet noch ein letzter Programmpunkt auf mich. Ich will den Rhein sehen! Also regeneriere ich mich in kürzester Zeit. Die erneute Wanderschaft macht Spaß. Ich torkele zwar etwas herum, denn die Füße fühlen sich nicht mehr so ganz taufrisch an. Aber ich komme stetig und beschwingt voran. „Laufen ohne Rucksack ist fast wie Fliegen!", rede ich mir ein. Nach zwanzig Minuten ist es so weit. Hurra!!! Ich bin am Rhein! Da sind zwar zunächst noch zwei Hunde, die meine Zuwendung erbetteln. „Das tun sie sonst nie!", meint der Hundebesitzer, als ob sich ein ängstlicher Mensch mit diesem allzu bekannten Satz beruhigen lassen würde. Wie gut, dass ich Hunde mag und ihnen meist furchtlos begegne. Ein paar kurze Streicheleinheiten, dann bekommt der Fluss meine ganze Aufmerksamkeit. Ich schaue in aller Ruhe einem Kahn zu. Dabei bilde ich mir in aller Bescheidenheit ein, dass dieser jetzt nur mir zu Ehren so ganz langsam hier vorbeizieht. Mein Herz hüpft fast hörbar. Ich platze nahezu vor Freude. In nur fünf Tagen habe ich das erste wichtige Etappenziel unversehrt erreicht! Der Himmel färbt sich ein wenig rot, wahrscheinlich, um mir ein angemessenes Ambiente für meine Hochstimmung zu bieten. Ich schreite noch eine Weile ganz bewusst am Ufer entlang, bevor ich wieder zum Löwen zurückkehre.

Bild 17: Hurra, ich bin am Rhein!

Im Restaurant genieße ich Schupfnudeln mit Sauerkraut. Der vordere Teil des Raumes dient der Genossenschaft als Clubraum. Er ist immer noch relativ gut besucht. Mein Platz befindet sich im ruhigeren, fast menschenleeren Gästebereich. Zwei Tische weiter sitzt ein junger Mann, mit dem die Bedienung nur Englisch spricht. Nach dem Essen überwinde ich meine Scheu und spreche ihn an. Beim zweiten Mal reagiert er. Endlich darf ich mal wieder auf Englisch plaudern. Mein nun redseliger Gesprächspartner ist Australier, der in Frankreich Wein anbaut und während dieses Wochenendes an einem Schießwettbewerb in der Nähe teilgenommen hat. Er fragt mich nach den Hintergründen unseres Gasthauses. Ich erzähle von der Genossenschaft und deren Zielen. Dann prahle ich auch ein wenig mit meiner Wanderaktion, worauf ich endlich auf die erhoffte Bewunderung stoße. Wir können unser Gespräch leider nicht vertiefen, da sich der Herr vom Vorstand zu mir setzt. Er erzählt von der Wiederbelebung des Ortes. Am Anfang übersetze ich noch, bald passt es aber nicht mehr so richtig. Der Australier verabschiedet sich. Mein Gesprächspartner liefert noch einige interessante Informationen über das Projekt. Ich wünsche den Beteiligten alles Gute. Hoffentlich haben diese hochmotivierten Leute ausreichend Glück und Durchhaltevermögen, um ihre bewundernswerten Ziele zu erreichen.

Langsam geht der Tag nun für mich zu Ende. Im Zimmer klingen noch ganz verschiedene Gesprächsfetzen nach und fließen angenehm ineinander. Zum ersten Mal durfte ich solche Kontakte erleben, zum ersten Mal war ich selbst ungewöhnlich offen und interessiert. Wahrscheinlich besteht da ein Zusammenhang!

*„Ich bin jetzt richtig in Form. Die Blasen schmerzten heute weniger. Der Rucksack bildet nun gleichsam eine Einheit mit meinem Körper. Die Stöcke empfinde ich mittlerweile als unverzichtbare Helfer. Fotografieren und Blogschreiben sind motivierende Antreiber. Manchmal bin ich fast süchtig auf der Suche nach Motiven. Gelegentlich kann ich mich jedoch ganz bewusst dazu überreden, einfach nur den Augenblick zu genießen. ,Es ergeben sich immer wieder einzigartige Begegnungen, man kann sie weder herbeiführen noch sie wiederholen.' So beschrieb der Herr vom Vorstand seine Erfahrungen mit dem Genossenschafts-Projekt. Ich kann diesen Satz auch auf meine Reise übertragen: Nur wenig ist geplant, das meiste ergibt sich einfach spontan während des Weges auf ganz unwiederholbare Weise."*

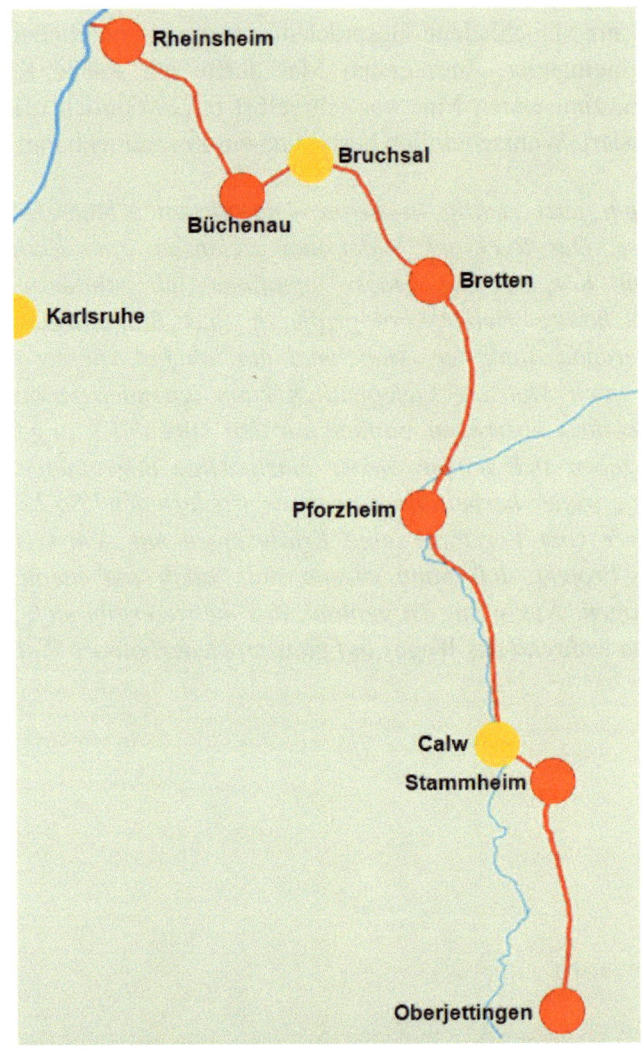

Bild 18: Etappe 1: Von Oberjettingen an den Rhein

# 2 NACH WIESBADEN

## 2.1 EINFACH NUR DEM RHEIN ENTLANG?

Heute ist Rheinwandertag, einfach immer geradeaus bis zur nächsten Brücke. Schnell den Schlüssel im menschenleeren Gastraum abgeben, dann geht es noch in die genossenschaftseigene Bäckerei. Ab jetzt möchte ich möglichst keine Lebensmittelverschwendung in Hotels riskieren.

Ich kann mir die Suche nach einem Drogeriemarkt sparen. Meine Druckstellen sind glücklicherweise nahezu verheilt. Es geht nach dem Frühstück unbeschwert los, ganz super eine Dreiviertelstunde lang. Ich bleibe dann aber auf einmal mit großen Augen fassungslos stehen. Das darf doch wohl nicht wahr sein, da mündet vor mir einfach ein großer Fluss in den Rhein! Wo ist denn die Brücke, die es mir ermöglicht, meinen Weg munter fortzusetzen? Nirgends! Ich laufe auf einem kleinen Pfad der Mündung entlang. Es kommt noch schlimmer. Statt auf eine Brücke stoße ich auf einen See. Hier wird mir ein hervorragender Blick auf die Reste des stillgelegten AKWs Philippsburg gewährt. Ganz in der Nähe bietet eine idyllische Uferszene mit verlassenem grünem Paddelboot einen eigenwilligen Kontrast.

Bild 19: Stillgelegtes AKW Phillippsburg

Dann endet auch dieser Pfad am Wasser. Vielleicht sollte ich jetzt doch einmal eine Karte befragen? Die Antwort ist erschütternd! Es gibt keine Möglichkeit, diesen Altrheinarm zu überqueren. Ich kehre um, und meine Karte führt mich nach einer gefühlten Ewigkeit links durch einen Wald. Ich laufe bald erneut entlang des Altrheins, der sich in einem fast zehn Kilometer langen Bogen um ein Gebiet namens Schanzinsel erstreckt. Jetzt liegt das ehemalige Kernkraftwerk in seinem ganzen Ausmaß hinter hohen gesicherten Zäunen vor mir. Ich bin schockiert und gleichzeitig fasziniert von dem riesigen Ungetüm, welches auch heute noch dominant in der Gegend herumsteht. Für die Schönheit der Aulandschaft habe ich erst Augen, als das Monstrum langsam hinter meinem Rücken wieder kleiner wird. Ich laufe über Wiesen, durch Wäldchen und entlang eines Dammes. Dabei beobachte ich Ziegen oder Wasservögel. Ein Hase hoppelt direkt vor mir über den Weg.

Endlich erreiche ich bei Rheinhausen wieder den geliebten Fluss. Es ist Zeit für ein kleines Vesper. Dazu öffne ich endlich meinen Beutel mit Müsliriegelgeschenken. Ich krame ein weißes Papiertütchen heraus, löse erwartungsvoll das rote Bändchen und genieße nacheinander vier der köstlichen Fruchtschnitten.

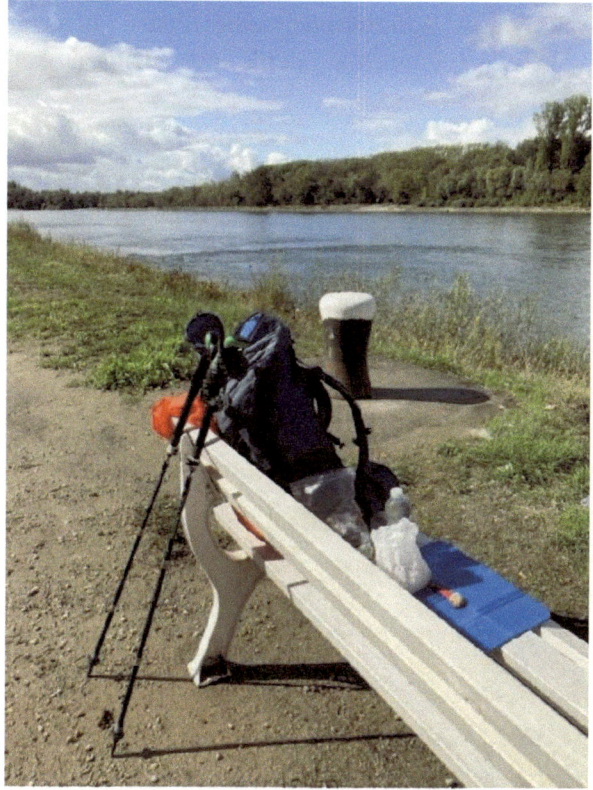

Bild 20: Vesperpause bei Rheinhausen

Nach angemessener Regenerationszeit geht es mit neuer Motivation weiter. Von nun an folge ich genau den Anweisungen meines Onlinewanderführers, der mich jetzt entlang des Rheindamms leitet. Ich bin überrascht, wie weit der Schutzwall vom eigentlichen Fluss entfernt ist. Wieder enttäuscht es mich, dass ich so wenig Landschaft sehen kann. Bald gelange ich jedoch zu einem Treppchen, auf dem ich den Damm erklimme, um oben auf einem kleinen Weg weiterzulaufen. Hier ist die Aussicht besser, zudem brauche ich nicht mehr auf Radfahrer zu achten. Der Himmel liefert mir ein posterwürdiges Motiv, eindeutig das „Bild des Tages". Es ist, als ob ein Maler sich von Herzen an seinen Grün-, Grau- und Indigofarbtöpfen bedient hätte, um sich dann mit schwungvollen Bewegungen auf der Leinwand auszutoben.

Bild 21: Auf dem Rheindamm vor Altlußheim

Schön, aber gleichzeitig besorgniserregend! Und wieder muss ich mein Regenbekleidungsritual durchziehen. Zu allem Überfluss ist dann noch der Handyakku tot. Es schüttet auf einmal wie aus Kübeln. Von dem schönen Landschaftsbild ist urplötzlich rein gar nichts mehr zu sehen. Das Grau um mich herum kann ich nicht einmal richtig erkennen, denn meine Brille beschlägt mal wieder gnadenlos. Auf dem Damm gibt es weder Bäume noch Gebäude als Unterschlupf, also stapfe ich mangels Alternative einfach rhythmisch geradeaus weiter. „Wer auf Wanderschaft ist, muss so eine Situation klaglos hinnehmen!", hämmert mir mein Über-Ich wieder ein. Und eigentlich ist es wirklich erträglich, zumal ich mich langsam der nächsten Ortschaft nähere. „Ich will einen warmen Kaffee im Trockenen haben!", quengelt mein inneres Kind.

Und tatsächlich erfüllt sich dieser Wunsch bald in einem Bäckerei-Café an der Hauptstraße. Tropfnass laufe ich dort ein, diesmal vor Publikum. Neugierigen Mitkaffeetrinkerinnen erkläre ich den Grund für meine triefende Erscheinung. Sehe ich da Bedauern in ihren Augen? Hoffentlich nicht, denn das wäre völlig überflüssig. Mir geht es wirklich gut. Während ich etwas trockne und mich mit Cappuccino aufwärme, verzieht sich draußen der ganze Spuk schon wieder. Ich krame die Powerbank hervor, um das Handy zu neuem Leben zu erwecken.

Ich bin mittlerweile alleine im Café, plaudere deshalb unbeschwert mit der Verkäuferin. Meine Wandergeschichte stößt mal wieder auf Interesse. Dann breche ich voller neuer Energie wieder auf. Es geht flott voran. Erst nach zweieinhalb Kilometern bemerke ich, dass etwas nicht stimmt. Es klackt nicht. Meine Stöcke! Ich habe sie stehen lassen! Wo? Hoffentlich in der Bäckerei und nicht irgendwo auf dem Damm. Besorgt eile ich zurück, um dann dort tatsächlich erleichtert meine grünen Super-Ultralight-Wander-helfer wiederzufinden. Niemand hat meine Nachlässigkeit bemerkt. Das soll mir eine Lehre sein! Ich werde von nun an besser auf sie aufpassen. Die zusätzlichen fünf Kilometer betrachte ich nach diesem Happy End gerne als so etwas wie Lehrgeld.

Ich sehe die Schrägseilbrücke der A61 in der Ferne. Diese löst wieder nostalgische Erinnerungen an die Fahrten nach Wuppertal aus, eine willkommene Ablenkung während der verbleibenden Kilometer bis zu meiner lang ersehnten Flussbrücke. Dort schaue ich dann ergriffen auf den Rhein hinunter. Der rechte Uferstrand wird vorteilhaft von der Sonne ausgeleuchtet. Als ich gegen das

Licht aufs andere Ufer blicke, erkenne ich die Silhouette von Speyer mit dem charakteristischen Dom. Ich freue mich mal wieder bis in die Zehenspitzen. Es geht von nun an hochmotiviert weiter. Beim freundlichen Begrüßungsschild von Rheinland-Pfalz überschreite ich mitten auf der Brücke stolz die erste Landesgrenze. Bald komme ich durch einen Park, hinter dem der gigantische Dom zwischen den Bäumen hervorragt. Seine roten Mauern und grünen Dächer werden warm vom Abendlicht beschienen. Ich schreite fasziniert an diesem riesigen romanischen Gotteshaus vorbei zur breiten Maximilianstraße. Hier ist heute noch die einstige Würde einer kaiserlichen Prachtstraße zu erahnen. Es ist ein Vergnügen, durch diese beeindruckende Fußgängerzone zu flanieren. Ich bleibe noch einmal unplanmäßig stehen. Vor mir steht die drei Meter hohe Bronzefigur eines Jakobspilgers.

Bild 22: Zwei Wandersleute in Speyer

Spontan sehe ich den Mann mit seinem Wanderstab als Kollegen an, registriere aber gleichzeitig auch die Unterschiede zwischen uns. Er läuft barfuß, ich trage meine mittlerweile perfekt eingelaufenen Wanderschuhe. Er ist in einem weiten Mantel unterwegs, ich trage immer noch meine leuchtend orange Regenjacke. Sein Gepäck besteht nur aus einem ganz kleinen Beutel rechts auf dem Rücken, ich bilde eine luxuriöse Einheit mit meinem Gustav. Während ich so ins Vergleichen vertieft bin, werde ich von einer Mutter und ihrer Tochter neugierig beobachtet. Unaufgefordert erzähle ich von meiner Reise. Daraus entsteht eine angenehme Unterhaltung. Bevor wir uns trennen, gibt es noch ein paar Fotos von mir vor meinem pilgernden Kollegen. Der in warmes Licht gehüllte Dom bildet einen würdevollen Hintergrund. So, jetzt geht es aber ganz flott weiter! Beim Einchecken bekomme ich eine Schlüsselkarte für ein ansprechendes modernes Gästezimmer in der Nähe, wo ich mich etwas unkonzentriert erfrische und umziehe. Dann folgt noch ein wenig unspektakuläres Sightseeing. Den Besitzern meines Gästehauses gehört auch ein bayrisches Restaurant. Dort lasse ich den Tag ausklingen, ohne mich am Stilbruch mit dem falschen Bundesland zu stören. Schon früh bin ich dann im Bett, um mich meinen Schreibaktivitäten hingeben zu können. Ich brauche keine Rücksicht auf die Uhr zu nehmen, denn morgen ist Ruhetag.

*„Der erste Rheinabschnitt schenkte mir, wie erhofft, viele schöne Eindrücke und stimmungsvolle Bilder. Allerdings musste ich von der naiven Vorstellung Abschied nehmen, dass ich ab heute einfach nur dem Fluss zu folgen brauche. Nach wie vor wird es sich anbieten, meine Tagesetappen sorgfältig zu planen."*

## 2.2 INNEHALTEN

*"Was reizt mich am Wandern? Natürlich ist es mehr als nur die Befriedigung darüber, Verfasserin eines netten Blogs zu sein. Wahrscheinlich gefällt mir einfach das Thema ‚Unterwegssein', denn es taucht seit Kindertagen regelmäßig in meinen Träumen auf. Ich empfinde tiefe Freude an meinem ganz eigenen Weg, auch wenn gelegentlich Umwege dabei sind. Ich genieße es, dass ich ganz in meinem Tempo laufen darf, mit genug Zeit zum Entdecken, aber auch mit Raum für erlaubte Langeweile. Während sonst im normalen Alltag manchmal sogar jede einzelne Minute wichtig wird, darf der Augenblick jetzt einfach nur vor sich hinplätschern. ‚Slow Motion' nenne ich mein Zeitempfinden dabei. Ich spüre die Entfernung unter meinen Füßen. Ich beobachte sie nicht nur, während sie einfach an mir vorbeizieht, wie beispielsweise bei*

*unserem Wohnmobilurlaub vor vier Wochen. Ich spüre, sehe,*
*rieche und höre mehr Augenblicke als in einem Verkehrsmittel.''*

Philosophieren im Bett: Ruhetag fühlt sich wunderbar an! Ich
kann mich ganz und gar in meinem "Slow-Motion-Modus" treiben
lassen. Beim Frühstücken zaubere ich ein Lächeln auf das bis
dahin ausdruckslose Gesicht eines alten Mannes, indem ich ihm
vom Verlauf meiner Wanderung erzähle. Er erinnert sich daran,
wie er als Kind des Öfteren im Nordschwarzwald schöne Urlaubs-
tage bei seiner Tante erlebte. Als ich mich verabschiede, strahlt er
und bemerkt: „Heute ist ein guter Tag, denn er hat bereits mit so
einer netten Unterhaltung angefangen!'' Allein durch eine
zwanglose Plauderei wurde ein kleines Fünkchen Freude in die
Welt gesetzt, eigentlich nicht schwer, das lässt sich wiederholen!
Ich gehe in Richtung Dom, dem Pilger scheint jetzt die Sonne auf
den Rücken. „Bin ich auch so eine Pilgerin oder eher nicht?''
Darüber könnte ich später einmal nachdenken.
Am Dom informiert mich eine Plakette an der Wand darüber, dass
es sich hier um einen der drei Kaiserdome handelt. Zusammen mit
einigen anderen Touristen betrete ich fast schüchtern die riesige
romanische Kirche. Ich lasse zunächst einmal die Atmosphäre auf
mich wirken. Eine angenehme Stille breitet sich in mir aus unter
diesem ruhigen, hohen Gewölbe. Es irritiert mich zwar ein wenig,
dass alles hier so hell und sauber wirkt, aber andererseits bin ich
froh, dass nichts Drückendes, Überladenes vom positiven Gesamteindruck ablenkt. Im Hintergrund ertönt Orgelmusik. Ich spüre
kein Bedürfnis, mich in meditativer Stille hinzusetzen, sondern
schreite stattdessen langsam durch den Kirchenraum. Mir ist, als
würde ich mit den Füßen beten. Ehrfurcht hat mich ergriffen und
hält noch an, als ich wieder außen vor dem Bauwerk stehe.

Wieder im Hier und Jetzt schlendere ich erneut zum Rhein, um in
Ruhe den vorbeiziehenden Kähnen zuzuschauen und die Aktivitäten auf den beiden am Ufer liegenden Kreuzfahrtschiffen zu
beobachten.

Bild 23: Am Helmut-Kohl-Ufer in Speyer

Die Luft ist so angenehm warm, dass ich in einem Biergarten Kaffee trinke. Mit Blick auf den Fluss setze ich mich in meinem Tagebuch mit der Pilgerfrage auseinander:

*„Warum bin ich unterwegs? Leiste ich mir lediglich einen extravaganten Urlaub, was bei den Kosten von durchschnittlich fast 90 Euro am Tag durchaus nicht von der Hand zu weisen ist. Oder soll ich mich als Pilgerin sehen, immerhin war ich im Dom vorher ziemlich ergriffen. Aber eigentlich wollte ich doch überhaupt nicht pilgern nach meiner jahrzehntelangen Religionslehrerinnen-Berufstätigkeit! Und was ist Pilgern überhaupt? ‚Pilgern ist eine religiöse Reise!' Das weiß ich, aber was ist religiös eigentlich? Ich spüre starke Ablehnung gegenüber jedwedem Formalismus einer Religion, ohne das Potential von Ritualen verleugnen zu wollen. Aber wenn – wie im Mittelalter – Gedanken von Schuld und Buße oder gar Gottgefälligkeit mit Pilgern verbunden sind, dann befinde ich mich keinesfalls auf einer religiösen Reise. Wenn ich stattdessen aber Pilgern als Ausbruch aus dem Alltag und als die Suche nach einer anderen Dimension von Sein sehe, dann befinde ich mich durchaus auf einer religiösen Reise und zwar auf meine*

*ganz individuelle Weise. Ich vermeide bewusst vorgeschriebene Routen und suche keine Gemeinschaftserlebnisse unter Gleichgesinnten. Ich habe meinen ganz eigenen Weg, ja fühle mich manchmal so, als wäre ich selbst der Weg, zumindest Teil des Weges. Dazu gehört der schmerzende Rücken ganz genauso wie die vielen ungewohnten Kontakte, die ich mit Familie, Freunden und Bekannten unterwegs pflege. Dazu gehört aber auch die naive Unbeschwertheit, mit der ich bislang stetig vorwärts komme. Ich habe keine vorgegebene Route, sondern meine Pfade entstehen Tag für Tag, während ich unterwegs bin, einem Ziel entgegen, das nur für mich passt. Wer den Kontakt zu mir sucht, kann ihn gerne haben, aber ich komme auch mit mir alleine gut aus. Ich grenze mich nicht ab, sondern fühle mich den Menschen um mich herum sogar auf unterschiedlichen Weise noch mehr verbunden als im Alltag. Ich nehme mir Zeit für einfühlsame Wahrnehmungen. Soll ich mich nun als Pilgerin sehen oder nicht? Ich weiß es immer noch nicht, und ich muss es auch nicht wissen. Mir ist aber klar geworden, dass Pilgerinnen und Pilger eines mit mir gemeinsam haben: Wir sind aufgebrochen zur demütigen Erweiterung unseres Horizonts und dürfen auf unseren Wegen ungezwungen vielfältigste Spuren von etwas Heiligem entdecken."*

Nach so viel Schreiberei zieht es mich zurück ins Gästezimmer, wo ich mir einen erholsamen Mittagsschlaf gönne. Mit neuem Schwung plane ich danach erst einmal meine nächste Etappe, Ludwigshafen steht auf dem Programm. Heute kümmere ich mich selbst um die Übernachtung, denn Konrad ist mit einem Freund unterwegs. Wie fehlt mir doch mein Quartiermanager! Ich finde nichts, was meinen Erwartungen an Lage, Preis und Bewertungen gleichzeitig erfüllt, suche aber trotzdem lange auf der Hotelbuch-App weiter. Irgendwann muss ich mir dann doch meine Erfolglosigkeit eingestehen und entscheide mich nun für ein Hotel, welches nur die ersten beiden Kriterien erfüllt, aber keine guten Bewertungen vorweisen kann. Egal, irgendwie werde ich die Nacht schon überstehen. Meine Dankbarkeit für Konrads bisheriges Quartiermanagement wird noch einmal erheblich größer.

Ich spaziere am späten Nachmittag erneut durch die Fußgängerzone zwischen den hübsch dekorierten Läden und ansprechenden Fassaden. Die Außengastronomie lädt zum Verweilen ein, aber ich laufe unruhig durch die umliegenden Gassen weiter, will noch möglichst viel sehen von dieser uralten Stadt, die einst von den Römern gegründet wurde.

Nicht lange jedoch, denn bereits am frühen Abend lasse ich mich von einem gemütlichen Lokal mit regionalen Speisen von meiner Stadterkundung ablenken. Der Zeitpunkt ist gut gewählt, denn bereits um kurz nach sechs sind fast alle Plätze besetzt oder reserviert. Da ich natürlich wieder alleine am Tisch auf mein Essen warte, erlaube ich mir, einfach auf dem Schoß unauffällig unter dem Tisch zu schreiben. Es sieht nicht so aus, als ob jemand daran Anstoß nehmen würde.

*„Ich erlebe den Luxus, einige Wochen nur für mich selbst da zu sein, denn eigentlich dient diese Wanderung niemandem sonst. Ich möchte aber nicht möglichst viel Spaß haben, sondern einfach nur unterwegs sein und im Idealfall meinem Ich noch ein wenig näher kommen. Ich spüre eine Ungezwungenheit, aus der heraus ich ununterbrochen lächeln könnte. Ich begegne den Menschen um mich herum mit Wohlwollen, selbst mit den Tieren spreche ich freundlich. Ich bin auch zu mir nett. All das scheint vielleicht sogar von anderen Menschen wahrgenommen zu werden, denn ich habe bisher noch kein einziges böses Wort gehört und keine unangenehme Begegnung gehabt."*

Im Bett ziehen die berührenden Bilder des Tages noch einmal an mir vorbei. Der Ruhetag war nicht nur erholsam für den Körper, sondern er hat mir auch wertvolle Emotionen geschenkt und mich zu vielfältigen Erkenntnissen angeregt. Ganz erfüllt schließe ich die Augen.

## 2.3  WO STECKT DER REIZ?

Auf dem Altpörtel, dem Turm am Ende der Fußgängerzone, steht die Uhr genau auf Neun, als ich ein letztes Mal in Richtung Dom blicke. Es waren reizvolle Stunden, die ich hier erleben durfte. Ich wurde mit geschichtsgeladenen, inspirierenden und wohltuenden Eindrücken verwöhnt. Nun ist es jedoch Zeit, all das hinter mir zu lassen. Zum Ortsausgang führt ein mir bisher unbekannter Weg.

Bild 24: Tschüss Speyer!

Schnell gelange ich zu der Einschätzung, dass sich der Zauber der Stadt überwiegend im Zentrum entfaltet. Hier entlang der Bahnhofstraße gibt es nicht viel zu bestaunen. Vor der Stadtbibliothek entdecke ich ein Stahlkunstwerk, welches ein Buch darstellt. Kurz bevor ich rechts abbiege, registriere ich das Haus der badisch-pfälzischen Fasnacht beziehungsweise dessen Turm als positiven Blickfang. Ansonsten finde ich keine Eye-catcher. Wird meine heutige Etappe so wenig reizvoll bleiben?

Schade, dass der Rhein in einem Bogen nach Ludwigshafen fließt und es Unsinn wäre, diesen nicht abzukürzen.

Ich biege in die Straße mit dem romantischen Namen Waldseer Straße. Wird sie in einen sehenswerten Ort führen oder werde ich wieder meine „Umgebung schön fotografieren" müssen, um mich von der Eintönigkeit abzulenken? Ich gehe der Frage nicht weiter nach, denn mich überfallen erneut positive Erinnerungen, ein weiteres Mal ausgelöst von der A61. Vor meinem inneren Auge taucht auf einmal meine Omi auf, wie sie stets ungeduldig auf uns wartete, wenn wir dort in Richtung Wuppertal unterwegs waren. Nicht lang danach bleibe ich kurz stehen und fotografiere die Mitte eines Kreisverkehrs, im Prinzip ganz nett, auch wenn mich die hübsch gekachelten Wappen von drei aneinandergrenzenden Kreisen nicht so sonderlich interessieren. Aber wir fahren sonst immer nur an solchen Kreiseln vorbei, ohne jemals Zeit zu haben, deren manchmal recht kunstvoll gestaltete Mitten ausgiebig zu betrachten. Heute kann ich so etwas in mein Beschäftigungs-programm einbauen, genauso wie das kurz darauffolgende Entzücken über die hellleuchtende orange Farbe von Kürbissen im Sonnenschein. Ich erreiche Waldsee. Der Ort hat meiner Meinung nach seinen hübschen Namen nicht so recht verdient. Er bietet mir neben zwei 66er Hausnummern lediglich eine erneute Kreisver-kehrgestaltung, diesmal mit einem interessanten Stein-Metall-Kunstwerk. Ich kehre ihm möglichst schnell den Rücken und laufe noch gute drei Kilometer weiter bis in die nächste Ortschaft. Jetzt schlägt die Uhr zwölf mal, ich möchte eine Pause haben. Die Bäckerei-Dichte ist in dieser Gegend nicht sehr hoch, deshalb tut sich mir auch keine Cappuccino-Quelle auf. Ich finde allerdings ein schattiges Plätzchen an einem bunt bepflanzten Rondell um einen Brunnen herum und packe wieder meine Wundertüte zum Vespern aus. Ich fische für den Nachtisch noch den letzten Apfel aus dem Rucksack. Das gefällt mir, und ich bin zufrieden! Warum will ich nur immer irgendwo einkehren?

Ich laufe nun etwas anspruchsloser weiter. Dann gibt es heute mal kein Waldbaden und keinen Cappuccino! Ich brauche auch keinen reizvollen Weg, um vorwärtszukommen, denn schließlich möchte ich ja nur möglichst schnell Ludwigshafen erreichen. Die altkluge innere Stimme spricht: „Es wäre schlimm, wenn sich im Leben alles nur um Spaß und Abwechslung drehen würde!" Ich finde langsam zu dieser angenehmen Gelassenheit zurück, die sich mittlerweile schon recht vertraut anfühlt. Und wieder passiert das Unerwartete: Am Ortsende führt mich mein Routenplaner durch einen Wald, und ich „bade" vergnügt zwischen den Bäumen. Die Seele darf unbekümmert baumeln, während ich die angenehme Luft mit tiefen Atemzügen genieße. Nach zwanzig Minuten zeigt sich mir sogar noch eine weitere Überraschung, ohne dass ich sie mir zuvor heimlich gewünscht habe. Am Ende des Forstweges taucht nämlich die Gastwirtschaft Waldmühle auf, in deren Biergarten ich mich sofort niederlasse um einen Cappuccino zu trinken. Ich verweile dort fast eine halbe Stunde und beeindrucke das Ehepaar am Nachbartisch mit meiner Reiseerzählung.

Dann geht es zuversichtlich voran, denn ich werde bald die ersten Vororte von Ludwigshafen erreichen. Der Wegesrand entlang der Bahnlinie weist gelegentlich ein recht ungepflegtes Erscheinungsbild auf, aber ich erwarte ja auch keine Prachtallee. Der Hauptbahnhof, in dessen Nähe mein Hotel liegt, will und will nicht auftauchen. Es dauert fast eine Stunde, bis ich endlich die Schrägseilbrücke im Hintergrund entdecke, welche den Bahnhof in 14 Metern Höhe überspannt. Und als ich dann dort ankomme, versagt meine Orientierung, obwohl meine Online-Routenplaner ihr Bestes geben. Ich kann in diesem Gewirr von Schienen, Straßen und Treppen beim besten Willen kein Hotel erkennen, bis es mir wie Schuppen von den Augen fällt: Dieser riesige, marode wirkende rosarote Hochhausklotz, das ist es doch! Ganz oben erkenne ich jetzt sogar deutlich einen Schriftzug mit dem Namen. Nun ja, bei den unvorteilhaften Bewertungen kann ja eigentlich auch keine Luxusherberge vor mir liegen.

Zurückhaltend betrete ich die Lobby und werde positiv überrascht. Einen so freundlichen Empfang in einer solch angenehm gestalteten Räumlichkeit hätte ich nicht erwartet. Im Aufzug befürchte ich allerdings wegen eines Spiegel-im-Spiegel-Effektes in die Unendlichkeit zu entgleiten, komme dann aber doch wohlbehalten im 16. Stock an. In meinem Zimmer nehme ich umgehend eine eigene Bewertung vor. Das Schönste ist der Balkon mit Aussicht auf Bahnhof und Skyline, das Schrecklichste ist das Bad, dessen Sanitärgegenstände ihre einstmals weiße Farbe im Laufe der Jahre teilweise erheblich eingebüßt haben. Es ist ja nur für eine Nacht, das werde ich schon aushalten, und ich muss ja auch nicht jeden Tag duschen!

Jetzt ist Sightseeing im benachbarten Mannheim angesagt. Ich überquere dazu wieder den Rhein und verlasse damit sowohl Stadt als auch Bundesland. Als erstes flaniere ich zusammen mit vielen Studenten am Schloss, der Uni, entlang. Welch prachtvolle Umgebung zum Studieren!

Bild 25: Abendstimmung am Mannheimer Wasserturm

Durch die Innenstadt gelange ich zum Wasserturm, dem Wahrzeichen Mannheims. Sowohl dessen Größe als auch die imposante Jugendstilgestaltung überraschen mich. Er steht in der Mitte eines großen Platzes, umgeben von Figuren, die Wasser in ein kunstvoll gestaltetes Becken sprühen. Vor vielen Jahren war ich bereits einmal anlässlich einer Fortbildung hier. Damals konnte mich der Turm von der Straßenbahn aus nicht sonderlich beeindrucken. Heute kommt er mir – in live sozusagen – wie ein ganz anderer Turm vor. Ich steige auf einer Freitreppe zur ersten Ebene hinauf und umrunde das halbe Bauwerk, bis es an einer anderen Freitreppe wieder hinunter geht.

Das war's mit Sightseeing, jetzt noch ein kurzes Abendessen, dann geht es wieder zurück zum Hotel. Ich komme gerade noch rechtzeitig zur Rheinbrücke, um zu beobachten, wie die Sonne langsam am roten Himmel hinter der dunklen Silhouette Ludwigshafens untergeht. Im Fluss bestaune ich die Spiegelung der Sonnenuntergangsfärbung, die sanft ins immer dunkler werdende Blau des Wassers übergeht. Ich bin ergriffen und wandere mit diesem schönen Bild im Kopf zurück in mein Hotel.

Im Bett denke ich noch eine Weile schriftlich über den Reiz des Tages nach.

*„Gewiss, heute war unterwegs wenig Großartiges zu entdecken, was ich auch am Anfang etwas vermisste. Aber dann waren es die unscheinbaren Erfahrungen, wie Vespern am Brunnen oder Waldbaden, welche durchaus ihren Reiz auf mich ausübten. Ich möchte auch die vielen kleinen Eyecatcher nicht gering schätzen, die mir am Wegesrand in den Blick kamen. Und mein Sightseeing in Mannheim ermöglichte mir sogar den ein oder anderen großartigen Anblick, auch wenn ich alles nur recht oberflächlich wahrnehmen wollte.*

*Als absolutes Highlight des Tages sehe ich jedoch den Sonnenuntergang, dessen warme Farben jetzt immer noch auftauchen, wenn ich die Augen schließe. Ich kann mir vorstellen, dass auch in jedem weiteren Tag meiner Wanderung ein besonderer Reiz*

*versteckt sein kann, wenn ich nur ganz und gar offen sein werde,*
*nicht nur für das ganz Großartige, sondern auch für die vielen*
*kleinen, unscheinbaren Eindrücke."*

## 2.4 FAST ZU VIEL

Um kurz nach halb sieben betrete ich meinen Balkon. Der Himmel beginnt sich stimmungsvoll zu färben. Als ich mich kurz danach für den Tag fertig mache, hopse ich immer wieder zum Fenster, um den Sonnenaufgang nicht zu verpassen. Eine Dreiviertelstunde später ist es so weit. Fast andächtig beobachte ich, wie der rote Ball langsam hinter einem Hochhaus emporsteigt. Der Tag beginnt also genauso eindrucksvoll, wie er gestern aufgehört hat, sehr vielversprechend!

Noch etwas verschlafen stapfe ich durch das morgendliche Ludwigshafen ohne irgendwelche Hoffnung auf ältere Architektur. Immerhin wurden im Krieg 80 Prozent der Gebäude zerstört. Umso mehr überrascht es mich, als ich das Stadthaus am Europaplatz erblicke, einen neoklassizistischen, schlossartigen Bau. Kurz danach entdecke ich auch noch das Stück einer alten Mauer mit dem Relief eines Löwen, der sein Maul weit aufreißt. Auf einmal bemerke ich, wie hungrig ich bin. Die Suche nach einer Bäckerei ist aber im Augenblick durchweg erfolglos, stattdessen entdecke ich überwiegend Apotheken oder Frisörgeschäfte. Die wenigen Gastronomen haben noch geschlossen oder verbreiten einen Mittagessensgeruch, der mir am frühen Morgen unangenehm ist. Ich glaube langsam, dass es in dieser Gegend leichter wäre, jetzt einen Döner zu erstehen als einen Cappuccino mit einem süßen Stückchen. Als ich bereits 20 Minuten unterwegs bin und an einem türkischen Café vorbeiziehe, tadele ich mich wegen meiner kulturellen Engstirnigkeit. „Warum bist du nicht einfach da rein gegangen? Muss denn das Frühstück immer haargenau deinen Vorstellungen entsprechen? Bestimmt würde es dir gut tun, deinen Horizont etwas zu weiten!" Während ich noch versuche, über etwas mehr Flexibilität nachzudenken, taucht vor mir genau so ein Bäckerei-Café auf, wie ich es gesucht habe. Ist das Zauberei? Mein multikulturelles Experiment muss nun noch warten, worüber ich ganz ehrlich gesagt in diesem Moment überhaupt nicht traurig bin. Vor lauter Freude bestelle ich mir ein großes, teures Stück Rhabarberkuchen. Jetzt wird geschlemmt! „Dabei wolltest du doch möglichst einfach leben!", ermahnt mich mein Über-Ich beim genüsslichen Verzehr dieser Köstlichkeit. Ich verspreche, ab jetzt etwas bescheidener zu frühstücken.

Ich breche voller Energie und Vorfreude zur heutigen Wanderung nach Worms auf. Die Route wird wieder ein Stück am Rhein entlangführen. Die Sonne scheint wohlwollend, und die Temperatur ist genau richtig. Was will ich mehr? Auf der Rheinuferstraße hoffe ich vielleicht das ein oder andere Mal auf den Fluss spähen zu können, aber weit gefehlt. Ich befinde mich in Ludwigshafen, das Rheinufer gehört der BASF! Kurze Recherche: Hier befindet sich das größte Chemieareal der Welt. Ich erkenne sofort, dass diese Information meine Vorstellungskraft übersteigt. Mir sind bereits gestern zahllose Wohnungen, Labore oder andere Dienstleister aufgefallen, bei denen ein BASF-Schildchen an der Hauswand befestigt war. Heute komme ich an so vielen Werkstoren vorbei, dass ich sie mit der Zeit nicht mehr zähle. 39 000 Mitarbeiterinnen und Mitarbeiter finden hier Arbeit, verteilt auf 10 Quadratkilometer Fläche. Es kommt mir so vor, als ob ich das Ausmaß des Konzerns eher mit den Füßen als mit dem Kopf erfassen kann. Auf einmal sehe ich ein ockerfarbenes älteres Gebäude mit Türmchen in der Sonne liegen, das sich deutlich von den teilweise hochmodernen Industriebauten unterscheidet. Ich komme näher, erkenne fünf große Tore und frage mich, ob sogar das hier etwas mit dem Chemiekonzern zu tun hat. Kurz danach lese ich auf einer Tafel die Antwort: *BASF-Werksfeuerwehr*. Ich freue mich für die Feuerwehrleute, die mit ihren Fahrzeugen in solch einem netten Gebäude untergebracht sind.

Bild 26: Ludwigshafen: Das Rheinufer gehört der BASF!

Jetzt lenkt mich auf einmal eine Autonummer mit den Buchstaben LU-CK... von meinen Grübeleien ab. Ja, ich habe Glück! Ich darf hier und jetzt einfach nur so der Straße entlanglaufen und mich mit meinen naiven Beobachtungen beschäftigen. Ich muss nicht vor Ort arbeiten, keine Verantwortung übernehmen, keine Risiken eingehen. Unbeschwert kann ich den sonnigen Morgen genießen und mich auf den Rhein freuen.

Wegen der sich dahinziehenden Industriebauten muss ich einen riesigen Bogen laufen, denn parallel zum Rhein ist alles verbaut. Links der Straße sieht es angenehmer aus als rechts. Aber auch dort hat die Chemie ihr Revier markiert. *„We create chemistry"* lese ich auf den hübschen, bunten Fähnchen in einem kleinen parkähnlichen Arrangement. Das klingt interessant, schöpferisch und zukunftsorientiert. Eigentlich gut nachvollziehbar, denn ich erfreue mich ja auch an verschiedenen nützlichen Produkten der Chemieindustrie. Sehr schön, aber bestimmt auch einseitig. Und fast gleichzeitig tauchen in mir auch Bilder von Abgasen, Pestiziden oder Plastikmüll auf. Ich finde es gut, dass so viele Menschen hier Arbeit finden, auf der anderen Seite beängstigt mich aber auch das gigantische Ausmaß dieses Geländes. Ich bin nicht in der Lage, mir eine Meinung zu bilden.

Langsam lasse ich diese kontroversen Gedanken genauso wie die Stadt hinter mir. Nach Worms ist es noch weit. Ich konzentriere mich auf den Weg, der sich weitere eineinhalb Stunden in eher mäßig attraktiver Umgebung dahinzieht. Dann entdecke ich in der Ferne Bögen einer Rheinbrücke, die mich etwas an einen römischen Viadukt erinnert. Bald bin ich wieder am Fluss, doch ich brauche noch ein bisschen Geduld. Mein Weg führt unter einem der roten Sandsteinbögen durch, aber der Rhein ist trotzdem noch nicht zu sehen. Meine Recherche ergibt, dass die Theodor-Heuss-Brücke, welche hier die A6 über den Rhein führt, aus insgesamt neun Gewölben besteht. Dabei spannt sich nur ein Bogen wirklich über den Fluss. Die anderen sind sogenannte „Vorlandbrücken". (Wieder was gelernt!) Der Bau dieses technik-geschichtlich bedeutsamen Kulturdenkmals wurde 1938 begonnen und 1964 endgültig fertig gestellt. Danke dir, du mein Online-Lexikon! Doch jetzt schnell weiter, bald bin ich hoffentlich wirklich am Wasser. Und dann dauert es doch noch fast eine Viertelstunde, bis ich endlich dem ersten Kahn zuschauen kann.

Großartig, der Weg verändert seinen Charakter von Grund auf, wie ansprechend nach all der Industrie! Direkt am Rhein zieht sich ein Leinpfad am Ufer entlang. Ich erinnere mich an meinen Geographieunterricht: Auf Lein- oder Treidelpfaden schleppten früher die Menschen mit Pferden Schiffe flussaufwärts. Meine Fantasie reicht nicht aus, um mir das auf diesem Pfad gut vorzustellen. Für mich ist das einfach nur ein netter Weg direkt am Fluss, von dem aus ich das Treiben auf dem Wasser beobachten kann.

Es ist halb elf. Ich bin über drei Stunden unterwegs, eine Pause ist dringend vonnöten. Ich will bis zur nächsten gemütlichen Bank mit Blick aufs Wasser laufen. Es dauert allerdings noch einmal eine halbe Stunde, bis ich eine Sitzgelegenheit finde, die meinen Vorstellungen entspricht. Endlich kann ich mich von Gustav befreien. Das tut gut! Warum ist der überhaupt auf einmal so schwer? Ich lasse mich erschöpft nieder plumpsen und strecke alle Viere weit aus. Unerklärlich, warum ich mich heute so schnell entkräftet fühle. Die Tage der Blasen oder des Muskelkaters sind doch schon eine Weile vorbei, aber ich bin gerade ziemlich ausgelaugt. Nach einer längeren Pause wird es bestimmt besser werden! Also vespere ich jetzt einfach schon früh am Mittag. Gestern konnte ich mich dadurch auch wieder regenerieren. Es ist noch reichlich Vorrat an Müsliriegeln und Studentenfutter vorhanden. Ich bediene mich großzügig, um dann im Zeitlupentempo zu essen. Während ich noch mampfe, kommt ein Mann mit seinem Hund auf mich zu. Außer dem Alter scheinen wir nicht viel gemeinsam zu haben. „Das ist sonst meine Bank, darf ich mich dazu setzen?" Ich nicke einladend und räume schnell Gustav zur Seite, denn schließlich wünsche ich mir doch Kontakte. Wir fangen sofort an, uns miteinander zu unterhalten. Meine Wanderung stößt bei meinem Gesprächspartner auf eher geringes Interesse, stattdessen höre ich aufmerksam zu, als mir er von Hündin, Motorradunfall und Lieblingsschuhen erzählt. Dabei meine ich herauszuhören, dass sich bei ihm Einsamkeit mit Frust gepaart haben und versuche mitfühlend zu reagieren. Nach dem Abschied winken wir einander noch lange nach.

Bild 27: Auf dem Leinpfad nach Worms

Ich stapfe wieder auf dem Leinpfad vor mich hin. Leider stelle ich schnell fest, dass der Trick mit dem Regenerieren nicht sonderlich gut funktioniert hat. Als der Fluss einen Bogen macht, schickt mich mein Routenplaner zur Abkürzung auf einen Weg übers freie Land. Der Rücken schmerzt. Ich warte nicht einmal auf eine Bank, sondern stelle Gustav an einen Pfosten. Zum ersten Mal auf dieser Wanderung widme ich mich ganz bewusst meinem Körper und versuche, mich mit Hilfe von gymnastischen Übungen etwas zu entspannen. Danach geht es ein wenig besser.

Zurück auf dem Leinpfad entdecke ich nach kurzer Zeit erneut eine Bank, die mir gut gefällt. Warum nicht mal ausführlich meine Nachrichten lesen und beantworten, das ist doch der ideale Platz! Gedacht, getan, aber ich werde schnell unruhig: In einer guten Stunde bin ich in Worms, da kann ich mich noch besser erholen. Also wieder los! Als ich dann Gustav auf den Rücken hieve, springt auf einmal einer meiner Brustgurtteile aus seiner Schiene und fällt mir vor die Füße. OH NEIN! Ich versuche, vergeblich den Schaden zu reparieren. Wer kann mir jetzt helfen? Muss ich in Worms ein Sportgeschäft suchen oder eine Werkstatt? Und jetzt bleibt mir nichts anderes übrig als ohne Brustgurt weiterzulaufen, gerade heute, wo mir der Rücken sowieso schon weh tut. Die Laune ist im Keller, aber es hilft ja nichts. Ich komme durch ein schönes Waldstück, aber Waldbaden ist leider kein Wundermittel. Die letzten drei Kilometer zum Hotel fühlen sich an wie 30 Meilen.

Im Hotel schwanke ich die schmale Treppe hoch in mein Zimmer. Dort lasse ich alles fallen, um mich auf der Stelle ins Bett zu legen. Während des unmittelbar darauf einsetzenden Schläfchens geschieht eine unglaubliche Transformation: ich wache auf, bin putzmunter und wieder voller Tatendrang. Ich kleide mich erneut im Sightseeing-Style, um nach Speyer nun die zweite Kaiserstadt zu besichtigen.

Wieder erwartet mich ein riesiger Dom, dessen rote Steine auch hier warm vom Abendlicht beleuchtet werden. Ich erkenne beim

Vorbeilaufen nicht, dass er der kleinste der drei romanischen Kaiserdome sein soll. Im Gegenteil, es misslingt mir sogar, das riesige Bauwerk auf einem einzigen Foto einzufangen. Beeindruckt betrete ich das Gotteshaus, wo mich allerdings die barocke Ausstattung etwas enttäuscht. Ich habe gerade keine Antennen dafür, auch wenn der Altar von Baltasar Neumann geschaffen wurde. Nachdem ich einmal pietätvoll durch den gesamten Kirchenraum geschritten bin, verlasse ich ihn schnell wieder, um die Umgebung zu erkunden. Auch hier hätte ich mir mehr erwartet, bin ich doch noch von Speyer verwöhnt. Aber ich finde in der Innenstadt eher gesichtslose Nachkriegsgebäude. Auch hier hatte der Zweite Weltkrieg gewütet. Ich sollte mit dem Vergleichen aufhören und beschließe, ab jetzt unvoreingenommener durch die Straßen und Gassen zu schlendern.

Bild 28: Kaiserdom in Worms

Es gelingt mir daraufhin, solch ältere Bausubstanz zu entdecken, wie ich sie liebe. Jugendstilfassaden stellen mich ja schon völlig zufrieden. Ich komme vorbei am Haus Martinspforte, das Anfang des 20. Jahrhunderts als Ersatz für das ehemalige Martinstor gebaut wurde. Dann lasse ich mich von der Touristenbeschilderung zur Synagoge führen. Meine Recherche stimmt mich traurig. Seit dem Mittelalter lebten Juden in der Stadt und pflegten ihre Traditionen. Die Naziherrschaft setze dem ein erbarmungsloses Ende. Die alte Synagoge wurde zerstört. Dieses Gotteshaus vor mir ist in überlieferter Form auf den alten Grundmauern wieder aufgebaut worden. Die Einweihung fand 1961 statt. Das Bauwerk gehört der Mainzer jüdischen Gemeinde, da es in Worms keine Juden mehr gibt. Ich gedenke der grausamen Vergangenheit, bevor ich mich über den kleinen Funken neuen Lebens freue, der in der Gegenwart wieder hier eingezogen ist. Nachdenklich ziehe ich weiter. Unweit von hier entdecke ich die Reste der historischen Stadtmauer aus dem 11. Jahrhundert. Ich stehe vor den drei Bögen des Raschitors, mit denen die alte Stadtbefestigung bei einer Restaurierung am Anfang des 20. Jahrhundert durchbrochen wurde. Man bezweckte damals damit, dass dieser Mauerabschnitt historischer aussehen sollte als er wirklich war. Ich weiß also nicht, wie alt diese Steine vor mir wirklich sind, aber hübsch anzusehen sind sie allemal mit ihrem hölzernen überdachten Wehrgang.

Nun wird es langsam dunkel. Ich stolziere noch ein wenig durch die Fußgängerzone auf der Suche nach einer stilvollen, kleinen Bar. Keine Lokalität entspricht meinen Vorstellungen, also betrete ich eine Pizzeria. Draußen sitzen noch einige Leute, aber mir ist es zu kalt. Ich finde drinnen einen gemütlichen Platz. Es ist noch vollständig leer hier, ich kann niemanden stören. Also rufe ich Barbara an, um ihr zum Geburtstag zu gratulieren. Sie ist erstaunt über meinen Wanderfortschritt, was mich stolz und selbstbewusst lächeln lässt. Ich will mal das heutige Schwächeln nicht überbewerten... Gerade haben wir das Gespräch beendet, da klingelt mein Handy. Es ist Gabi, meine Schulfreundin, bei der ich in Wiesbaden übernachten werde. Auch bei ihr löse ich Erstaunen aus, als ich ankündige, dass nur noch drei Wandertage zwischen uns liegen, falls weiter alles nach Plan läuft. Bei Gabis offenherzigen Worten spüre ich bereits riesige Vorfreude. Wie schön, dass sie mich beim Klassenausflug vor einigen Wochen so spontan und selbstverständlich einlud, nachdem sie von meinen Reiseplänen gehört hatte.

Der Rest des Abends verläuft dann weniger kommunikativ, sondern besteht nur noch aus der erfolgreichen Suche nach einem netten Restaurant, einem guten Essen und erneuter Erschöpfung. Nach diesem anstrengenden Tag zieht es mich schnell ins Bett, wo ich es gerade noch schaffe meinen, Blog fertig zu schreiben, bevor mich ein unruhiger Schlaf überfällt, in dem mich blöderweise eine Szene mit der Reparatur meines Brustgurts verfolgt.

## 2.5 WEIN STATT RHEIN

Heute wird es wegen einer großen Schleife des Rheins überhaupt keine Uferwanderung geben. Oppenheim ist mein Ziel, einer Empfehlung von Gabi folgend. Nach den Erfahrungen von gestern wollte ich eigentlich heute nicht ganz so viel laufen. Ich blicke deshalb etwas ängstlich auf die gut 25 Kilometer bis zum Ziel. Und zuerst muss ich noch mein Gurtproblem angehen. Nachdem ich gestern kein Sportgeschäft gesehen habe, stelle ich mir vor, wie angenehm es wäre, wenn ich es selbst schaffen würde, die Halterung wieder auf ihre Schiene zurückzudrücken. Also versuche ich es erneut, heute mit frischer Kraft und noch gesteigertem eisernem Willen. Siehe da, nach dem zweiten Versuch sitzt der Gurt genau da, wo er hingehört. Ich bin nicht nur mächtig stolz auf meine ungewöhnliche Geschicklichkeit am frühen Morgen, sondern auch äußerst erleichtert. Ich kann nun sofort aufbrechen.

Die Strecke stadtauswärts sieht – wie fast immer – ziemlich reizlos aus. Erfreulicherweise finde ich umgehend eine passende

Frühstücksgelegenheit. Nach kurzer Stärkung zieht sich die Straße wieder wie Kaugummi in die Länge. Auch jetzt ist es eine Kreisverkehrgestaltung, die für etwas Abwechslung sorgt. Diesmal sind es große Vögel aus rostigem Metall, die mich an die Strauße auf dem Weg nach Bruchsal erinnern. Nach einer Viertelstunde komme ich durch einen Ort namens Herrnsheim. Er begrüßt mich mit einem Relief, der Darstellung eines Weinfasses samt Winzerin und Winzer. Endlich wieder ein Blickfang! Jetzt sehe ich den Wegweiser zu einem Schloss. „Du läufst heute keinen einzigen überflüssigen Meter!", befielt die innere Stimme. Aber die Füße bewegen sich schon neugierig in Richtung Sehenswürdigkeit. Nach nur vier Minuten gibt sich die innere Aufpasserin kleinlaut geschlagen. Vor mir liegt ein prächtiges klassizistisches Bauwerk aus dem 18. Jahrhundert, optimal von der Sonne beleuchtet. Meine Fotografierseele jubelt. Aus den verschiedensten Perspektiven fange ich bezaubernde Details ein. Die Orangerie lädt zum Verweilen ein, aber das dortige Café bleibt mir jetzt am Morgen bedauerlicherweise verwehrt. Egal, denn mein Frühstück liegt noch nicht so lange zurück. Ich stelle mich unter den wuchtigen Turm, der so aussieht, als würde Rapunzel jeden Moment ihren Zopf herunterlassen. Aber nichts passiert. Dann verlasse ich die Märchenwelt wieder, um in die eigene Vergangenheit einzutauchen. Auf der anderen Seite löst nämlich ein alter Citroën Kindheitserinnerungen aus. Er entführt mich in die Zeit der Familienurlaube vor meiner Schulzeit. Auf der Reise nach Spanien fuhren wir durch Frankreich, wo solche Kastenwägen gang und gäbe waren. Das Fahrzeug da drüben gehört jedoch jetzt einem deutschen Weingut, was ich aus den großen Lettern auf der Seitenfläche schließe.

Bild 29: Ein Hauch von Frankreich vor Schloss Herrnsheim

Durch einen großzügig angelegten Englischen Garten entferne ich mich wieder vom Schloss. Am Ausgang nehme ich ganz bewusst wahr, wie sich meine Route 66 und der Jakobsweg kreuzen. Für meinen Weg gibt es natürlich keine so ansprechenden blauen Wegweiser mit gelben Muscheln, sondern lediglich die Anweisungen des Onlinewanderführers. Und diese leiten mich jetzt direkt an einem Weinberg vorbei. Nur ein Mäuerchen trennt mich von den Reben. Ich fertige Porträtaufnahmen von Trauben an, die wahrscheinlich selbst nicht wissen, ob sie blau oder gelb sein wollen.

So geht es unbekümmert weiter. Ich fühle mich wieder pudelwohl heute. Ab und zu schüttele ich mal die Arme und Schultern oder lasse den Oberkörper kreisen, beuge mich, strecke mich. All das soll schon im Vorfeld dafür sorgen, dass es meinem Rücken gut geht. Beim geringsten Unwohlsein verstelle ich die Gurte meines Rucksacks ein klein wenig. Und jetzt ist wieder Zeit für eine

Pause. Ich sollte dies unbedingt ernst nehmen. Doch nicht zu schnell, denn erst zieht sich der Weg durch Osthofen. Dieses Städtchen ist durch verschiedene Dekorationsobjekte unschwer als Weinort zu erkennen. Geduldig folge ich dem Weg, der leider kein nettes Pausenplätzchen für mich bereit hält. Noch geht es. Ich fühle mich nicht unwohl, nur die Füße schmerzen etwas.

Da sehe ich den Wegweiser zum Konzentrationslager. Solch ein bedrückendes Thema in so einer unbeschwerten Weinlandschaft? Soll ich mich überhaupt damit auseinandersetzen? Ja! Es ist nur die angemessene Fortsetzung meiner Gedanken, die ich gestern im Wormser Judenviertel hatte. Ein kleiner Umweg, wie heute Morgen auch. Die innere Stimme hält sich diesmal sogar zurück. Notfalls muss ich mich einfach irgendwo auf den Boden setzen, falls der Rücken sich meldet. Der hat heute Priorität. Es geht. Ich nähere mich langsam einem wahrscheinlich ursprünglich ansehnlichen Backsteinbau, einer alten Möbelfabrik. Hier wurden 1933 bis 1944 missliebige Personen wie politische Gegner der NSDAP, Juden oder Sinti ohne richterliche Verfügung inhaftiert. Ich betrete die trostlose Fabrikhalle, in der die Häftlinge auf nasskaltem Betonboden schlafen mussten. Erschüttert bleibe ich bei der Glasplatte am Boden stehen. Ich lese einige der Namen, die hier eingraviert sind. Sie stehen für das unaussprechliche Leid, das Menschen einander antun können! Schrecklich, ich muss hier wieder raus ins Freie. Die Sonne verharmlost die Vergangenheit des Ortes. Kunstvoll aus Stein herausgearbeitete Quader bilden einen sorgfältig angeordneten Skulpturengarten, der sich neben der damaligen Schlaf- und Aufenthaltshalle entlang zieht. In einer Ecke des Geländes sitzen Schülerinnen und Schüler auf runden Bänken und hören einer Fachfrau zu. Ich finde es gut, wenn junge Menschen sich vor Ort mit diesem dunklen Teil der Geschichte auseinandersetzen. Gerne wäre ich dabei und würde die Reaktionen mitbekommen. Aber das ist ja jetzt nicht mehr meine Welt. Ich bin im Ruhestand, und für mich ist es jetzt Zeit den Ort des Grauens zu verlassen, um in die Gegenwart zurückzukehren.

Nun steht aber wirklich eine Pause an, mit oder ohne Bank. Jenseits des Weges suche ich mir ein blickgeschütztes Plätzchen neben einem ebenen „Weinberg". Gustav lehne ich an den Pfosten am Zaun. Er dient gleichzeitig als Garderobe für meine Jacke. Jetzt werden meine Schätze ausgepackt: der letzte Reiseproviant von zuhause, das Wasserfläschlein und mein blaues Outdoor-Sitzkissen. Ich lasse mich umständlich auf letzterem nieder, die Füße ausgesteckt, den Rücken gegen den Zaun gelehnt. Jetzt ist es gut. Hier bleibe ich eine Weile. Mit fast kindlicher Freude betrachte ich die Umgebung vom Boden aus. Die trauben-behangenen Weinstöcke sehen aus wie kleine Bäume, perfekt dekoriert mit blauem Himmel und grünen Grasstreifen. Irgendwann werde ich dann aber doch an mein Alter erinnert, denn die Knochen fangen an zu schmerzen. Eine Bank wäre schon bequemer gewesen, egal!

Ich fühle mich frisch und erholt, als ich nach fast einer Stunde wieder alles zusammenpacke. Natürlich bin ich noch keine fünf Minuten unterwegs, als eine romantisch gelegene Picknickstelle links neben meinem Feldweg auftaucht. Immerhin hatte ich es ja auch recht schön auf meinem Bodenplätzchen. Ich versuche also halbwegs souverän an diesem Pausenplatz vorbeizuziehen. Jetzt geht es mitten durchs Weinbaugebiet weiter. Eigentlich müsste doch bald Zeit für die Ernte sein, so reif wie die Trauben alle aussehen. Stimmt. Ich traue meinen Augen kaum, da hinten erkenne ich ein Fahrzeug, eine Kreuzung zwischen Traktor und kleinem Lastwagen. Es fährt einfach rüttelnd durch die Reihen über die Weinstöcke hinweg. Ein weinstockgroßer Spalt zwischen den Rädern ermöglicht ihm dieses sonderbare Vorgehen. Ist das denn schon die eigentliche Ernte? Wo sind die Erntehelfer? Ich beobachte, wie das Fahrzeug auf mich zukommt und wendet. Schnell laufe ich zum Hang und betrachte das Resultat. Ja, das war eine Erntemaschine, denn es befinden sich jetzt nur noch leer geschüttelte Traubengerippe an den Stöcken. Allerdings wurde nicht sonderlich sorgfältig gearbeitet. Es sind noch viele Beeren hängen geblieben. Das Fahrzeug kommt zurück. Es leert seine

Beute in einen Anhänger am Wegesrand. Als es wieder verschwunden ist, kontrolliere ich das Ergebnis. Ohje, da befinden sich nicht nur Trauben, sondern auch Blätter und kleine Äste. Jetzt ist wohl der Zeitpunkt gekommen, um meine romantisch naiven Vorstellungen von der manuellen Traubenernte über Bord zu werfen. Natürlich haben auch in diesem Bereich der Landwirtschaft Maschinen Einzug gehalten. In welchem Ausmaß mag das wohl sein? Da ich keinen Menschen treffe, der mir meine Fragen beantworten kann, trotte ich weiter. Ich stopfe mir den Mund voll mit einer Handvoll lila Beeren, welche sich der Erntemaschine widersetzt haben.

Bild 30: Mettenheim, ein typischer Weinort

Es geht durch rausgeputzte Weinorte vorbei an schönen Fachwerkhäusern. Weingüter mit großen, einladenden Toren vermitteln Gemütlichkeit und Lebensfreude. Einmal entdecke ich sogar einen Vinomat, an dem ich mir jetzt eine Flasche Wein rauslassen könnte, wenn ich wollte. Natürlich halte ich deshalb nicht an, sondern ziehe mit offenen Augen weiter. Da gibt es eine Schütte, eine Presse und ein Stück Fass zu bewundern: alte Winzerutensilien, die heute als dekorative Blumenkübel dienen. In Guntersblum bestaune ich das spätbarocke Rathaus genauso wie einen Weinstock, der quer über die Straße wächst. Und zwischendurch immer wieder Weinberge, meist noch vollbehangen mit prallen Trauben. An den Rändern stehen dunkelviolett blühende wilde Malven. Ich frage mich, ob diese hübschen Pflanzen zufällig dort wachsen oder extra gesät wurden, und wieder mal bleibt eine Frage unbeantwortet. Ich fotografiere Weinflaschen, die unter den Reben liegen mit dem Hintergedanken, heute Abend dazu eine witzige Bemerkung in meinen Blog zu schreiben, so etwas wie: „Wollen die hier ver-suchen, ihren Wein direkt in Flaschen zu ernten?"

Und dann taucht auf einmal Oppenheim im Hintergrund auf, gut erkennbar an der roten gotischen Katharinenkirche, die sich auf-fällig am Horizont emporhebt. Mir geht es noch gut. Jetzt kann ich langsam schon anfangen, mich auf das vielversprechende Hotel im Alten Amtsgericht zu freuen. Der Weg zieht sich gegen Ende natürlich wieder. Es muss sogar noch ein Weinberg sein, hinauf und wieder hinunter. Nach einer Dreiviertelstunde blicke ich am Amtsgerichtsplatz 1 zu einem burgartigen Gebäude empor. Soll das jetzt wirklich mein Hotel sein? Ja, ich klettere eine lange Treppe hoch, bis ich vor der ersehnten Haustür stehe.

Bild 31: Altes Amtsgericht in Oppenheim

Durch einen langen Gang mit wohnlich knarzenden Dielen schreite ich zur Rezeption, vorbei an einem gemütlichen Frühstücksraum mit schönen alten Möbeln. Nach einer herzlichen Begrüßung gebe ich bereitwillig Auskunft zu Person und Wanderung. Ganz spontan, ohne nachzudenken, buche ich auch Frühstück dazu. Es muss einfach wunderbar sein, den Tag in solch angenehmer Atmosphäre zu beginnen. Erst später fällt mir meine geplante Bescheidenheit wieder ein. In diesem beeindruckenden Haus erlaube ich mir trotzig eine Ausnahme.

Als ich dann den Schlüssel Nr.10 in der Hand halte, bemerke ich meine Erschöpfung. Doch heute fühlt sie sich lange nicht so unangenehm an wie gestern. Auf dem Weg zum Zimmer lasse ich mich von nostalgischem Charme einfangen. Neugier sticht Müdigkeit, und so dauert es nicht lange, bis ich in üblicher Abendgarderobe im Treppenhaus lustwandle. Dort staune ich über fast kitschig verzierte Bögen, Säulen und das verschnörkelte

Treppengeländer, alles nett in Rosa oder Weiß gehalten. Ein Fotografierrausch erweckt mich zu neuem Leben. Was haben die Erbauer sich hier am Anfang des 20. Jahrhunderts nicht alles einfallen lassen, um die Leute zu beeindrucken, die an diesem Ort bei Gericht zusammen kamen? Wie gut, dass diese Protzausstattung seit 1972 nicht mehr der Einschüchterung Straffälliger dient. Wunderbar, dass sie jetzt diesem Hotel ein stilvolles Ambiente bietet.

Bild 32: Ein stilvolles Hotel, das Alte Amtsgericht!

Nun folgt Oppenheim-Sightseeing. Ich freue mich darauf, denn Gabi wird mir den Reisetipp nicht ohne Grund gegeben haben. Das Alte Amtsgericht liegt oben am Berg (wahrscheinlich auch wegen der Einschüchterung). Ich laufe durch das Gautor runter zum Marktplatz, wo gerade an verschiedenen Ständen ein Winzerausschank stattfindet. Das mittelalterliche, pittoreske Rathaus bildet dafür eine zauberhafte Kulisse. Der Weg durch die charmante Altstadt führt mich hoch zur Katharinenkirche, einer der bedeutsamsten gotischen Kirchenbauten in der Nähe des Rheins. Eine Innenbesichtigung ist wegen verschlossener Türen nicht möglich, immerhin zeigt die Uhr bald halb sieben. Weitere Stadterkundungsgänge, beispielsweise zur Burgruine, erspare ich mir aus diesem Grund genauso. Ich schlendere noch ein wenig durch die Gässchen, bevor ich auf dem Marktplatz zum Abendessen einkehre.

*„Nachdem ich mich gestern wegen meines Rückens nach Worms wirklich plagen musste, bin ich sehr froh, dass ich heute einen noch weiteren Weg relativ ,normal' laufen konnte. Es waren 31 Kilometer, und mir geht es noch gut. Übermorgen werde ich bei Gabi in Wiesbaden sein. Die beiden Tage bis dahin könnten recht einfach werden.*

*Es ist Urlaub, und es ist Leben. Ich bin Urlaub! Sowohl die eigene Welt als auch die der Anderen zeigt sich aus ganz anderer Perspektive. Kann das nicht allein schon ein lohnenswertes Ziel von Urlaub im Allgemeinen sein? Aber was heißt Urlaub? Bei mir verändert sich ja gerade der gesamte Blick aufs Leben, jetzt wo alle alten Gewohnheiten vorbei sind. Wie dankbar bin ich für die Möglichkeit, diese Veränderung bei solch einem Setting beginnen zu dürfen!*

*Früher galt ich immer als die Schlechte, was Sport anbelangt, jetzt scheine ich für mich eine ganz eigene Nische entdeckt zu haben, in der diese alte Vorstellung keine Bedeutung mehr hat."*

## 2.6  UND DANN DOCH MAINZ

Ich habe noch keine Lust, aus dem kuschelig warmen Bett aufzustehen, also rufe ich Konrad an. „Heute möchte ich nach Mainz laufen." Er reagiert mit: „Warum nicht gleich nach Wiesbaden, das ist doch nicht mehr so weit?" Ich weiß noch gar nicht, wo Gabi wohnt, also frage ich umgehend schriftlich nach. Eigentlich würde ich gerne Mainz sehen, die dritte Kaiserstadt mit dem dritten Kaiserdom. „Das kannst du später ja nachholen." Ohje, so habe ich mir das nicht vorgestellt. Doch jetzt warte ich erst mal die Adresse ab, bevor ich mich weiter mit dem Ziel des Tages beschäftige.

Heute gehe ich alles gelassen an. Ich erscheine ganz entspannt zum Frühstück. Mir wird ein aufmerksam gedecktes Einzelplätzchen zugewiesen mit Röschen und einer allerliebsten kleinen Etagere, auf der das gesamte Angebot des verpackten Brotaufstrichs getürmt ist. Die hübschen Holzmöbel, wahrscheinlich so alt wie das Haus, lassen mich zusammen mit den weichen roten Plüschsofas wieder in eine Art Märchenwelt eintauchen. Ich fühle mich wie eine Prinzessin, als ich mich nach Herzenslust an den Köstlichkeiten des Büfetts bediene, die dekorativ im Gang aufgebaut sind. Na ja, eine Prinzessin im Wanderoutfit, ungewöhnlich, um ehrlich zu sein. Etwas verzaubert vielleicht?

Das Handy summt und informiert mich, dass Gabi am „falschen" Ende von Wiesbaden wohnt, zu weit für einen einzigen Wandertag. Ich teile Konrad den neusten Stand mit, bevor ich noch einmal durch das Alte Amtsgericht wandele. Meine Hausbesichtigungstour führt mich auch in den historischen Sitzungssaal. In diesem gemütlichen, holzvertäfelten Raum sind Stühle und Bänke wie in einer Kirche aufgestellt, sodass die Besucher alle nach vorne blicken können. Dort stehen in einem abgeteilten Bereich vier massive Stühle um einen großen Tisch herum. Bis auf die Saalbestuhlung bestehen alle Möbelstücke, ja selbst die Standuhr, aus dem gleichen dunklen Holz, merkwürdig wuchtig und verspielt zugleich. Hat sich da jemand bei der Gestaltung hemmungslos fantasievoll ausgetobt? Heutzutage wirkt das alles stimmig, denn schließlich werden hier ja keine Urteile mehr gesprochen, sondern Ehen geschlossen. Ein riesiger Kerzenleuchter auf dem Tisch lässt festliche Atmosphäre erahnen. Ich bin fest davon überzeugt, dass in diesem stilvollen Ambiente viele Paare einen guten Start für ihr gemeinsames Leben finden. In

Gedanken lasse ich hoffnungsvoll Segenswünsche für die zukünftigen Eheleute durch den Raum schwingen. Sie haben nicht nur einen beeindruckenden Saal für ihre Trauung gewählt, sondern finden auch im Haus vorzügliche Räumlichkeiten zum Feiern vor. Nach dem Auschecken verlasse ich das Haus noch nicht, sondern setze mich mit dem Tablet auf eines der Plüschsofas. Ich habe gestern meinen Blog nicht fertig geschrieben, was ich nachhole, solange ich noch WLAN habe. Ich sitze mittlerweile alleine in einem der beiden Frühstücksräume. Ein irres Gefühl, die schreibende Prinzessin! Zwei Frauen kommen vorbei, ohne sich über mich zu wundern. Stattdessen interessieren sie sich für alles, was ich ihnen von mir erzähle. Meine Anwesenheit scheint niemanden zu stören. Ich lächele vergnügt in mich hinein, denn fast eine Stunde lang fühlt es sich genau so an, als ob ich an eben diesen Platz hingehören würde.

Dann werde ich durch mein Telefon blitzartig aus meiner Wohlfühlatmosphäre raus katapultiert: Konrad teilt mir mit, dass er kein passendes Hotel in Mainz findet. Während des Wochenendes ist alles ausgebucht. Ich soll dann doch heute noch zur Gabi laufen oder notfalls eine Strecke mit dem Bus fahren. Enttäuschung statt Zauber, jetzt aber bloß keine Unvernunft, keinen Trotz, sondern Souveränität! So richtig will mir das nicht gelingen. Öffis wollte ich doch möglichst nur an meinen Ruhetagen benutzen! Ich erinnere mich mitfühlend an die Tränen unseres damals 13-jährigen Sohnes. Es war während einer Vater-Sohn-Fahrradtour, die von der Nordsee nach Hause führte. Er musste weinen, weil das letzte Stück der Reise wegen zu großer Hitze im Zug stattfinden sollte. Natürlich ließ sich Konrad erweichen, was zu einem Happy End führte. Beide radelten bei 40 Grad schwitzend auch noch die letzten Kilometer. Jetzt bitte Gelassenheit, keine vergleichbare Dynamik aufbauen! Ich habe keine Lust mehr zum Schreiben, packe das Tablet ein, setze Gustav auf den Rücken und breche auf. Leider zeigt sich keine Menschenseele mehr. Ich kann mich von niemandem verabschieden.

Es gelingt mir halbwegs, die getrübte Laune abzuschütteln. Laufen hilft mal wieder, immer geradeaus, wieder durchs Tor, am Marktplatz vorbei in Richtung Rhein. Der Himmel ist blau, der Weg wird von malerischen Häuschen und Türmchen geziert. Wie gestern fällt mir der Brunnen auf, dessen komische Bronzefrösche eifrig von Touristen fotografiert werden. Ich finde das Motiv nicht sonderlich interessant, zumal der Reiz der Szene durch einige parkende Autos stark beeinträchtigt wird. Stattdessen erfreut mich nach ein paar hundert Metern der Spruch an einer Hauswand: „17 – VON ALLEM SOLLST DU BEHALTEN WAS GUT IST UND SCHÖN – 36. Ich empfinde es als äußerst sinnvoll, mich auf meiner Route 66 an diesem fast 300 Jahre alten Tipp zu orientieren. Es tut mir gut, wenn ich mein bisheriges Leben als eine Ansammlung von wertvollen Erfahrungen wahrnehme, die ich achtsam mit in meine neue Zukunft nehmen soll.

Nun aber wieder genug des Philosophierens! Am Ortsende denke ich noch einmal an das schöne Städtchen. Da schießt mir schlagartig die Weinbezeichnung „Oppenheimer Krötenbrunnen" ins Hirn, verbunden mit der unmittelbaren Erkenntnis, dass die komischen Frösche vorher eben solche Brunnenkröten darstellten. Dieses Arrangement muss ich dann natürlich auch fotografieren, genau wie die anderen Touristen. Ohne zu zögern mache ich auf dem Absatz kehrt. Unterwegs warten noch weitere Bronze- amphibien, die nun meine volle Aufmerksamkeit bekommen. Am Brunnen schaue ich zunächst geduldig spielenden Kindern zu. Das fällt mir nicht schwer, da gerade sowieso das Telefon klingelt. Konrad teilt mir mit, dass er doch ein Zimmer in Mainz gefunden hat, also geht doch! Jetzt läuft wieder alles nach meinem Kopf! Der Gutelaunepegel schießt schlagartig in die Höhe. Als ich dann die Adresse eingebe, stelle ich fest, dass mich nur 22 Kilometer von der gebuchten Unterkunft trennen, bestimmt gut machbar! Die Kinder spielen nun auf der anderen Straßenseite, also noch schnell zwei Krötenbrunnenbilder, dann beginnt die eigentliche Tages- reise.

Bild 33: Oppenheimer Krötenbrunnen

Nach einem Tag Entzug setzt meine Rheinbegeisterung erneut ein. Ich störe mich weder am leisen Brummen der Kähne oder Kreuzfahrtschiffe noch an den Geräuschen der B9, die am Uferweg entlangführt. Mein Blick richtet sich auf die Steine am Ufer oder den alten Kahn vor Anker. In Nierstein schaue ich interessiert einer Fähre zu, wie sie Autos verschluckt, um sie kurz danach auf der anderen Flussseite wieder auszuspucken.

Links der Straße stimmt mich eine ansehnliche Jugendstilvilla mit einladendem Café-Restaurant traurig, da die Türen dauerhaft geschlossen sind. Es gibt keinen hausgebackenen Kuchen und auch keinen Biergarten mehr. Statt hübscher Scheiben befinden sich in der Eingangstüre nur noch hässliche Holzverkleidungen. Hinter den verstaubten Fenstern spielt sich kein Leben mehr ab. Im schmuckvoll verzierten Speisekartenkästchen befindet sich zerbrochenes Glas, überall konzentrierte Vergänglichkeit. Meine Omas wären gewiss zu Lebzeiten hier gerne zum Kaffeetrinken eingekehrt. Diese nostalgische Traurigkeit, die solch einem morbidem Charme entspringt, fasziniert mich auf gewisse Weise. Der emotionale Balanceakt zwischen Vergangenheit und Gegenwart stimmt mich nachdenklich.

Bild 34: Vergänglicher Charme am Rhein in Nierstein

Jetzt aber wieder Konzentration auf den Weg. Aufpassen, am Ortsende geht es erneut in die Weinberge! Kann ich die Eindrücke von gestern fortsetzen und vervollständigen? Erneut sehe ich dieses merkwürdige Fahrzeug, das über die Weinstöcke hinweg fährt. Es handelt sich dabei um einen Wein-Vollernter, wie meine Recherchen mittlerweile ergeben haben. Erfreulicherweise komme ich auch an einem Anhänger vorbei, auf dem fröhliche Leute sitzen. Vor ihnen steht ein Teller mit einer dampfenden Mahlzeit, vielleicht Gulaschsuppe. Endlich werden meine romantischen Vorstellungen von Weinlese bedient. Wie schön, dass sie nicht (ganz?) der Vergangenheit angehören. Vergnügt wandere ich zwischen Weinstöcken am Fuß von lieblichen Hügeln. Ich komme erneut an Erntehelfern vorbei. Was für eine Zweiklassen-gesellschaft! Diese Arbeiter wirken überhaupt nicht fröhlich, sondern nur fix und fertig. Ein junger Mann sitzt erschöpft im Graben und schreit in einer mir unbekannten Sprache offenbar Wichtiges in sein Mobiltelefon. Die anderen fremdländisch aussehenden Männer liegen teilnahmslos im Gras, die meisten schlafen. Oh, keine Spur von Romantik, sondern eher harte Arbeit, vielleicht Ausbeutung? Mir ist meine Luxussituation fast peinlich. Ich darf einfach nur wandern, brauche mich nicht dermaßen schwer anzustrengen. Zurückhaltend schreite ich schnell an der Szene vorbei. Niemand nimmt Notiz von mir.

Meine Kondition ist bis jetzt hervorragend, keinerlei Müdigkeit oder körperliche Beeinträchtigung. Ich bin noch satt vom üppigen Frühstück, pausiere aber trotzdem vorsichtshalber auf einem Bänkchen und trinke. Nicht lang danach erreiche ich wieder den geliebten Rheinuferweg. Doch nach ein paar Kilometern geht es erneut links ab zum Damm. Langweilige Rheinebene, wo sind die Motive für meine Handykamera? Ich bin verwöhnt! Nun, dann halt wieder das Spiel mit meinen Stockeinsätzen. Ich verrenke mich mit gymnastischen Übungen, Leib und Seele sollen fit bleiben. Es gibt keine nennenswerten Begegnungen, jedoch fühle ich mich mit jeder Spaziergängerin oder jedem Hundebesitzer verbunden. Ein kurzer Blickkontakt löst – wirklich immer! –

freundliche Reaktionen aus. Einmal kommt mir eine Frau entgegen mit einem Rucksack, der Gustav Konkurrenz machen könnte. Aber sie läuft oben auf dem Rheindamm und ich unten. Wir winken einander heftig zu.

Ich gewöhne mich an die Eintönigkeit. Wie aufgezogenes Spielzeug komme ich mechanisch Schritt für Schritt voran. Meine Sehnsucht nach Abwechslung bewirkt, dass ich sogar einem Zementwerk einen gewissen Reiz abgewinnen kann. Es wird in allen möglichen Variationen fotografiert. Jetzt reicht es aber! Ich möchte wieder zurück zum Rheinuferweg! Nach einer gefühlten Ewigkeit erfüllt sich endlich mein Wunsch. Und dann scheint es nicht mehr weit zu sein. Ich erkenne schon in der Ferne die Brücken von Mainz. Ab jetzt nur noch Flussweg, hoffentlich Rheinromantik bis fast zum Hotel. Die Sonne hat sich zwar mittlerweile verzogen, aber trotzdem wird die Monotonie von Entzückung abgelöst. Beispielsweise bricht wieder volle Eisenbahnromantik aus, als ich mich der imponierenden Brücke von 1862 kurz vor der Mainmündung nähere. Vor den monumentalen neugotischen Brückentürmen warte ich wieder vergeblich auf Rapunzels Zopf. Dann ziehe ich weiter. Zum Abschied donnert ein Güterzug über mich hinweg.

Die Stadt kommt näher, ich stapfe jetzt wie ein Roboter, immer dem Rhein entlang, am Jachthafen vorbei. Die Eindrücke werden städtischer. Viele Leute sind mit Kinderwägen oder Hunden unterwegs. Die Bänkchendichte nimmt zu. Ich befinde mich mittlerweile auf einem kleinen Pfad, der durch Ufer-, Wald- oder Parklandschaft führt. Da kommt eine Gruppe junger Männer direkt auf mich zu, offenbar alkoholisiert. Sie tragen große Becher voll Wein vor sich her. „Ohje", denke ich zuerst, bleibe dann aber neugierig grinsend stehen. Diese Jungs sehen völlig ungefährlich aus. Einer baut sich etwas unsicher vor mir auf und versucht es mit Smalltalk. Wo ich herkomme, was ich vorhabe und so. Ich gebe geduldig Auskunft, ohne aber, dass da noch mehr kommt. „Haben Sie schon einmal was von der Mainzer Fastnacht gehört?" „Ja, natürlich!" „Wissen Sie auch, was da typischerweise gegessen wird?" „Nö?" „Spaghetti Bolognese!", informiert er mich im Brustton der Überzeugung. Die anderen bestärken seine Aussage mit kurzen „Bolo"-Storys. Alle wirken so vernünftig, dass ich schon fast etwas geneigt bin, ihnen Glauben zu schenken. Bekanntermaßen gibt es ja nichts, was es nicht gibt. Zur Sicherheit kratze ich mich aber nur vielsagend grinsend an der Stirn und setze ein Pokerface auf. Auf einmal fangen die sechs jungen Leute an, vor Lachen zu prusten. Noch bevor ich mich peinlich verunsichert fühle, klären sie mich über diese merkwürdige Szene auf. Diese Herren feiern nämlich den Junggesellenabschied meines Gesprächspartners. Dieser muss Aufgaben wie diese abarbeiten. So war er gezwungen, einem ortsunkundigen Menschen solch einen Bären aufzubinden. Ich werde für meine ausweichende Reaktion gelobt. „Diese Situation war ja immerhin noch recht stubenrein!", erwidere ich das Lob. „Die anderen kommen erst später." „Ohje", denke ich erneut. „Die haben ja noch was vor sich. Es ist immerhin erst kurz nach fünf!" Ich wünsche dem zukünftigen Bräutigam alles Gute für seine Ehe, bevor wir in entgegengesetzte Richtungen weiterziehen.

Als ich dann auf der Rheinpromenade flaniere, bekomme ich einen positiven ersten Eindruck von der Stadt. Mir gefallen die großzügigen Flächen zur Freizeitgestaltung genauso wie die restaurierten Rheintore. Mein Quartier in der Altstadt harmoniert trotz seines kubanischen Namens hervorragend mit der touristisch attraktiven Umgebung, in der es steht. Umständlich suche ich nach einem offiziellen Eingang, den es allerdings nicht gibt. Mit Hilfe eines anderen Gastes gelange ich trotzdem ins Innere des Gebäudes. Als ich die Fotos von Kuba im Gang betrachte, kommt ein Mann auf mich zu und kümmert sich um mich. Er scheint selbst Kubaner zu sein, wahrscheinlich der Besitzer. Ich werde auf mein Zimmer geführt, bekomme kurze Anweisungen für die morgige Abreise, dann bin ich auch schon alleine. Jetzt ist Gelegenheit zum Staunen, denn ich befinde mich eigentlich in keinem Hotelzimmer, sondern in einem richtigen Apartment mit Küche und Esstisch. Es gibt einen kleinen Flur, über den ich in ein geräumiges, modernes Badezimmer gelange. Aus zwei großen Sprossenfenstern kann ich auf das pulsierende Leben auf der Rheinstraße herabblicken. „Sollte ich diese Gelegenheit beim Schopfe packen und mir was kochen?" „Nein, viel zu großer Aufwand, und außerdem willst du doch nicht alleine essen!". Stimmt, ich kann die Vorteile meines Apartments gar nicht ausnutzen. Trotzdem staune ich weiter. Wie kann es ein, dass Konrad erst kein Zimmer findet und dann so etwas? Ich versichere mich mit Hilfe meiner Rechnung, dass ich nicht versehentlich in einer unerwünschten Preisklasse gelandet bin. Alles in Ordnung, also erfreue ich mich einfach an diesem unerwarteten Luxus, obwohl ich ihn wirklich nicht brauche.

Es ist schon halb sieben, als ich vor dem dritten der Kaiserdome stehe. Wie erwartet, bin ich wieder stark beeindruckt, auch wenn diesmal das Abendsonnenlicht fehlt.

Bild 35: Kaiserdom in Mainz

Ich schreite an pittoresken Bauwerken vorbei, wie dem Renaissance-Marktbrunnen oder einigen zauberhaften Rokoko-Häusern. Plötzlich nehme ich meinen Hunger wahr. Ohne lange Suche betrete ich ein Touristenrestaurant, in dem Engländer und Amerikaner sich bereits breit gemacht haben. Da ich selbst Touristin bin, macht mir das nicht viel aus. Ein Einzelplatz ist wieder mein Alleinstellungsmerkmal. Gerne hätte ich Englisch gesprochen, aber es ergeben sich keine ungezwungenen Kontaktmöglichkeiten. Trotzdem gefällt es mir, unter Menschen zu sein. Die Gespräche sind laut. Ich bekomme ziemlich viel mit. Das Essen zieht sich wegen mangelnder Motivation und Umsicht eines jungen Kellners etwas in die Länge. Doch ich bin nicht eilig. Es hat sowieso angefangen zu regnen. Im Schutz meiner Regenjacke traue ich mich später trotzdem wieder ins Freie. Der Regen hört langsam auf. Beleuchtete historische Bauwerke und Lichtspiegelungen in den Pfützen erfreuen mich auf dem Nachhauseweg mit stimmungsvollen Nachteindrücken.

Langsam ist nun Bett- und Schreibzeit, was mir in meinem Luxuszimmer besonders gut gefällt. Als ich so kurz vor zehn allmählich in den Schlaf abdriften will, werde ich durch knatternde Knallgeräusche ans Fenster gelockt. Da hat doch tatsächlich jemand für mich ein Feuerwerk organisiert, wie faszinierend! Welch krönender Abschluss eines wunderbaren Tages!

*„Meine Gelassenheit verdichtet sich in diesen besonderen Tagen. Ich fühle mich auf meinen Wegen zwar manchmal genauso fahrig und unkonzentriert wie bei meinen Wanderrunden zu Hause, und doch bin ich völlig anders unterwegs. Ich weiß nicht, was mich erwartet, wenn ich um die nächste Ecke biege. Alles ist neu. Mir ist bewusst, dass sich nichts jemals auf gleiche Weise wiederholen wird. Dieses „Immer-weiter-und-weiter-Vorankommen" ist Teil meines Glücks. Alles darf vorbeiziehen, wie es will, der Rhein, die Eintönigkeit, das Zementwerk. Ich nähere mich stetig meinem Ziel.*

*Gelegentliches kindliches inneres Gemaule kann dieser tiefen Gelassenheit im Grunde nichts anhaben."*

## 2.7 NUR NOCH IN DIE NACHBARSTADT

Die Abreise verläuft völlig unspektakulär. Wie ausgemacht, lege ich meinen Schlüssel auf den Tisch, ziehe die Tür zu, fertig. Es ist Sonntag. Leute trudeln aus allen möglichen Richtungen auf die Kaiserkirche zu. Soll ich nicht vielleicht auch am Gottesdienst teilnehmen, der in zehn Minuten beginnt? Eine Frau nimmt mich wahr: „Sie sind bestimmt auf dem Jakobsweg unterwegs!" Damit kann ich ja nun nicht dienen. Stattdessen möchte ich sie ausführlich über meine persönliche Wandermotivation informieren. Ihr Interesse an mir ist aber schon erloschen. Vermutlich war sie nur auf der Suche nach einer Gleichgesinnten, um sich mit ihr über ihre eigene Pilgererfahrung auszutauschen. Nun denn, dann halt nicht. Einige Meter hinter ihr betrete ich das Gotteshaus. Vorne brennen Kerzen, aber sonst wirkt der riesige Raum noch fast menschenleer. Da kann ich doch von hinten aus noch schnell ein paar Bildchen aufnehmen. Oh, welch ein Frevel! Umgehend hole ich mir einen mächtigen Rüffel ab: „Sie dürfen jetzt hier nicht mehr fotografieren!!!", maßregelt mich der Ordner, ein sogenannter Domschweizer. Seine würdige Kleidung lässt mich im Augenblick vor lauter Ärger ziemlich kalt. Den ersten unfreundlichen Satz seit Beginn meiner Wanderung muss ich mir ausgerechnet in einer Kirche anhören! Umgehend verliere ich die Lust an einem Gottesdienstbesuch.

Der Ärger löst sich schnell in Luft auf. Ich ziehe in der Fußgängerzone weiter zu Johannes Genfleisch, genannt Gutenberg, beziehungsweise zu seinem Denkmal. In Gedanken bedanke ich mich bei diesem Mainzer für seine Erfindung des modernen Buchdrucks. Am nächsten Zebrastreifen blicken ein rotes und ein grünes Kerlchen abwechselnd frech auf mich herab. Sie ist witzig, diese Ampel mit Mainzelmännchen, genauso wie die mit Pferdle und Äffle in Stuttgart. Auf dem Ballplatz bewundere ich die drei vergnügten Mädchen, die als Bronzefigur auf einem Brunnen stehen. Regenschirme schützen sie vor Wasser von oben. Blüht mir heute noch Ähnliches? Der Himmel sieht auf jeden Fall bereits entsprechend bedrohlich aus.

„Einfach weiterlaufen! Mit Regen bist du bisher jedes Mal irgendwie klargekommen!", motiviert mich die innere Antreiberin. Ich will doch noch die Chagall-Bilder in St. Stephan bewundern. Gabi hat mir die berühmten Kirchenfenster extra ans Herz gelegt. Bald stehe ich auch schon unterhalb der Pfarrkirche, die im Jahr 990 auf der höchsten Erhebung von Mainz gegründet wurde. Orgelklänge dringen an mein Ohr. Mein Plan ist gescheitert, Gottesdienst! Aber nicht nur Kirchenbesichtigungen, sondern auch Frühstücksträume sind in dieser Stadt keine gute Idee an einem Sonntag Morgen. Bäckereien haben geschlossen und Cafés sind bis auf den letzten Platz besetzt. Desillusioniert mache ich auf dem Absatz kehrt, soaziere wieder am Mädchenbrunnen vorbei. Dieser wirkt auf einmal recht realistisch, denn es tröpfelt jetzt wirklich zu allem Überfluss. Aber noch bevor ich mir überlege, wie es weiter geht, taucht ein geöffnetes Bäckerei-Café vor mir auf, sogar mit freien Sitzplätzen, welch ungeplantes Glück schon wieder!

Es regnet nicht mehr. Ich patsche vergnügt durch ein schönes Rheintor zurück zum Fluss und komme dabei an einem vereinsamten, triefenden Weinstand vorbei. „Wer hat denn um Himmels willen um diese Tageszeit bei diesem Wetter schon Lust auf Wein?", denke ich gerade, als mir ein verirrter Ball vor die Füße fällt. Gut gelaunt werfe ich diesen ins Feld der beiden volleyballspielenden Altherrenteams zurück. Ich plaudere kurz mit einem der sportlichen Herrschaften, aber dann geht es schnell weiter. Die Platanen am Wegesrand präsentieren sich in den Pfützen als moderne Kunstwerke.

Ich schreite über die Theodor-Heuss-Brücke. Dieses Prachtstück von 1885 führt nicht nur die B40 in fünf Fachwerkbögen über den Rhein, sondern verbindet auch Rheinland-Pfalz mit Hessen. Hoch über dem Fluss fühle ich mich ähnlich bewegt wie auf der Brücke nach Speyer, obwohl jetzt alles ganz anders aussieht. Ich bleibe stehen, um in Ruhe alle Eindrücke aufzusaugen. Die Breite des Flusses, die Graufärbungen am Himmel, die Bebauung an beiden Seiten des Ufers: Nichts davon erinnert an die erste Rhein-überquerung vor fast einer Woche, nur mein Glücksgefühl. Links sehe ich das Deutschhaus, Sitz des Landtags und auf der rechten Seite eine ehemalige Festungsanlage. Eine Frau in meinem Alter kommt ähnlich staunend mit ihrem Hund auf mich zu. „Was für ein schöner Blick! Und die vielen Schlösser am Geländer!" Ich stimme ihr zu, denn auch mir gefallen die unzähligen Liebes-beweise, welche wie eine Girlande an einer eichelähnlichen Stahlverzierung hängen. Ein wenig plaudern wir noch über unsere aktuellen Lebenslagen. Es ist, als würden wir uns gut kennen. Kurz danach ziehen wir aber entschlossen in entgegengesetzte Richtungen weiter.

Bild 36: Auf der Theodor-Heuss-Brücke nach Hessen

An der anderen Flussseite sehe ich das Ortsschild von Mainz-Kastel. Umgehend halte ich irritiert zum Recherchieren an. Bin ich jetzt noch in Mainz oder bereits in Wiesbaden? Ich dachte, der Rhein sei die Grenze zwischen den beiden Städten. Mein Online-Lexikon erklärt mir, dass dieser einstige Stadtteil von Mainz genauso wie fünf andere rechtsrheinischen Stadtteile nach dem zweiten Weltkrieg der amerikanischen Verwaltungszone zugeordnet wurde. Heute sind sie deshalb Teilorte von Wiesbaden. Mainz in Wiesbaden, was es doch nicht alles gibt!

In Hessen geht es noch gute eineinhalb Kilometer am Rhein weiter. Ich streife durch Parkgelände vorbei an den beeindruckenden Villen der Eleonorenstraße, erstklassige und sicherlich unerschwingliche Wohnlage, jedes Haus ein Eyecatcher. Aber bereits kurz danach langweilen mich gesichtslose Bauten und Gewerbeflächen an der Straße nach Wiesbaden. Abwechslung wird meinen Augen erst bei der hessischen Bereitschaftspolizei geboten. Die gefühlt hundert sorgfältig in Reihen geparkten Einsatzfahrzeuge finde ich witzig. Um das Arrangement besser betrachten zu können, trete ich etwas näher heran. Da hält mich der bellende Ruf des Pförtners schon auf Distanz, noch bevor ich mich entschieden habe, diese Szenerie zu fotografieren. Was ist denn heute los, schon wieder ein Anpfiff! Aber hier sehe ich es wenigstens ein. Das Handy lasse ich natürlich eingeschüchtert in der Hosentasche stecken, während ich mit höchst unschuldiger Miene bewusst unauffällig weiter schlendere.

Dann muss ich halt wieder versuchen, die Schönheit im Langweiligen zu entdecken. Das kann ich doch mittlerweile recht gut. Da bietet sich beispielsweise die Eisenbahnunterführung am Ortsschild von Mainz-Amöneburg an, auf der ich die rührenden Wörter „Herz" und „Liebe" entdecke. Von solchen Schriftzügen dürften meiner Meinung nach alle hässlichen Wände dieser Welt übersät sein. Ich versuche es auch wieder mit einem Betonwerk: Dessen graue Türme, Bögen, Sprossenfenster und Rohre verwandle ich mit der Fantasie kurzerhand in postmoderne Architektur.

Als wirklich sehenswertes Objekt erweist sich aber erst die Sektkellerei Henkell in Mainz-Biebrich, welche Anfang des 20. Jahrhundert als schlossartiges Gebäude im klassizistischen Stil errichtet wurde. Das war der Wendepunkt, denn die Blickfänge reihen sich ab jetzt aneinander wie die Perlen einer Kette: der Biebricher Wasserturm und in der Kernstadt der neobarocke Bahnhof. Museum, Theater, Kurhaus: Überall nehme ich beeindruckende Bauwerke wahr.

Bild 37: Biebricher Wasserturm

Hinter der Innenstadt schnaufe ich bergauf in Richtung Norden, bis ich endlich am Ziel ankomme. Von Anfang an fühle ich mich ganz und gar willkommen. Die Jack-Russell-Dame Änni springt freudig schwanzwedelnd an mir hoch. Ich kraule sie, noch bevor ich Gabi und ihren Mann umarme. Dann verläuft alles völlig entspannt in dieser noch fremden Umgebung. Gustav muss im Flur warten, als ich mich am gemütlich gedeckten Tisch auf einen Stuhl plumpsen lassen darf. Bei Kaffee, Tee und Kuchen setzt umgehend sprudelndes Fragen-Antworten-Erzählen ein. Ich bin gerührt von dieser warmherzigen Atmosphäre. Bei der Ankunft in einem Gästehaus oder Hotel war ich zwar bis jetzt stets völlig zufrieden, aber das hier ist eine ganz andere Liga. Ich werde geradezu überhäuft mit gastfreundlicher Aufmerksamkeit. Es gibt wohlschmeckendes Essen, ich darf meine Wäsche waschen lassen, ja mir wird sogar vorübergehend das Zimmer einer der beiden Töchter zur Verfügung gestellt. Gleich am Abend fasse ich einen Entschluss: Ich werde nicht nur einen, sondern sogar zwei Pausentage einlegen. Als ich diesen vorsichtig verkünde, stoße bei meinen Gastgebern auf uneingeschränktes Wohlwollen, wie wunderbar!

## 2.8 ZWEI TAGE PAUSE

Pause heißt in meinem Fall ausschlafen, mich verwöhnen lassen, aber auch Wiesbaden kennenlernen. Ich bin neugierig auf diese Stadt, die mir eigentlich nur aus Fernsehkrimis bekannt ist. Auf mich wartet eine echte Stadtführung im Gegensatz zum zufälligem Umherschlendern gestern in Mainz. Wir können uns ohne Zeitdruck treiben lassen. Der Himmel zeigt sich von der besten Seite, allen Prognosen zum Trotz. In vorbildlichem Blau spannt er sich über uns. Bereits beim Spaziergang zur Innenstadt runter erzählt Gabi zur Einstimmung von vielen reichen Leuten und zahlreichen prachtvollen Gebäuden oder Villen.
Als erstes werde ich vorbei am früheren Spital zum Kochbrunnen-pavillion geführt. Leicht übel riechendes Wasser sprudelt aus den vier krallenartigen Armen eines Trinkbrunnens heraus. In diesem stilvollen achteckigen Häuschen aus dem späten 19. Jahrhundert

erwartet uns lautes Lachen und Kreischen. Französische Schülerinnen wagen sich mit einer Mischung aus Ekel und Faszination vorsichtig an die fast 70°C heiße schwefelhaltige Thermalquelle heran. Sie bleiben nicht lange, denn es wird lediglich eine Aufgabe ihres Stadtspiels abgearbeitet. Jetzt teste auch ich das Wasser und trotz besseren Wissens lasse ich mich von der Temperatur überraschen. Reflexartig ziehe ich schnell meine Finger weg. Ganz so gefährlich ist es natürlich nicht, aber auch nicht gerade angenehm. Der Geruch wird auf dem davor liegenden Kochbrunnenplatz sogar noch getoppt. Es stinkt regelrecht. Aus einem großen muschelartigen Gebilde – dem Kochbrunnenspringer – entweicht nicht nur Wunderwasser, sondern auch eine Fauleimuffelwolke. Den Wiesbadenern seien ihre stinkenden Quellen gegönnt, denn ihnen hat die Stadt ihren beeindruckenden Reichtum zu verdanken. Vom Ende des 18. Jahrhunderts bis zum Ersten Weltkrieg griffen viele Adelige und vermögende Bürger tief in die Taschen, wenn sie hier Erholung und Unterhaltung suchten. Die damalige mondäne Weltkurstadt schmückte sich deshalb nach und nach mit zahlreichen repräsentativen Bauten. Heute ist es bei den Reichen und Schönen zwar nicht mehr angesagt in Wiesbaden zu kuren, Glanz und Glamour sind jedoch erhalten geblieben. Viele imposante Gebäude aus der Zeit des Klassizismus oder Jugendstils haben sogar den Zweiten Weltkrieg unbeschadet überstanden. Ich bin in einer äußerst prunkvollen Stadt gelandet.

Bild 38: Wiesbadener Kurhaus

Wir flanieren am Theater vorbei zum Kurhaus. Staunend stehe ich im Foyer unter der Kuppel auf dem spiegelnden Marmorboden des klassizistischen Festbaus. Ich fühle mich ganz klein inmitten all dieser überschwänglichen Ausstattung. Von hier aus könnte ich theoretisch in die angeblich architektonisch faszinierenden Säle gelangen. Aber nur theoretisch, denn die Türen sind verschlossen. Ich könnte aber auch mein Geld in der Spielbank verzocken, wie einst Dostojewski. Der Schriftsteller verlor hier 3000 Goldrubel, was für ihn schlecht war, aber gut für die Menschheit. Sie verdankt diesem tragischen Ereignis nämlich den Roman „Der Spieler". Diesen musste der Russe in Rekordzeit schreiben, um seine Schulden zu begleichen. Aber auch das Spielen ist nur eine theoretische Option. Auf einer Tafel lese ich Hinweise zur adäquaten Garderobe. Ich bezweifle, dass meine Wanderklamotten durchgehen würden. Dann halt nicht, das Geld bleibt in der Tasche, und wir ziehen weiter.

Ob Kurpark, Warmer Damm oder auch Marktplatz, ob Marktkirche, Rathaus oder Stadtschloss: Wo immer mich Gabi hinführt, gibt es großzügige Pracht zu bestaunen. „Nicht kleckern, sondern klotzen!", scheint einst das Motto der Wiesbadener gewesen zu sein. Langsam fühle ich mich ein wenig erschlagen von der ganzen Fülle. Mein Körper wünscht sich Erholung nach den vielen Tagen des Wanderns. All das darf sein, also Schluss jetzt!

Am Nachmittag gönnen wir uns im Thermalbad sozusagen eine Kurzkur: wohlige Rundumentspannung für Beine, Schultern, Rücken und Seele! Wäre ich eine russische Adelige zur Jahrhundertwende, dann liefe das natürlich wesentlich feudaler ab. Aber ich würde nicht tauschen wollen, denn gerade geht es mir ganz und gar gut. Ich kann mir im Augenblick nicht vorstellen, wie mein Wohlbefinden noch übertroffen werden könnte. Angenehm schwer und müde lasse ich mich dann in den Rest des Tages fallen. Nach gutem Essen und intensivem Plaudern liege ich schon kurz nach neun Uhr im Bett. Schreiben geht noch, wie gut! Mein heutiges Fazit: Wiesbaden ist super und superreich! Mir ist dabei durchaus bewusst, dass ich natürlich nur die prächtigsten Teile gesehen habe und dass die Stadt bestimmt auch ein anderes Gesicht hat, mit dem ich mich vielleicht später einmal auseinandersetzen werde.

*„Ich bin bei Gabi in Wiesbaden und denke noch ganz begeistert an die Stadtführung am Morgen. Ich habe beeindruckende Bilder für den heutigen Blog sammeln können. Mir geht es sehr gut hier. Ich werde regelrecht verwöhnt. Die Gabi und die Barbara aus vergangenen Tagen waren mit uns unterwegs, und ich fühle eine ähnliche Nähe wie früher, ohne die Hindernisse von damals. Immerhin waren wir in Schulzeiten so etwas wie Gegenentwürfe: sie mit den durchgehend guten Leistungen und ich, die meist nur mit Ach und Krach das Klassenziel erreichte. Ich sah mich immer als die Schlechte und sie als die Gute, erschreckend, wie sehr doch*

*die Schulnoten Einfluss auf mein Selbstbild hatten. Die pubertierende Barbara war so sehr mit sich selbst beschäftigt, dass sie niemals auf die Idee gekommen wäre, dass die Gabi auch unglücklich sein könnte. Und so vernachlässigte sie mit der Zeit diese Freundschaft. Um so mehr genieße ich es, jetzt hier zu sein und die guten alten Wurzeln spüren zu dürfen. Jetzt, wo wir unser ganzes Berufsleben hinter uns haben, ist nichts mehr von der damaligen Gedankenlosigkeit vorhanden. Vorher am Tisch mit ihr und ihrem Mann fühlte ich tiefe Lebendigkeit. So weit sind wir überhaupt nicht auseinander gedriftet. So entgegengesetzt wie unsere damaligen Schulnoten ist unser bisheriges Leben nicht wirklich verlaufen. Geschmack und Interessen unterscheiden sich zwar deutlich, aber diese Unterschiede werden nicht mehr mit einander verglichen. Sie bereichern die erfüllten Stunden, welche wir gerade zusammen verbringen. Wenn ich jetzt zum Schlafen das Licht ausmache, werde ich mit einem rundum guten Gefühl die Augen schließen: Ich spüre wieder diese Resonanz der alten Freundschaft, und diesmal bin ich reif genug, um sie uneingeschränkt schätzen zu können. Welch ein Geschenk!"*

Für den zweiten Pausentag ist ein Spaziergang auf den Neroberg geplant, dem schlechten Wetterbericht zum Trotz. Das hört sich nach Rom an. Ich recherchiere: Der Berg bekam seinen Namen erst im 19. Jahrhundert wegen der römischen Vergangenheit Wiesbadens. Interessanterweise wird uns unser Ausflug aber nicht an die Ewige Stadt erinnern, sondern an Russland. Ich bin gespannt!
Gabi nimmt zunächst einmal Änni an die Leine, denn sie darf uns heute begleiten. Schnell sind wir im Wald, die Hündin freut sich. Nach gut einem Kilometer erreichen wir den russischen Friedhof. Lange Zeit war er der einzige in Deutschland, ein Stück Russland in der Fremde sozusagen. Hier wurden einst reiche Bürger und Adelige begraben, beispielsweise Leidende, die ihre Krankheiten trotz Wunderquellen nicht überlebt hatten. Neben den Kurgästen fanden auch viele hochgestellte russische Adelige oder Bürger an

diesem Ort ihre letzte Ruhe. Sie hatten sich zu Lebzeiten in Wiesbaden oder sonst irgendwo in Deutschland niedergelassen. Auf einer Tafel sind einige bedeutende Persönlichkeiten aufgelistet, deren Namen mir allerdings überhaupt nichts sagen. Wir laufen der Friedhofsmauer entlang, vorbei an einem Tor mit einem großen orthodoxen Kreuz. Auf einmal durchbricht die Sonne die dunkle Wolkendecke, mehrere leuchtend goldene Kuppeln tauchen wie aus dem Nichts am Himmel auf.

Bild 39: Orthodoxe Kirche auf dem Neroberg in Wiesbaden

Vor uns liegt aber kein Märchenschloss, sondern eine Grabeskirche, zu der eine tragische Liebesgeschichte gehört. Eine Tafel besagt:

*„Die Kirche ist eine einzige Liebeserklärung des tieftrauernden Gatten Herzog Adolph von Nassau in Wiesbaden an seine im Kindbett verstorbene junge Ehefrau, die Großfürstin Elisaweta und zugleich eine Verneigung vor der russischen Kultur...".*

Die junge Frau – eine Nichte des Zaren – war 1845 im Alter von nur 19 Jahren verstorben. Zum Eingang steige ich zehn Stufen hoch. Gabi bleibt mit Änni unten. Als ich den Raum betrete, bin ich mit der Wahrnehmung der Details überfordert: Ikonen in Rundbögen oder Kreisen, Gold, Marmor, Ornamente, Fahnen, Kerzen, Blumen... Die Augen wandern rhythmisch von unten nach oben und wieder zurück, der Körper dreht sich dabei langsam im Kreis, ein überwältigender Gesamteindruck. *„Fotografieren verboten!"*, also aufpassen! Ich fühle mich fast alleine, also zücke ich trotzdem mein Handy. Drei Bilder kann ich aufnehmen, bevor mich eine dunkel gekleidete, mürrisch wirkende alte Frau tadelt. Das reicht auch. Zum Schluss schreite ich noch einmal respektvoll durch den ganzen sakralen Raum, dann geselle ich mich wieder zu den Wartenden.

Gabi führt mich an eine Stelle, von der aus mir eine zauberhafte Aussicht geboten wird. Unter mir zieht sich die Stadt zwischen den Bäumen bis zu den Bergen am Horizont, wie beeindruckend! Als Nächstes besuchen wir ein romantisches Tempelchen, welches lediglich aus einem runden Dach und neun luftigen Bögen auf Säulen besteht. Vor diesem Hintergrund hätten wir gerne ein Foto von uns Dreien. Ein Mann in unserem Alter erfüllt uns diesem Wunsch und lässt sich danach auch von mir fotografieren.

Im weiteren Verlauf der Tour sehen wir rechts einen Turm, dem zur Abwechslung mal keine besondere Bedeutung zukommt. Er gehörte lediglich zu einem Hotel aus dem 19. Jahrhundert, das 1993 tragischerweise einem Brand zum Opfer fiel.

Und dann stehen wir auf der Löwenterrasse. Wieder blicke ich verzückt auf die Stadt hinunter, jetzt ist sie rechts von Weinbergen begrenzt. Diese sind noch von der Sonne beschienen, während der Himmel mal wieder mit dunklen Wolken droht.

Das Ehrenmahl von 1930 ignoriere ich achtlos und erzähle Gabi von den vielen Kriegsdenkmälern, die ich auf meiner Wanderung schon links liegen gelassen habe. Ich erwähne dabei auch, dass mich manch eine Inschrift regelrecht abstößt, obwohl ich viel Mitgefühl für die vielen – meist jungen – getöteten Männer empfinde. Mir liegt das Leid der Menschen aller vom Krieg betroffenen Menschen am Herzen. Ich kann nirgendwo Helden entdecken, sondern nur die unendliche Tragik von Tätern und Opfern, von Soldaten aller Nationen, die bestimmt häufig beides in einer Person darstellten. So, jetzt habe ich das endlich mal ausgesprochen, das hat gut getan! Ich lasse mich schnell von den düsteren Gedanken ablenken, denn am anderen Ende der Terrasse befindet sich ein weiterer Löwe, bei dem ich das Aussichtsspektakel aus einem neuen Blickwinkel genieße.

Oh, es fängt nun an zu tröpfeln, aber bloß nicht einschüchtern lassen! Als Hundebesitzerin und Wandersfrau sind wir bestens präpariert. Auf dem Rückweg durch den Wald geht es nun zur Bergstation der Nerobergbahn. Diese Zahnstangen-Standseilbahn existiert schon seit den Zeiten Kaiser Wilhelms. Angetrieben wird sie mit einem ausgeklügelten Wassersystem. Wir beobachten, wie die hübschen, schrägen orangeblauen Wagen losfahren. Trotz mittlerweile kräftigen Regens kommen wir nicht in Versuchung, uns bergab bringen zu lassen, denn die 245 Höhenmeter zur Talstation stellen keine allzu große Herausforderung dar. Beim Weg durch die Nerotal-Anlagen klopft es hart und regelmäßig auf unsere wasserdichten Kapuzen. Die nasse Änni tippelt unerschrocken vor uns her. Erfreulicherweise wird das Kaputzengeräusch bald schon zögerlicher und schwächer. Auf dem letzten Wegabschnitt im Villenviertel haben wir dann wieder freie Sicht, denn die Kopfbedeckungen sind unnötig geworden.

Bild 40: Versteckt zwischen Bäumen: Villa Nerotal

Wir verbringen fast den ganzen Abend schwatzend am Tisch. Unter anderem ist die Fortsetzung meiner Wanderung Thema. Ursprünglich hatte ich vor, den Fernwanderweg Rheinsteig in meine Route einzubauen. Jetzt aber habe ich bereits eine Ahnung, dass das keine so gute Idee war. Ich recherchiere: Wiesbaden-Bonn-Rheinsteig: 320 Kilometer, Wiesbaden-Bonn direkt: 135 Kilometer. Da fällt mir die Wahl nicht schwer. Ich verzichte auf den Fernwanderweg, zumal es dort ständig bergauf und bergab gehen würde, während das Rheintal ebene Wege verspricht. Ich erinnere mich an die Gedanken, die ich bereits zu Beginn der Reise hatte:

*„Landschaftliche Schönheit darf in den nächsten Wochen nicht die höchste Priorität bekommen. Reibungsloses Vorwärtskommen sollte für mich an oberster Stelle stehen..."*

Dann recherchieren wir alle gemeinsam, welches die beste Strecke für mich sein könnte, rechtsrheinisch oder linksrheinisch, und wann was? Eine Fülle an Informationen und Gedanken stehen im Raum. Aufgrund dessen entscheide ich mich Oestrich-Winkel als nächstes Ziel zu wählen. Ich werde also morgen erst einmal rechts des Rheins bleiben.

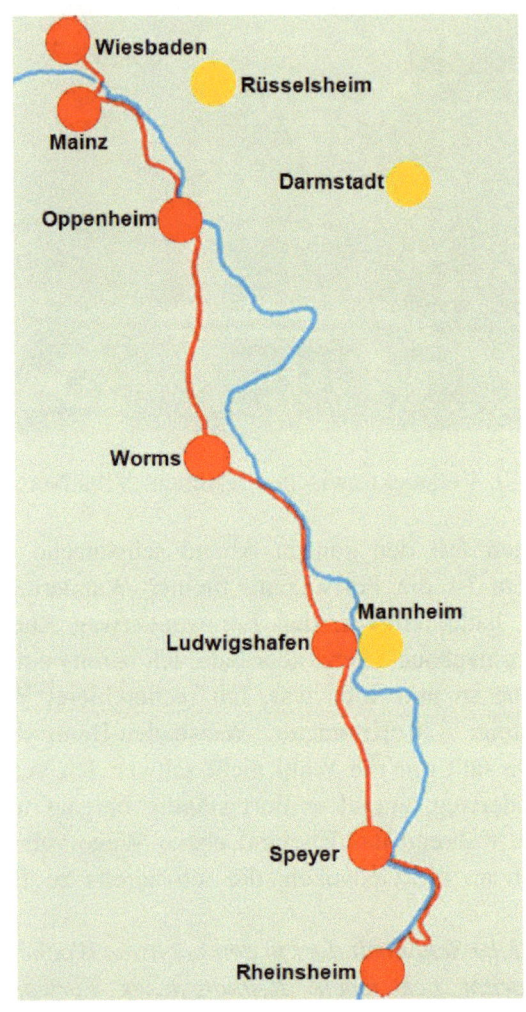

Bild 41: Etappe 2: Von Rheinsheim nach Wiesbaden

# 3 NACH BONN

## 3.1 GO WEST

Ich bin wieder unterwegs. Der Aufbruch ist mir nicht schwer gefallen, denn mich hat das Reisefieber erfasst. Gabis Abschiedsworte im Herzen, drei Gartenäpfel mit einem appetitlichen Vollkornvesperbrot im Rucksack, ganz viele gute Erinnerungen und jede Menge Tipps im Kopf: All das sorgt dafür, dass mich die gute Zeit bei ihr und ihrem Mann gerade noch ganz lebendig umgibt. Jetzt mache ich „Rückschritte", weil ich einen der Tipps umsetze und beim Schloss Biebrich zurück an den Rhein gehen werde. Das bedeutet, dass ich die letzten zehn Kilometer vom Sonntag noch einmal in entgegengesetzter Richtung laufe. Es ist Markttag. Die Farben der Schirme, Stände und Waren leuchten wie auf einem Ölgemälde.

Bild 42: Markttag in Wiesbaden

Mein Handy ist zunächst gezückt, wie der Revolver eines Cowgirls. Dann ruht es wieder in der Tasche, denn der Weg bis Biebrich hält keine Überraschungen mehr bereit mit Ausnahme eines Käfer Cabriolets. Die Entdeckungstour geht erst im Schlossgarten weiter mit einem Bach, einem Teich und einer künstlichen Burgruine aus der Romantik. Fotografierend ziehe ich ohne Pause voran bis zur Rückseite des Schlosses. Eines der größten Barockschlösser am Rhein liegt nun beeindruckend vor mir. Das dreiflügelige Bauwerk gehört dem Land Hessen, welches hier mehrere Ämter und Ähnliches untergebracht hat. Ich stelle mir die Arbeitsplätze recht romantisch vor, aber wer weiß. Immer auf der Suche nach einer passenden Fotoperspektive ziehe ich in entsprechendem Abstand langsam am Prachtbau vorbei.

Neugierig nähere ich mich der Rotunde, die sich trotz ihrer klassizistischen Architektur gut ins Gesamtbild des Schlosses einfügt. Unzählige Lichtlein von strahlenden Kronleuchtern ziehen mich an. Hier scheint der Festsaal zu sein, bestimmt sieht der auch von innen beeindruckend aus. Aber ich kann mich nicht zu einer Besichtigungstour ins Gebäude reinschmuggeln, da gerade so etwas wie ein Seminar im Gange ist. Murmelnde Menschen-grüppchen, einladend aufgetürmte Kaffeetassen und wichtig aussehende Flipcharts zeigen mir, dass ich hier definitiv nichts zu suchen habe. Dann versuche ich es halt mit dem Café, von dem Gabis Mann gestern noch schwärmte. Mein Weg führt dabei in einem U um das Schloss herum, bis ich vor der anderen Seite der Rotunde wieder mit großen Augen stehen bleibe. Hier befindet sich des Schlosses Haupteingang, zu dem eine riesige geschwungene, zweiläufige Freitreppe hochführt. Sehr repräsen-tativ, auch wenn die Straße zwischen Schloss und Rhein den Gesamteindruck etwas beeinträchtigt. Nun entdecke ich den Außenbereich des Cafés. Geschlossene Schirme, leere Tische und Stühle, all das wirkt wenig einladend. Ich blicke kurz in den dahinter liegenden Gastraum. Leider ist auch hier nur der Charme eines noch nicht belebten Speiselokals zu entdecken. Daraufhin beschließe ich, dass im Augenblick weder Cappuccino noch

Toilette allzu wichtig sind. Eine Pause auf der ersten gemütlichen Bank am Rhein muss erst einmal genügen.

Bild 43: Schloss Biebrich an der Rheingaustraße

Es geht gerade einmal einen halben Kilometer weit am Rhein entlang weiter, bevor sich der Weg unter einer Autobahn durch ein Baustellenlabyrinth schlängelt. Am Schliersteiner Hafen erreiche ich dann endlich wieder das Wassers. Ich stapfe geduldig vor mich hin, als ich die Arche Noah entdecke, ein schwimmendes Speiselokal im Hafenbecken. Ohne zu zögern betrete ich den Steg, der zur grünen hausbootartigen Gastwirtschaft führt. Niemanden stört es dort, dass ich nur einen Cappuccino trinke mit Gustav auf dem Stuhl als Tischgenossen.

*„Ich bin jetzt dreieinhalb Stunden unterwegs und eigentlich noch nicht viel weiter gekommen. Doch die zwei Stunden Weg zurück nach Biebrich waren okay, denn das Schloss war faszinierend. Nun kann ich aber endlich wieder dem Rhein folgen. Dieser führt*

*zwar nach Westen, ja streng genommen sogar nach Südwesten,*
*aber egal. Es muss nicht immer der direkte Weg sein, Hauptsache*
*Rhein!*
*Ich fühle mich kuschelig wohl hier in der Arche, auch wenn es*
*mich langsam schon wieder weiter zieht."*

Beschwingt bin ich wieder auf einem Uferweg unterwegs,
beglückt von einer abwechslungsreichen Szenerie. Nach ungefähr
zwanzig Minuten geht es aber erneut weg vom Fluss. Na gut, nur
ein kurzes Stück – nur ein halber Kilometer – verspricht mir mein
Onlineroutenplaner. Auf einmal geht aber nichts mehr. Vor mir
steht ein breiter Bauzaun. Er bietet keinen Raum zum Durch-
schlupfen. Er zeigt keine Umleitung an. Er ist aber mit einem
einschüchternden Verbotsschild ausgestattet. Ein Blick auf mein
Handy zeigt mir den Ernst der Lage: Wenn ich mich von diesem
Hindernis abschrecken lasse, muss ich einen riesigen Umweg in
Kauf nehmen. Das will ich nicht, will ich nicht, will ich nicht!!!
Ich sehe, wie ein Mann auf der anderen Seite in aller Ruhe mit
seinem kleinen Hund spazieren geht. Es muss also eine Welt
jenseits des Zaunes geben. Ich betrachte nun alles noch genauer.
Links liegt ein mit einer Böschung bewachsener Abhang,
verschandelt mit dem linken Ende der Absperrung. Davor erkenne
ich einen kleinen, steilen, matschigen Trampelpfad. Mein
Interesse ist geweckt. Ich spüre meine Abneigung gegen
matschige Hänge, genauso wie den Widerwillen gegen riesige
Umwege. Nach einem heftigen inneren Kampf gewinnt der
Abhang. Mit energischem Stockeinsatz rutsche ich vorsichtig
Zentimeter für Zentimeter den Trampelpfad runter. Als dieser am
Ende des Bauzauns wie eine Haarnadel die Richtung wechselt,
krabbele ich hochmotiviert wieder nach oben. Beschwingt komme
ich nun auf dem bequemen Radweg wieder gut vorwärts. Es
dauert nicht lange, bis ich den Spaziergänger mit Hund freundlich
grüßen kann. Dann begegnet mir nur noch ein Mann mit
professionell aussehender Fotoausrüstung. Ansonsten gibt es
nichts Auffälliges: kein Baugerät, kein Loch im Asphalt, keine

Baustellenspuren. Ungewöhnlich sind lediglich die Ruinen auf dem Feld rechts von mir. Hier wurde offensichtlich eine ehemalige Fabrik gesprengt. Ich komme ungehindert kilometerfressend weiter, aber mir ist es ein wenig mulmig zumute. Was ist, wenn am anderen Ende des Weges ein wirklich unüberwindbarer Bauzaun steht und ich alles wieder zurücklaufen muss? „Kann gar nicht sein!", rede ich mir ein. „Hundemann und Fotograf sind bestimmt nicht auf dem Haarnadelhangweg unterwegs gewesen. Außerdem bin ich jetzt schon so lange..." Da baut sich nach einer Linkskurve auf einmal erbarmungslos die andere Seite der Absperrung vor mir auf. Hier gibt es keinen Hang. Der Weg ist blockiert. Ich schaue mich entsetzt um, aber keine Panik! Ich entdecke auch hier, dass die Vegetation Lücken aufweist. Trampelspuren schlängeln sich unscheinbar nach links, meine Chance. Ich folge ihnen und lande innerhalb der Ein-zäunung eines Sportplatzes. Spannende Frage: Wird es hier einen Durchlass geben? Nach gründlicher Erkundung des Geländes stehe ich an einem Tor, und... es lässt sich öffnen. Erleichtert atme ich auf. Alles ist gut! Ich werde bald wieder am Rhein sein, gewagt, gewonnen!

Nun erreiche ich einen bezaubernden Leinpfad, welch eine Entschädigung für den Hindernislauf! Links liegt das Flussufer mit Büschen, Bäumchen oder Kieselstrand. Rechts erstreckt sich ein bewaldetes Naturschutzgebiet. Ich tanze vergnügt um kleine Pfützen herum. In der Ferne taucht Eltville auf, romantisch wie eine Theaterkulisse. Eine Schwanenfamilie sitzt am Ufer, und alle putzen sich emsig.

Bild 44: Eltville: wie eine romantische Theaterkulisse

Plötzlich stehe ich am Ortseingang unter der roten Burg Crass. Das älteste Gebäude der Stadt erlebte seinen Baubeginn im 11. Jahrhundert. Heute wohnt allerdings kein Ritter mehr in den mittlerweile neugotisch umgestalteten, aufwändig sanierten Mauern. Hier können jetzt Menschen mit entsprechendem Geldbeutel chic essen, übernachten oder ein Event erleben. Viel erkenne ich nicht vom Rheinweg aus, denn die vermutlich sehenswerten Details werden hinter hohen Mauern versteckt.

Macht nichts, denn diese Burg ist nur ein kleineres Element der eindrucksvollen Silhouette von Eltville. Ein weiteres stellt die Pfarrkirche dar, die für mich aber uninteressant ist, weil sie nicht am Wegesrand liegt. Jedoch lockt die Kurfürstliche Burg. Der Turm erinnert an Spielzeug: helle Mauern mit dunkelroten Dekorelementen, ein Dach aus vier Türmchen und einer Pyramide in der Mitte, fünf Turmspitzen. Kinder könnten mit einer Nachbildung wahrscheinlich Ritterburg spielen. Denen wäre es vermutlich auch egal, dass in der Burg niemals Ritter gewohnt haben, sondern lediglich Mainzer Erzbischöfe. Durch das Rheintor aus dem 19. Jahrhundert gelange ich in die Anlage mit Elementen aus dem 14. und 17. Jahrhundert. Neben dem wehrhaften Wohnturm finde ich auch noch alles andere vor, was zu einer Burg gehört: Burghof, Wehrgang, Burggraben, Grabenbrücke und auch ein Verließ. Zusammen mit vielen anderen Touristen bewege ich mich frei auf dem Gelände. Bei einer riesigen Platane lege ich im Burghof am Brunnen eine kurze Pause ein. Mehrere ältere Paare flanieren entspannt im beschaulichen Rosengarten.

Ich gehe zurück zum Rhein, wo ich sofort verstehe, warum auf der Burg so viel los ist. Hier liegt ein Kreuzfahrtschiff vor Anker. Die Reisenden sind wahrscheinlich alle ins Städtchen eingefallen oder besichtigen die Burg.

Bald ist es vier Uhr, und ich habe erst die Hälfte meines Weges hinter mir. Aber egal, das Sightseeing war jede Minute wert! Jetzt sollte ich möglichst ohne Unterbrechung vorwärts kommen. Nach fünf Kilometern ist Schluss mit Rhein. Es geht rechts hoch nach Hattenheim. Ich stolpere etwas unorganisiert durch den Ort. Er interessiert mich nur am Rande, da ich gerade mit meiner Tochter telefoniere. Wir planen unseren gemeinsamen Wandertag noch etwas genauer. Als ich nach dem Gespräch wieder besser auf den Weg achte, befinde ich mich bereits an den Weinbergen des Rheingaus. Schön, aber langsam wird es etwas anstrengend. Der Körper produziert auf einmal unbekannte Zipperlein: unten am rechten Fuß und oben im linken Bein. Trotzdem versuche ich, möglichst locker zu bleiben, laufe gleichmäßig wie zu einer langsamen rhythmischen Melodie. So geht es runter zur Rheingaustraße. Dort staune ich nicht schlecht, denn mitten in einem eingezäunten Gartengrundstück erkenne ich einen asiatischen Tempel. Da ist mal wieder Recherche angesagt: Es handelt sich hier um ein Gastgeschenk des Staates Burma aus dem Jahr 1970, eine Nachbildung der königlichen Empfangshalle, die 1968 bei der Expo in Montreal gezeigt wurde. Beeindruckend, doch weiter geht's, mittlerweile langsam, aber immer noch stetig!

Ich freue mich, als ich das Ortsschild von Oestrich-Winkel erreiche, auch wenn ich noch lange nicht am Ziel bin. Ich quäle mich durch ganz Oestrich hindurch, um dann in der Ortsmitte von Winkel endlich den Gasthof zu erreichen, in dem ein Zimmer auf mich wartet. Leider täuscht die einladende Fassade mit dem imposanten Wirtshausschild. Hier gibt es kein Restaurant mehr, sondern nur noch eine Frühstückspension. Meine leichte Enttäuschung verschwindet, als ich mein Zimmer betrachte. Es ist pragmatisch, aber sehr geschmackvoll eingerichtet mit einem kleinen Wohnzimmer zum Fernsehen, was ich natürlich nicht in Anspruch nehmen werde.

Sieben Uhr ist schon vorbei, mein Magen hängt in den Kniekehlen. Also lasse ich mich erst gar nicht erst nieder, auch wenn meine Füße heute wieder fast dreißig Kilometer erlaufen haben. Mit dem Dry-Bag-Handtäschlein am Arm geht's schnell weiter ins Restaurant, das mir empfohlen wurde. Dann läuft alles wie am Schnürchen: Ich bekomme einen Tisch, und ein leckeres vegetarisches Gericht lässt nicht lange auf sich warten. Zum Schluss wird das Tablet wieder herausgefischt.

*„Ich bekomme viel Lob und Bewunderung, auch von meinen Kindern. Das ist eine definitiv neue Erfahrung, und ich bin noch unsicher, wie ich damit umgehen soll. Ich schwanke zwischen eitlem Stolz und zurückhaltender So-großartig-ist-das-doch-gar-nicht-Haltung.*

*Schreiben hilft beim Sortieren und Erden. Was ist mir überhaupt wichtig? Vielleicht, dass ich mich gerne an den Stellen für meine neue Gegenwart interessiere, wo sie aus Quellen der Vergangenheit gespeist wird. Ich gönne mir Zeit und Raum, um mir viele Stationen und Ereignisse meines bisherigen Lebens bewusst zu machen, sie wertzuschätzen und wenn nötig auch aus anderem Blickwinkel zu betrachten. Vielleicht bearbeite ich damit die Unsicherheit, die durch meinen Ruhestand aufgekommen ist. In meinem Beruf stand ich mit beiden Beinen im Leben, und jetzt*

*ist es vorbei. Wer bin ich ohne die Rolle als Lehrerin? Was hat*
*mich zu der Frau gemacht, die ich jetzt bin?"*

## 3.2 ZWEIMAL FÄHRE

Noch vor dem Aufstehen plane ich auf der anderen Rheinseite in Trechtigshausen oder Niederheimbach zu übernachten. Hoffentlich kann mir das mein Quartiermanager ermöglichen. Nach dem Frühstück suche ich den kürzesten Weg zum Fluss, denn ich will mich mit der Fähre auf die andere Seite übersetzen lassen. Bingen reizt mich, obwohl ich keine Vorstellung von der Stadt habe, aber allein der bekannte Name klingt vielversprechend.

Es ist schon zwanzig nach zehn, aber auf dem Wasser wirkt alles noch verschlafen. Enten sind zwar schon wach, aber ansonsten ist nicht viel Leben an der Uferpromenade oder auf den Booten zu beobachten. In der Ferne liegt ein nebliger Schleier über dem Wasser, aus dem weiße Vögel empor schweben. Mystisch! Vor mir zieht sich eine schmale Insel in die Länge mit ästhetisch aneinander gereihten Bäumen.

Mir ist es zum ersten Mal kalt und zwar an den Knöcheln. Ich beeile mich, denn die Fähre nähert sich schon. Werde ich Glück haben und sie noch erreichen? Oder fahren die Fähren so häufig, dass es egal ist, wann ich ankomme? Keine Ahnung. Es kann ja nicht schaden, noch einen Gang zuzulegen. Aber gar nicht nötig, das Fährschiff Michael scheint auf mich zu warten. Ein Euro fünfzig fürs Schiffchenfahren, da bin ich ganz zufrieden, auch wenn die Überfahrt nur wenige Minuten dauern wird. Nachdem noch drei Autos und ihre Fahrer an Bord sind, legen wir ab. Während die anderen gelangweilt vor sich hin starren, schaue ich mich begeistert um. Als Landratte finde ich während der Überfahrt unzählige interessante Fotomotive. Oestrich-Winkel wird nun immer kleiner unter einem Horizont aus in Nebelwatte gehüllten Weinbergen. Links sehe ich, wie schmal der mit Bäumen bepflanzte Streifen eigentlich ist, den ich vorher noch für eine ernst zu nehmende Insel gehalten habe, trotzdem hübsch! Weniger ansehnlich ist dann das Ufer von Ingelheim, welches sich trotz einladender Fahnen eher durch Baustellencharme auszeichnet.

Ich lasse mich zum Ortsende navigieren, wo ich erneut auf einem Rheindamm lande. Ärgerlicherweise ist wieder nichts vom Fluss zu sehen. Doch noch bevor es möglicherweise langweilig werden könnte, durchbricht die Sonne plötzlich die Wolkendecke und hüllt die Landschaft in warme herbstliche Farben. Einige Bäume sind schon orangegelb. Die Vegetation wird rechts von mir immer interessanter. Sumpf und Schilf verleihen der Umgebung einen neuen Charakter. Auf einmal zeigt sich ein Streifen Wasser zwischen dem Gebüsch, und schon wieder bin ich begeistert. Ich habe einen Nebenarm des Rheins erreicht, der so ganz anders aussieht als der von Kähnen und Kreuzfahrtschiffen befahrene Fluss, den ich bisher kennengelernt habe. Dieser Teil, der durch verschiedene Inseln vom Hauptfluss abgetrennt ist, scheint mit seiner natürlichen Vegetation ein wahres Eldorado für Wasservögel zu sein. Kein Schiff oder Boot stört hier deren Ruhe. An vielen Stellen ist das Wasser so flach und klar, dass ich auf den Grund sehen kann. Der mittlerweile blaue Himmel liefert den Hintergrund von reizvollen Spiegelungen. Der Weg ist abwechslungsreich geworden, mal Waldbaden, mal Vogelparadies oder mal ein Blick auf den ganzen Fluss als Transportader und dem Rheingaugebirge im Hintergrund.

Bild 45: Naturschutzgebiet Fulder Aue - Ilmenau Aue

Ich komme unbekümmert voran, bis mich eine Nachricht von Konrad ereilt: „Auf der linken Rheinseite finde ich keine Unterkunft ohne Gemeinschaftsdusche, aber du kannst die Fähre nach Lorch nehmen. Dort gibt es ein nettes Gästehaus." Oh nein, so weit wollte ich nicht schon wieder laufen. Und wenn ich die letzte Fähre um 19:50 verpasse, habe ich ein echtes Problem. Wenn, wenn, wenn... ich schüttle mich und erkenne, dass es beim jetzigen Tempo und der heutigen Befindlichkeit unwahrscheinlich ist, die Fähre nicht zu erreichen. Also wird Lorch mein heutiges Tagesziel, ich schaffe das schon!

Ich sehe auf der Höhe von Bingen-Kempten Brückenpfeiler ohne Brücke im Rhein stehen. Mein Interesse an dieser Ruine nimmt zu, als sich über meinen Weg ein Bogen spannt, der rechts von einem niedrigen breiten Turm geziert wird. Links liegen

Brückenreste im Gebüsch, so als hätte erst vor kurzem ein Riese sein Unwesen getrieben. Ich lese auf einer Infotafel:

*„ Vom Entstehen...*
*Im Juni 1913 wurde mit dem Bau der Hindenburgbrücke als Eisenbahnbrücke über den Rhein begonnen. Schon zwei Jahre später wurde das gewaltige Bauwerk für den Verkehr freigegeben. Mit fast 1000 Metern Länge einschließlich der Flutöffnungen, war sie die zweitgrößte Brücke in Deutschland. ...*

*...und Vergehen*
*Am 13. Januar 1945 wurden zwei der drei linksrheinischen Flutöffnungen der Hindenburgbrücke bei einem Fliegerangriff zum Einsturz gebracht. Am 15. März wurde von den deutschen Pioniertruppen das Zerstörungswerk vollendet. Seither erinnern nur noch Ruinen an das gewaltige Bauwerk..."*

Ich spüre eine Gänsehaut auf dem Rücken, als ich mir diese vernichtende Gewalt vorstelle und verabscheue wieder zutiefst alle Kriege dieser Welt. Ich weiß noch, wie mich als Kind die Ruinen in Wuppertal tieftraurig stimmten, die Verwüstungen eines Krieges, der erst elf Jahre vor meiner Geburt sein Ende gefunden hatte. Ich entspanne mich wieder, als ich weiterlese und erfahre, dass diese gewaltige Zerstörung auch positive Folgen hatte, und zwar für die Natur. Das Naturschutzgebiet Fulder Aue – Ilmenau Aue, an dem ich gerade vorbei gekommen bin, würde es mit Brücke so heute nicht geben.

Als ich Bingen erreiche, laufe ich links hoch durch den Wald zur Rochus-Kapelle, Gabis Tipp. Es geht ungefähr eine halbe Stunde lang steil bergauf, wobei ich bei jedem Schritt meine Stöcke lobe, denn sie sorgen dafür, dass ich im matschigen Laub nicht den Halt verliere. Ich komme an den Resten einer Mauer und einer kleinen Burg vorbei, deren verfallenes Areal mit einem grünen Maschen-drahtzaun unzugänglich gemacht wurde.

Oben auf dem Berg bewundere ich die imposante neugotische Rochus-Kapelle, wobei der Begriff „Kapelle" ziemlich tiefgestapelt ist. Vor mir liegt eine große Wallfahrtskirche, die ich einmal umrunde. Mehr noch als diese Kirche gefällt mir jedoch die Aussicht auf den Rhein, der hier in Bingen wieder seine Richtung ändert und nach Nordwesten fließt. Der Fluss liegt träge mit seinen Inseln vor mir, mit Rüdesheim und dem Rheingau im Hintergrund. Kähne und Kreuzfahrtschiffe ziehen im Zeitlupentempo vorbei.

Nach einer kurzen Vesperpause geht an einer langweiligen Straße entlang zur Rheinpromenade. Diese ist 2008 für die Landesgartenschau großzügig als Kulturufer gestaltet worden. Nach etwa eineinhalb Kilometern führt mich eine Brücke über die Nahe, kurz vor ihrer Mündung. Ich bin nun am Mittelrhein angelangt, einer 130 Kilometer langen Kulturlandschaft, die als Inbegriff der Rheinromantik gilt. Das Obere Mittelrheintal wurde 2002 wegen seiner Einzigartigkeit von Bingen bis Koblenz sogar zum UNESCO-Weltkerbe erklärt.

Nach der Flussüberquerung betrete ich den Park am Mäuseturm, einem Areal, das erst eine Vergangenheit als Hafengelände und dann als Rangierbahnhof hinter sich hat. Neben einer großen Wagenausbesserungshalle, die 1978 stillgelegt wurde und heute als Veranstaltungsort dient, stapfe ich über eine Wiese direkt zum Ufer, von wo aus ich einen optimalen Blick auf diesen Mäuseturm werfen kann..

Den witzigen Namen habe ich schon öfters gehört, zuletzt von Gabi. Ich hatte mir den Turm mitten in der Stadt vorgestellt. Und so überraschte es mich vorher, dass dieses Wahrzeichen mitten aus dem Fluss emporzuragen schien. Mittlerweile kann ich erkennen, dass der Turm auf einer kleinen Insel steht. Der Legende nach wurde im 16. Jahrhundert hier der unbarmherzige Bischof Hatto bei lebendigem Leib von Mäusen aufgefressen, als Strafe für seine Untaten. Gruselig!

Bild 46: Binger Mäuseturm

Jetzt geht es stetig voran ohne weitere Zeit für Sightseeing. Da ich mehr oder weniger durchgehend dem Verlauf des Flusses folgen werde, gibt es vermutlich beim Laufen automatisch viel zu entdecken: Weltkulturerbe, Highlights, für die ich nicht einmal stehen zu bleiben brauche. Nahe am sandigen Ufer ragt eine Kiesbank aus dem Wasser, offensichtlich wieder ein interessanter Lebensraum für Vögel und Pflanzen. Auf der anderen Seite zieht sich das malerische Örtchen Assmannshausen am Fluss entlang. Burg Rheinstein bietet eine prächtige Kulisse für die Bahnlinie, welche parallel zu meinem Uferweg verläuft. Beim Stromkilometer 533,8 schreite ich in Trechtingshausen über den 50. Breitengrad. Eine entsprechende Metallmarkierung sorgt dafür, dass diese Tatsache auch gebührend beachtet wird. Ich lese auf einem Hinweisschild, dass durch diesen Breitengrad eine imaginäre Verbindung mit Städten wie Mainz, Prag oder Vancouver besteht, sowie mit der Südspitze von England.

Interessant, aber kein Grund zum Verweilen. Von der Stadt sehe ich nur die schöne spätromanische Clemenskapelle neben dem Friedhof. Und dann wieder eine Burg, die jenseits der Schienen über zwei Steinhäuschen zu schweben scheint: Burg Reichenstein. Die Landschaft bleibt lieblich, rechts von mir liegt natürliches Ufer und jenseits des Flusses erstrecken sich Weinbergterrassen. Trotzdem reicht es mir langsam, Erschöpfung kriecht die Knochen hoch. Es dauert dann doch noch eine Dreiviertelstunde, bis ich mein Ziel Lorch am rechten Flussufer im Abendlicht auftauchen sehe. Noch eine weitere Viertelstunde vergeht, und ich betrete heute zum zweiten Mal eine Fähre.

Bild 47: Fähre Lorch - Niederheimbach

Wegen meiner Müdigkeit frage ich mich kurz, ob ich nicht besser rechts des Flusses geblieben wäre. Ich hätte mir dadurch die Fähren erspart. Dann aber denke ich zufrieden an die vielen wunderbaren Eindrücke, an das lebendige Naturschutzgebiet am

Ufer. Während der Überfahrt bestaune ich die filmreife Landschaft und lasse mich vom weichen Abendlicht verzaubern. Ein nahezu perfekter Wandertag neigt sich dem Ende. Auf meinem Weg ins Städtchen schaue ich zu, wie die Sonne langsam im Rhein versinkt.

„Sie müssen ihren Rucksack runter nehmen, wenn Sie durch den Gang laufen!", ermahnt mich der Besitzer des Gästehauses. Er wirkt aber nicht verärgert, sondern ist recht gesprächig. Wäre ich nicht so müde, könnte ich mich noch ein wenig besser konzentrieren. Trotzdem stehe ich ihm in meinem gemütlichen Zimmer gegenüber und versuche möglichst aufmerksam zuzuhören. Er erzählt von den Rheingaubildern des Malers Wilhelm Holtmann (1900-1984), die an den Wänden des Hauses und auch in meinem Zimmer hängen. Das ist der Grund, warum das Verhalten in diesem Haus besonderer Achtsamkeit bedarf. Ich erzähle von der heutigen Wanderstrecke. Als mein Gastgeber etwas verächtlich über die linke Rheinseite spricht, kann ich ihn auch nicht durch die Schilderung meiner wunderbaren Eindrücke umstimmen. Schließlich liegt Lorch am Rheinsteig, und die vielen Wanderer beschreiben vermutlich ihre Perspektiven in noch höheren Tönen. Wie sollte ich da mithalten können? Ich werde neugierig und bekomme jetzt doch Lust auf den Fernwanderweg, auf eine Etappe zumindest. Soll ich es morgen einfach wagen, dort von Lorch bis nach Kaub zu wandern? Diese Unternehmung wird mich zwar nur relativ wenige Kilometer weiter bringen, aber warum nicht? Das Wetter soll hervorragend werden. Es muss bestimmt gigantisch sein, den Fluss von oben zu sehen.

Als ich dann nach zwanzig Minuten durch den Ort irre, bemerke ich, dass die Abendessensempfehlungen meines Gastgebers von der Realität abweichen. Oder habe ich einfach nicht gut genug zugehört? Ich finde keine Spur von den beiden Lokalen, auf die er mir Lust gemacht hat. Na gut, dann wähle ich halt die gemütliche Weinwirtschaft, die er nicht erwähnte. Als ich den Raum betrete, bin ich enttäuscht, denn ich sehe keinen einzigen freien Platz. Mein Speichelfluss hat bereits eingesetzt. Ich gebe mich nicht so schnell geschlagen. Ich frage nach einem Platz, und welch ein Glück, ich werde in ein Nebenzimmer geführt. Mich erwartet eine gemütlich eingerichtete Brennerei. Um die fast hundertjährige Destillationanlage stehen liebevoll dekorierte Tische mit Stühlen aus dunklem Holz. Trotz der angenehmen Atmosphäre dient dieser Raum nicht nur der Bewirtung, sondern wird an bestimmten Tagen immer noch als Brennerei genutzt. Wie gut, dass heute keiner davon ist! In einem Weinlokal sollte ich vielleicht auch einen Wein trinken? Aber ich habe Durst und brauche Flüssigkeit, weshalb mir der Sinn eher nach einem Weizenbier steht. Mit einer Entschuldigung auf den Lippen bestelle ich eines zu meinem fleischlosen Gericht. Die Chefin, die selbst bedient, sieht meinen Wunsch gelassen: „Der Winzer trinkt in der Pause ja auch gerne mal ein Bier."

*„Was für ein wunderbarer Tag liegt hinter mir, zweimal Schiffchenfahren, traumhafte Eindrücke! Dabei hängen Kriege und Klimawandel so drückend in der Luft. Ich atme zurzeit allerdings eine andere Luft, ohne dass ich die Probleme verdrängen oder verharmlosen möchte. Vielleicht spüre ich mit der positiven Lebensfülle dieser Tage all die augenblicklichen Herausforderungen sogar noch intensiver. Und das obwohl ich allen Nachrichten weitestgehend aus dem Weg gehe. Ich ertrage Medienbilder von Verzweiflung und Zerstörung gerade kaum. Es haben doch heute sogar schon Brückenruinen gereicht, um mich traurig zu stimmen. Meine freiwillige Reduzierung auf das Wesentliche scheint die Empfindsamkeit zu verstärken."*

## 3.3 RHEINSTEIG

Mir läuft das Wasser im Mund zusammen. Im kuscheligen Eckchen des gemütlichen Cafés sitze ich hinter einer verlockenden Puddingbrille und einem duftenden Cappuccino. Ja, ich habe mich endgültig für die Rheinsteigetappe 6: Lorch-Kaub entschieden, den ersten Wegweiser konnte ich vorher schon entdecken. Jetzt aber erst mal frühstücken und eine sorgfältige Recherche im Internet! Schon zuhause habe ich gelesen, dass der Fernwanderweg gut ausgeschildert sei.

„Immer nur den Wegweisern folgen, du wirst doch wohl deren System durchschauen!", rede ich mir selbstsicher ein. Ein Screenshot zeigt mir, dass ich als erstes zur Burg Nollig hoch muss. Tapfer erklimme ich den Berg hinter dem Ort. Ich bilde mir ein, der Beschilderung gefolgt zu sein. Irgendwann fange ich jedoch an, mich zu wundern. Etwas stimmt hier nicht, ich sehe die Ruine zwar im Hintergrund, aber die will und will nicht größer werden. Ich habe das Wegweisersystem wohl doch nicht durchschaut! Schweren Herzens kehre ich wieder zurück in den Ort, wo ich etwas hilflos und beschämt nach dem Weg frage. Mein Verdacht bestätigt sich. Ich habe definitiv die falsche Richtung gewählt. Mir bleibt nichts anderes übrig, als noch weiter zurückzulaufen, den ganzen Weg, fast wieder vorbei am Gästehaus. Elf Uhr ist schon vorbei, und ich bin auf dem Rheinsteig noch keinen Meter weitergekommen, welch eine Leistung!

Es tauchen wieder Schilder auf. Jetzt wirkt alles vielversprechend, also neuer Versuch! Ich komme am Stein'schen Hof vorbei, dem ehemaligen Sitz der Reichsgrafen und Ritter von Stein. Die historische Bedeutsamkeit dieses Gebäudes, das im 19. Jahrhundert im Stil der Zeit umgebaut wurde, fällt mir allerdings nur wegen einer entsprechenden Hinweistafel auf.

Endlich, jetzt führt der Weg erneut raus aus dem Ort und wird steil, der richtige Weg zur Burg. Ich atme erleichtert auf, auch wenn mir das Atmen bergauf immer ziemlich schwer fällt. Also keuche ich in kleinen Schritten langsam, aber stetig den schmalen Pfad hoch. Der schwere Gustav scheint mir vom Rücken aus ins Ohr zu flüstern: „Sei vorsichtig!" „Natürlich!" Eigentlich geht es recht gut, auf einmal wird der Weg sogar wieder weit und bequem. Aber kein Grund zur Freude, denn ich muss diese „Autobahn" gleich wieder verlassen und nach rechts abbiegen. Halbherzig nehme ich ein Hinweisschild zur Kenntnis, das vor Weiterwandern bei schlechtem Wetter warnt. Das Wetter ist wunderbar, der Weg wirkt ziemlich harmlos, also weiter! Auf einmal wird es aber wirklich steil, ja rechts ist sogar ein Seil zum Festhalten angebracht. Ich werde ängstlich, denke aber nicht ans Umdrehen. Und das obwohl ich nicht trittsicher bin und meine Füße sich schwer tun auf diesem steilen, belaubten Pfad. Rechts ziehe ich mich am Seil hoch, links stütze ich mich mit einem Stock ab. So schaffe ich es irgendwie, aber dann geht es nach einer Spitzkehre ohne Seil weiter. Ich darf nur nicht das Gleichgewicht verlieren! Auch ohne Gustav wäre der Weg eine Herausforderung für mich. Bereitwillig lege ich eine Pause ein, damit ein junges Pärchen schwungvoll an mir vorbei ziehen kann. Ich komme mir uralt und tölpelhaft vor, aber zurück will ich einfach nicht. Bergablaufen ist ja noch schlimmer als weiter bergauf zu klettern. Und so kämpfe ich mich Schrittlein um Schrittlein weiter hoch. Gut geht es mir dabei nicht. Ist das nicht allzu leichtsinnig, was ich hier mit meinen eingeschränkten Fähigkeiten treibe? Und so bin ich auch überhaupt nicht stolz auf mich, als ich nach ungefähr 20 Minuten – einer gefühlten Ewigkeit – endlich oben auf einem breiten Weg ankomme. Irritiert lese ich dort auf einem Schild, das in meine Richtung zeigt:

*„Lieber Wanderer, der folgende Rheinsteig-Abschnitt ist anspruchsvoll und erfordert Trittsicherheit und ein gewisses Maß an Schwindelfreiheit. Betreten erfolgt auf eigene Gefahr! Sie können den Abschnitt auf der dargestellten, einfachen Alternativroute umgehen."*

Habe ich nicht genau genug hingeschaut, oder gab es da unten kein solches Schild? Ich werde es wahrscheinlich nie erfahren.
So, jetzt bin ich ja hier und brauche mich nicht mehr zu ängstigen. Umgehend vergesse ich die Qual, denn die atemberaubende Aussicht nimmt mich gefangen. Auf der linken Seite liegt Lorch

im Schatten ganz klein unter mir. Dahinter imponiert der riesige Rhein mit der Insel Lorcher Werth, umgeben vom Rheingau sowie Bergen von Taunus und Hunsrück.

Bild 48: „Schönste Weinsicht 2020 – Rheingau"

Rechts von mir ist der Blick auf den Fluss nicht weniger gigantisch. Ich sehe Minispielzeugschiffchen, die sich unendlich langsam voran bewegen. An einem Picknicktisch nehme ich gerne Platz, nachdem mich zwei ältere Männer mit Wanderrucksäcken dazu eingeladen haben. Mit einem von ihnen komme ich ins Gespräch, während der andere freundlich schweigend daneben sitzt. Ich erzähle von meiner Route 66. Mein Gesprächspartner hört erst geduldig zu, erzählt dann aber lieber von sich selbst und seinem Freund. Für sie ist heute einfach ein schöner, zielloser Wandertag. Bald ziehen sie munter weiter, ich bleibe aber noch eine ganze Weile lang sitzen, obwohl ich mich schnell von meinen Anstrengungen erholt habe. Ich kann mich einfach nicht sattsehen an dieser Aussicht, also vespere ich ganz langsam zwei

Müsliriegel und trinke mein Wasser in kleinen Schlückchen als wäre es Wein.

Dann ziehe ich langsam links an der Burgruine Nollert vorbei. Der Anblick könnte als Vorlage für ein Märchenbilderbuch dienen. Dunkle Mauern vor einem fast unnatürlich blauen Himmel, zwei Fenster mit geschlossen Läden: Wird hier eine hübsche Prinzessin gefangen gehalten? Leider bin ich kein rettender Prinz, also schnell weiter. Es locken wieder traumhafte Ausblicke auf den Rhein. In bester Laune stapfe ich im Spaziermodus weiter, jetzt wo der Weg so bequem geworden ist. Hier sind viele freundliche Leute mit Rucksack unterwegs. Es ergeben sich mehrere kurze Plaudereien. Nach einer halben Stunde liegt Lorchhausen vor mir, unten am Fluss ganz klein wie auf einem romantischen Gemälde. Wieder lasse ich eine Clemenskapelle links liegen. In der Ferne taucht ein Holzhäuschen auf. Als ich näher komme, lese ich überrascht: „Weinautomat". Ich kann mir beim besten Willen nicht vorstellen, dass ein Wandersmensch ernsthaft in Versuchung kommen könnte, sich hier ein Fläschlein zu ziehen, aber trotzdem nett, vielleicht für zuhause. Was es in einer Weingegend nicht alles so gibt! Ich, jedenfalls, lasse das Türchen zum Weinquell zu, denn ich darf meinen Gustav nicht mit unnötigem Gewicht belasten. Und es geht auch ohne Wein noch eine ganze Zeit lang vergnügt weiter. Mir reicht diese traumhafte Aussicht völlig aus, um mich berauscht zu fühlen, jedesmal aus etwas anderer Perspektive.

Ein polierter Stein zeigt die Zeichnung eines Pilgers und ich lese:

*„Wanderer bleibe stehen und bete für mich, es kommt ein anderer und betet für Dich."*

Ich bin Wanderin, fühle mich auf meinem Weg auch intensiv als religiöser Mensch. Gerne würde ich mich deshalb von diesem Spruch angesprochen fühlen, aber es gelingt nicht. Die Worte können mich nicht berühren, also bleibe ich auch nicht stehen.

Jetzt bin ich zwei Stunden ohne Unterbrechung gelaufen. Ich möchte mich dieser einzigartigen Flusslandschaft noch intensiver aussetzen. Aus diesem Grund raste ich erneut an einem Picknicktisch mit Aussicht. Atemberaubend, gigantisch, traumhaft: Mir fallen immer nur dieselben Attribute für den Rheinblick ein, mangels Alternativen kommen mir diese Adjektive fast inflationär in den Sinn. Jetzt schon wieder. Ich glaube es selbst kaum, wie unbeschreiblich schön die Kulisse meines Sitzplatzes ist. Ein junger Mann ist bereit, mich hier zu fotografieren. Ich freue mich über das Ergebnis.

*„Von hier oben übt der Rhein noch einmal einen ganz anderen Reiz auf mich aus. Die Anstrengung ist lang schon vergessen, das Laufen mit Rucksack macht mir überhaupt nichts mehr aus. Und jetzt habe ich einfach wieder Pause, an einem Platz mit wunderbarer Aussicht auf Kaub. Mein Zielort ist wahrscheinlich nur noch eine Stunde weit entfernt. Ich könnte mir keinen besseren Platz zum Schreiben vorstellen.*

*Auf dem Weg kamen mir Gedankenfetzen, die ich festhalten möchte. ‚Es passt, wenn du deine Wanderung im Herbst machst, immerhin ist es ja auch der Herbst deines Lebens.', sagte meine Kollegin Silke vor ein paar Wochen. Oh wie wahr! Ich erlebe in diesen Tagen einen guten Herbst und hoffe, damit eine Grundlage für noch ein paar erfüllte Jahre zu legen. Ich habe etwas gefunden, das gerade ganz und gar einzigartig meins ist, eigentlich ein erstes Mal in meinem Leben. Ich kopiere niemanden, ich setze keine Anweisungen um. Vielleicht kann ich am Ende verstehen, warum genau ich unterwegs bin. Vielleicht aber auch nicht, egal.*

*Zu der Erfahrung des ganz anderen Lebens gehört auch die sich ständig verändernde Wahrnehmung von Zeit. Sie kann sich so sehr dahinziehen, auf eintönigen Wegen oder während der letzten Kilometer kurz vor dem Ziel. Zeit kann sich aber auch verdichten, wenn ich zufrieden dem Fluss entlang laufe und in die Umgebung eintauche. Manchmal merke ich nicht, wie die Stunden*

138

*dahinziehen. Die Zeit auf meinem Weg darf so sein, wie sie ist, ja muss es sogar, um genau zu sein. Meine Wanderung ist weder sinnvolle Arbeit, so wie ich es bisher kannte, noch das nervige Zeitvertrödeln, das mir im Alltag immer wieder begegnete. Es ist eine neue, wahrscheinlich ganz einzigartige Form von Zeitgestaltung, die früher so nicht möglich gewesen wäre. „Aktive Passivität" ist mir dafür als Beschreibung eingefallen.*

*Jetzt verabschiede ich mich von meinem zauberhaften Schreibort und bin gespannt auf die Eindrücke, die mir mein Ausflugstag noch zu bieten hat."*

Ich habe fast eine halbe Stunde tippend verbracht, bevor ich wieder aufgebrochen bin. Der Wanderweg verläuft jetzt durch den Wald, schade – keine Aussicht mehr. An der Grenze zwischen Hessen und Rheinland-Pfalz schlendere ich an einem Weinstand vorbei, der mit leckerem Essen und auch alkoholfreien Getränken lockt. Erstaunlicherweise fühle ich mich so satt von den Eindrücken des Tages, dass ich kein Bedürfnis nach einer weiteren Pause verspüre und ignoriere ihn. Da es nun wieder bergauf geht, staune ich nicht schlecht, als zwei Mountainbiker mittleren Alters an mir vorbei zischen. Von mir gibt es dafür einen anerkennenden Thum up, auch wenn ich sie nicht um ihre Anstrengung beneide. Der Weg wird steiler. Ich sehe, wie etwas oberhalb von mir einer der Beiden anfängt, mit dem Gleichgewicht zu kämpfen. Dann wird es sehr steil und kurvig. Ganz in der Ferne kann ich über mir zwei radschiebende Punkte erkennen. Ohje, nicht schon wieder! Aus Waldbaden wird Waldkampfschwimmen und das ganz ohne Wasser. Ich habe Angst, wieder an meine Grenzen zu geraten. Beim Aufstieg verteile ich mein und Gustavs Gewicht auf die beiden Stöcke und verhindere so eine kleine Panik, die gerne in mir aufgestiegen wäre. Langsam und tief atmend kämpfe ich mich den Berg hoch, bis ich dann endlich oben auf einen gut ausgebauten Wanderweg stoße. Hier biege ich links ab. Der Spuk ist vorbei, aber wieder bin ich nicht stolz auf mich. Ich werde schnell von meinen Selbstvorwürfen abgelenkt, denn nach ein paar

Minuten kann ich durchs Gebüsch erneut auf den Rhein blicken. Direkt am Fluss schmiegt sich Kaub sanft an die Berge. Eine Straße und eine Eisenbahnlinie führen parallel zum Wasser in die Stadt. Auf einer Insel erkenne ich ein Gebäude, das aussieht wie ein kleine Kirche.

Zwei unterschiedliche Wegweiser zwingen mich zu einer Entscheidung. Das normale, blaue Schild führt nach Kaub vorbei an Burg Gutenfels. Ein anderes, gelbes Zuwegschild zeigt nach links auf den Weg, der direkt ins Städtchen führt. Eigentlich können die positiven Eindrücke von heute nicht mehr überboten werden und nach weiteren Steilhängen steht mir auch nicht der Sinn. Also wähle ich gelb. Ich bin mir nicht sicher, ob ich die richtige Entscheidung getroffen habe. Aber Zweifel bringen nichts, irgendeine Entscheidung musste ja getroffen werden. Ich ziehe es jetzt einfach durch. Umkehren werde ich sowieso nicht, dann erfreue ich mich halt weiter am Laufen. Und das fällt nicht schwer, da bald schon wieder grandiose Aussicht geboten wird. Ich bleibe stehen, um zu recherchieren. Die Insel, die ich vor Kaub sehe, heißt Pfalzgrafenstein. Auf ihr steht jedoch kein Kirchlein, sondern eine Burg, von der aus einst die Schiffszollstelle überwacht wurde. Obwohl das ansprechende Bauwerk sehr hübsch auf einem Felsen liegt, hat dort wohl nie jemand residiert, mir unverständlich bei dieser Premiumwohnlage.

Bild 49: Burg Pfalzgrafenstein bei Kaub

Der Rheinsteigausflug findet sein Ende. Als ich auf dem Weg zu meinem Quartier durch den Ort laufe, blicke ich rechts hoch zur Burg und verbiete mir erneute Bedenken wegen meiner Abkürzung. Trotz der beiden anstrengenden Herausforderungen fühle ich mich heute nicht allzu sehr erschöpft, denn ich war nur circa zehn Kilometer unterwegs. Im Hotel bekomme ich ein nettes, kleines Zimmer. Es gibt sogar ein ansprechendes Restaurant im Haus. Trotzdem breche ich noch einmal zu einer kleinen Sightseeing-Tour auf. Die kleinste Stadt von Rheinland-Pfalz wirkt sehr gemütlich mit ihren hübschen alten Häuschen, aber ich finde keine Lokale. Bei einem etwas traurigen Biergarten setzte ich mich in den provisorischen Gastraum, um meinen Durst zu löschen und zu schreiben.

*„Passt die heutige Rheinsteig-Wanderung nicht gewissermaßen sehr gut zu meinem Leben? Gelegentliche Überforderung, wunderbare Eindrücke und Begegnungen, aber auch Zögern und Hinterfragen, ob ich alles recht mache bzw. nichts verpasse.*
*Jetzt befinde ich mich hier in einem etwas traurigen Raum und bin einfach nur ich selbst. An solch einem Ort alleine und zufrieden zu*

*sitzen, das wäre mir in meinem bisherigen Leben wahrscheinlich
so niemals freiwillig passiert. Alles ist gut, in der Ferne höre ich
einen Kahn tuckern.*

*Meine Omi kommt mir in den Sinn. Ich glaube ihr würden meine
Rheineindrücke gut gefallen. "*

Zum Essen gehe ich zurück ins Hotel, und meine rundum
friedliche Stimmung bleibt mir erhalten, bis ich am Ende des
Tages in einen angenehmen, erholsamen Schlaf falle.

## 3.4 RHEINROMANTIK

Als ich am Morgen vor die Türe trete, in perfektem Regenoutfit
für mich und Gustav, brauche ich nur um die Ecke zu gehen, um
ins örtliche Bäckerei-Café zu gelangen. Dort erhalte ich neben
dem Frühstück auch Einblick in den Dorfklatsch und Bewunderung für mein Wanderprojekt, verbunden mit einem Lob für meine
Gelassenheit angesichts des Wetters.

Diese lobenswerte Gelassenheit schrumpft auf dem Weg zur Fähre
allerdings auf ein Minimum, denn mir schlagen Regentropfen und
eisige Kälte ins Gesicht. Meine Brille beschlägt. Ich friere nicht
nur an den Knöcheln, sondern überall. Nichts lässt sich jetzt mehr
schönreden. Ist das der Anfang von unangenehmen Herbstwander-
tagen? Ausgerechnet heute ist Sauwetter, wird es doch mein Tag
an der sagenumwobenen Loreley werden, wie schade!

Und wieder scheint die Fähre auf mich zu warten, als ich am
Anleger ankomme. Der junge Mann von der Besatzung informiert
mitfühlend: „So ein blödes Wetter hatten wir schon ewig nicht
mehr!" Oh, warum denn gerade heute? Er knöpft mir 2.50 € ab.
(Don't pay the Ferryman... [5]. Doch! Der ist echt nett!) Ich darf
mich im Personalkämmerlein vor Regen, Wind und Kälte
schützen. Hier stehe ich nun als einziger Fahrgast und versuche,
die Stimmung durchs Fenster auf Regentropfenbildern festzuhalten, eigentlich auch schön. Jetzt, wo ich nicht mehr friere,
setzt die Freude wieder ein. Ich genieße die wenigen Minuten

Überfahrt, wage mich sogar vor die Tür, damit ich zusehen kann, wie Kaub unter der Burg langsam schrumpft. Ich blicke in beide Flussrichtungen, erst Pfalzgrafenstein aus neuer Perspektive, dann flussabwärts dem Wasser entlang bis zur nächsten Biegung. Auch wenn die Grautöne überwiegen, kann ich nicht umhin, mich der berühmten Rheinromantik zu öffnen und Lust auf die heutige Wanderung aufkommen zu lassen.

Auf der linken Rheinseite schaue ich zu, wie die Fähre wieder ablegt, winke ihr nach und der freundliche Ferryman winkt zurück. Nun geht es weiter zwischen der B9 und einer kleinen Mauer, die mich vom Abhang zum Rhein trennt. Auf dem Weg sorgt ein weißer Streifen dafür, dass sich Radfahrer und Fußgänger nicht ins Gehege kommen. Die Romantik beginnt: Links oben taucht die Schönburg aus dem Wald hinter der Bahnlinie auf und macht ihrem Namen alle Ehre. Unter einem Walnussbaum sammle ich Nüsse, die ich auf der Rheinmauer knacke und dann esse. Sind die so frisch überhaupt genießbar? Wenn nein, dann werde ich es bald merken. Sie schmecken auf jeden Fall gut.

Ich komme nach Oberwesel, einer Stadt, von der ich bisher noch überhaupt nichts weiß. Mir fällt lediglich das alte Echospiel ein, das mir als Kind viel Freude bereitete: „Wie heißt der Bürgermeister von Wesel? Esel!". Das tut ja hier wirklich nichts zur Sache, zumal ich mich in einer ganz anderen Stadt befinde. Sightseeing oder schnell weiter? Da ich mich für ersteres entscheide, überquere ich die Bahnlinie, um in die Ortsmitte zu gelangen. Schnell erkenne ich, dass ich eine gute Entscheidung getroffen habe. Auf der ehemaligen Provinzstraße mit herausgeputzten Häuschen und romantischen Straßenlaternen geht es zum Rathaus, einem wuchtigen Bau im Stil einer Wehrburg. Burgenromantik diente hier am Anfang des 20. Jahrhunderts als Vorlage für eine Architektur, die landestypisch sein sollte.

Auf dem Marktplatz erkenne ich wieder, dass ich mich in einer bedeutenden Weingegend befinde. Statt eines Brunnens steht hier

nämlich ein riesiges Weinglas auf einem dreistöckigen geranien-
umrandeten Podest, das mit Darstellungen von Weinutensilien und
Wappen geschmückt ist. Handelt es sich hier um ein dauerhaftes
Arrangement oder um das Überbleibsel eines Weinfestes? Ich
finde keine Hinweise, die mir bei der Aufklärung dieses Rätsels
weiter helfen, also schlendere ich auf der malerischen kleinen
Straße langsam weiter.

Bild 50: Überdimensionales Weinglas am Rathaus Oberwesel

Eine Frau im pinkfarbenen Pullover erholt sich auf einer Bank von
ihren Einkäufen. Als sie mich wegen Gustav anspricht, bleibe ich
stehen, denn ich bin in Plauderlaune. Anerkennend hört sie zu, als

ich ihr erzähle, woher ich komme. Mittlerweile sage ich nur noch: „Süddeutschland am Rande des Schwarzwalds", falls es nicht jemand noch genauer wissen will. Im Gegenzug erzählt sie mir vom schönen Oberwesel, seiner Stadtmauer und den 16 mittelalterlichen Türmen. Obwohl sie danach auch über den guten Wein referiert, vergesse ich nach dem Weinglasrätsel zu fragen. Wir verabschieden uns dann freundlich winkend. Weil ich weder Lust auf eine Pause noch Bedarf nach Koffein verspüre, geht es nun schnell weiter zum Ortsende, aber nicht ohne noch einen Blick auf einen Teil der Stadtmauer und zwei Türme geworfen zu haben.

Jetzt erst fällt mir auf, dass es ja bereits nach der Fährfahrt aufgehört hat zu regnen und ich seither überhaupt nicht mehr gefroren habe. Ich weiß nicht einmal, ob ich das der nachlassenden Kälte oder der permanenten Aufmerksamkeit für die vielen Eyecatcher zu verdanken habe. Nach ungefähr einem halben Kilometer Uferweg hat mich die Rad- Fußwegkombi entlang der B9 wieder. Ich staune nicht schlecht, als ich jenseits des schützenden Mäuerchens an der Böschung einen einzelnen wilden Hopfen entdecke. Hoffentlich fühlt der sich nicht einsam mitten in dieser Weingegend! Links oben tauchen aus den felsigen Hängen regelmäßig Züge auf und verschwinden wieder darin. wie (rhein)romantisch! Diese beeindruckende Wirkung wird unter anderem durch mehrere Tunnelportale erzeugt, die aussehen wie Teile einer Burg. In der Mitte des 19. Jahrhunderts wurde die linksrheinische Eisenbahntrasse gebaut, damals ein Meisterwerk, das stolz mit diesen neugotischen Spielereien dekoriert wurde. Aber wer außer Lokführern, Wanderern oder Radfahrern hat überhaupt die Möglichkeit, die aufwändig gestalteten Türmchen und Zinnen zu betrachten? Recken die Insassen von Autos ihre Köpfe hoch, haben sie überhaupt die Zeit dafür, wenn sie daran vorbei rauschen? Auf jeden Fall sollte der Fahrer das nicht tun! Und auch die Reisenden in den Zügen haben nichts davon. Sie erblicken aus ihren Fenstern wahrscheinlich nur den schönen Rhein, und dann wird es einfach dunkel und wieder hell. Ich war hier auch schon mit der Bahn unterwegs, wusste bis jetzt jedoch nicht, dass Tunneleingänge so romantisch aussehen können.

Bild 51: Neugotisches Tunnelportal an der Eisenbahntrasse

Ich telefoniere gerade mit Konrad, da kommt ein Oldtimer an mir vorbei getuckert. Ich bin entzückt, denn genau so einen Ford 12M fuhr mein Vater früher auch einmal, nur in hellblau. Dieser „Seitenstreifentaunus" hatte 1959 den legendären „Weltkugel-taunus" abgelöst. Es lohnt sich, vielleicht nicht nur die Bahnlinie, sondern auch die B9 im Auge zu behalten. Und da, jetzt gondelt sogar ein grünbeiger Bus vorbei, der meiner frühen Kindheit entsprungen sein könnte. Vielleicht bewundern diese Oldtimer-Reisenden nicht nur die Rheinlandschaft, sondern auch die Bahn-linie mit ihren Portalen?

Wieder unten am Fluss bin ich immer noch in solch tiefschürfende Gedanken versunken und bemerke sehr spät, dass die Loreley vorne rechts auftaucht. Ich werde später bestimmt nach diesem berühmten Felsen gefragt, also ab jetzt: volle Konzentration! Das sollte eigentlich nicht schwerfallen, denn der Obere Mittelrhein ist gut für den Tourismus aufbereitet. So weisen beispielsweise immer wieder UNESCO-Flaggen oder Hinweistafeln auf Bedeutsames hin.

Jetzt entdecke ich plötzlich etwas Neues: Auf dem Boden befinden sich zwei mannsgroße Spuren, umgeben von einer kreisrunden Bronzeplatte mit der Aufschrift „Spuren der Rheinromantik – William Turner 15". Als ich reflexartig meine Füße auf die Spuren stelle, entdecke ich einen QR-Code, auf den ich neugierig meine Kamera halte. Umgehend kann ich eine Webseite öffnen, auf der ein romantisches Aquarell des britischen Malers zu sehen ist: *„Am Ende des Treidelweges; Blick zur Loreley und Burg Katz"*. Das ungefähr zweihundert Jahre alte Bild ist zwar bei weitem nicht so trübe grau wie mein Ausblick, aber grundsätzlich unterscheidet es sich nicht sonderlich von dem, was vor mir liegt. Nach weiterer Recherche weiß ich, dass ich an einer von 26 Stellen zwischen Koblenz und Bingen stehe, von denen aus der Künstler gemalt hat. Ich lese auch, dass der Begriff „Rheinromantik" zu Beginn des 19. Jahrhunderts entstand, als der imposante Fluss zum Ideal einer ganzen Künstlergeneration wurde. Dazu zählte auch dieser William Turner, der 1817 drei Wochen lang am Rhein unterwegs war und malend seine Eindrücke festhielt. Damit lieferte er die Vorlage für die heutige William-Turner-Route, die der Zweckverband „Welterbe Oberes Mittelrheintal" zusammengestellt hat. Er ermittelte Malstandorte und kennzeichnete sie mit solchen Bronzekreisen. Wie interessant, es handelt sich hier also um so etwas wie eine mobile Galerie, wo Bilder vor ihren Motiven betrachtet werden können.

Schade, ich würde gerne auch ein so interessantes Licht haben, wie es Turner in seinem Aquarell gemalt hat. Und dann – als könnte der Himmel Gedanken lesen – auf einmal taucht ein blauer Streifen links über mir auf. Zwischen Rheinkilometer 554 und 555 bummle ich bewusst langsam, um der Sonne genug Zeit für einen Auftritt zu geben. Und siehe da, als ich die berühmte Stelle erreiche, an der am anderen Ufer das große Schild „Loreley" zu lesen ist, komme ich auf meine Kosten. Sowohl der Fluss, das

Örtchen Loreleystadt als auch die Burg Katz werden romantisch erhellt. Merkwürdigerweise bleibt der sagenumwobene Felsen im Dunkeln, was aber eigentlich gut zu seinem Ruf als Unheilsbringer passt. Vor mir liegt wieder ein äußerst reizvolles Spiel von Licht und Schatten. Rheinromantik in der Gegenwart!

Bild 52: Loreleystadt mit Burg Katz

Ungefähr zehn Fotos später ziehe ich weiter nach Sankt Goar, wo ich ohne Pause durch die Fußgängerzone schlendere. Links oben fühle ich mich von Burg Rheinfels angezogen, gönne mir aber keine Umwege zum Sightseeing. Und so erreiche ich bereits nach einer Viertelstunde das Hafengelände am Ende des Ortes. Als ich an so etwas wie einem "Bauhof fürs Wasser" vorbeikomme, bleibt mein Blick bei einer Ansammlung von Objekten in kräftigem Grün, Rot und Gelb hängen, die mich entfernt an kleine Spielzeugraketen erinnern. Fragend schicke ich Konrad ein Foto, woraufhin er mir erklärt, dass es sich hier um Tonnen handelt, welche der Schifffahrt als Zeichen dienen. Natürlich, ich sehe ja ständig solche Markierungen aus dem Wasser herausragen.

Interessant, wie nett und farbenfroh die auf dem Trockenen aussehen, wenn sie von der Sonne beschienen werden.

Bild 53: Fahrwassertonnen in Sankt Goar

Es gibt so viel zu schauen, dass ich genug Energie aufbringe, um noch fast eine Stunde rhythmisch weiter zu laufen. Rechts von mir betrachte ich Schiffchen in allen Variationen, sowohl in Bewegung als auch im Ruhezustand. Auf der anderen Flussseite liegt Burg Maus fotogen unter dem blauweißen Himmel. Nach Burg Katz jetzt auch Burg Maus, wie witzig! Als es dann um zwei Uhr wirklich Zeit für eine Mittagspause ist, suche ich mir ein lauschiges Bänkchen am Fluss, um Studentenfutter mit Wasser zu genießen. Ich lasse entspannt die Füße baumeln und dokumentiere mein Wohlbefinden mit einem Selfi. Bin ich wirklich noch in diesem Tag, an dem ich morgens so sehr vom Sauwetter geplagt wurde? Gedehnte Zeit, Abwechslung und Glücksgefühl, meine ganz persönliche Rheinromantik!

Vor mir liegen rechtsrheinisch Burg Liebenstein und Burg Sterrenberg, die sogenannten Feindlichen Brüder. Hierzu gibt es eine Sage, die tragische Liebesgeschichte der Brüder Heinrich und

Konrad mit Hildegard, die als Waisenkind bei ihnen zuhause aufwuchs. Wieder theaterreife Kulisse!

Ich plaudere zwanglos mit dem Besitzer eines roten Oldtimer VW-Busses aus dem Jahr 1965, der sein prächtig restauriertes Fahrzeug in einer Bucht neben der Bundesstraße abgestellt hat. Er will zu Fuß runter zum Ufer steigen. Bei mir geht's oben weiter, denn ich möchte überprüfen, ob Bad Salzig wirklich so ungastlich ist, wie Konrad es nach seiner erfolglosen Quartiersuche einschätzt. Ein Cappuccino wird doch wohl in diesem Kurort aufzutreiben sein!

Bild 54: Burg Liebenstein und Sterrenberg: Feindliche Brüder

Vorher werde ich noch von William Turner 07 überrascht: Das Aquarell der mobilen Galerie heißt „Die Feindlichen Brüder" und zeigt den selben Hintergrund, den ich gerade sehe. Es unterscheidet sich natürlich durch die Abwesenheit der B9. Stattdessen schlängelt sich ein unscheinbarer Wiesenweg am naturbelassenen Fluss entlang. William Turner 15 an der Loreley

150

und jetzt William Turner 07, wo sind die anderen Stationen? Habe ich sie übersehen? Bin ich anders gelaufen, oder existieren sie überhaupt nicht? Die William-Turner-Route und meine Route 66 scheinen wenig Schnittmenge zu haben. Da ich mich jedoch auf keiner Kunstreise befinde, denke ich nicht weiter darüber nach. Aber der Cappuccino geht mir nicht aus dem Kopf, weshalb ich suchend links abbiege, um dann in der Mitte des Ortes eine kleine Schleife zu drehen, leider vergeblich. Abgesehen von einer interessanten 66er Hausnummer, entdecke ich auf die Schnelle nichts, was mein Entzücken auslöst. Kein Koffein, keine Eyecatcher, und so komme ich nicht umhin, Konrads Einschätzung von Bad Sinzig zu übernehmen. Also ziehe ich einfach weiter, mein Gästehaus in Boppard liegt nur noch ungefähr fünf Kilometer entfernt.

Eine gute Stunde später komme ich nach zwei Drittel romantischer Flussblickwanderung und einem Drittel trägem, lustlosem Stadtfußmarsch am heutigen Tagesziel an. Ich klingele. Ein freundlicher Mann in meinem Alter öffnet mir und führt mich umgehend in mein Zimmer. Mir fällt jetzt erst so richtig auf, dass Zimmerzeigen und/oder Schlüsselaushändigen interessanterweise bisher nahezu immer Männersache war. Meinem Quartier meine ich jedoch eine Frauenhand anzusehen, was natürlich ein klassisches Vorurteil sein könnte. Dieser Miniraum wurde so geschickt und ansprechend gestaltet, dass ich auf Anhieb Nestwärme verspüre. Liebevolle Details und eine moderne sanitäre Ausstattung unterstreichen dieses Wohlgefühl. Das Waschbecken befindet sich zwar aus Platzgründen innerhalb des schlauchartigen Schlafraumes, aber es stört überhaupt nicht. Ich bin dankbar über Konrads geschicktes Händchen bei der Quartiersuche. Nachdem mein Gastgeber mich eingewiesen hat, freut er sich bestimmt schon auf seinen Abend beim Weinfest in der Stadt, jetzt da er nicht mehr auf mich warten muss. Er erklärt mir schnell noch, wo ich gut essen kann und wie ich geschickt zur Stadtmitte gelange, dann bin ich alleine. Ich berichte Konrad am Telefon von meinem kuscheligen Gästehaus. Er erzählt mir, dass wirklich eine Frau hier das Sagen habe, die allerdings übers Wochenende verreist sei.

Bald ist es Abend, ich freue mich aufs Bummeln, habe noch nichts von der Innenstadt gesehen. Eigentlich will ich schnell wieder los, aber alle meine Bewegungen sind gerade nur noch im Zeitlupentempo möglich. Das Ausmaß an Unternehmungslust scheint umgekehrt proportional zu dem der körperlichen Leistungsbereitschaft zu sein. Es ist nicht das erste Mal, dass ich dieses Phänomen nach einem Wandertag beobachte. Waschen, umziehen, Dry-Bag richten, all das verläuft so unkonzentriert trödelig, dass ich mich selbst dabei nicht leiden kann. Irgendwann bin ich fertig und irgendwann wundere ich mich über meine Ungeduld. Es ist genug Zeit für meinen Abend in Boppard!

Um kurz vor halb sieben komme ich auf dem Marktplatz an. „Weinfest, wäre das vielleicht auch was für mich, nachdem ich vor gut einer Woche noch bei der Weinernte zuschauen konnte? Trinke ich ein Gläschen, setze ich mich hin, um eine dieser Speisen zu essen, die gerade so verlockend duften? Finde ich dabei im Idealfall sogar ungezwungen Kontakt zu Einheimischen?" Ich würde zwar gerne hier dabei sein, bleibe aber merkwürdigerweise nirgendwo stehen, weiß nicht, welchen Wein ich wählen soll. Ich beobachte mich dann genauer, als wäre ich eine Person, die neben mir herläuft. Dabei entdecke ich, dass ich eigentlich weder Lust auf Wein habe noch mir vorstellen kann, den Abend alleine in der Kälte an einem Tisch inmitten von fröhlich feiernden Menschen zu verbringen. Mittlerweile halte ich diese Möglichkeit für sehr wahrscheinlich, denn auf ein Weinfest geht man ja eher, um einen schönen Abend mit Freunden oder Bekannten zu verbringen und nicht um Kontakt mit einer älteren Wandersfrau aufzunehmen. Das ist ja völlig in Ordnung, aber ich erkenne, dass ich hier das Risiko eingehe, mich einsam zu fühlen. Nach diesen klärenden Gedanken weiß ich schließlich genau, was ich wirklich möchte: wieder ein gutes Gemüseessen mit einem

Weizenbier in einem gemütlichen warmen Lokal, vielleicht an der Rheinpromenade.

Umgehend verlasse ich das Weinfest, wünsche aber innerlich allen Besuchern noch einen schönen Abend. Von meinem Gastgeber weiß ich, dass ich am Fluss nur italienische Lokale vorfinden werde. Ich wundere mich zwar darüber, habe aber im Augenblick rein gar nichts gegen ein mediterranes Gericht einzuwenden. Es ist nicht schwer, ein gemütliches Restaurant zu finden, aber andere hatten genau die gleiche Idee. Jeder Platz ist besetzt heute am Samstagabend. Der zweite Versuch beim Nachbarn ist glücklicherweise erfolgreicher. Ich bekomme ein Minitischlein, das halb im Weg steht. Dieser Umstand fördert dann sogar freundlichen Blickkontakt und Smalltalk, also bin ich sehr zufrieden mit meinem zentralen Platz. Das Tablet lasse ich aber hier aus Höflichkeit im Beutel, kein Problem, ich genieße nun einfach den Augenblick und mein Essen.

Bild 55: Weinfest in Boppard

Es ist neun Uhr. Nachdem mich auf einmal die Müdigkeit überfallen hat, liege ich bereits im Bett, immerhin habe ich heute 28 Kilometer auf dem Buckel.

*„Das Tagebuchschreiben hilft mir, meine vielen Eindrücke zu verarbeiten, aber ich hinke ständig hinterher. Einerseits ist beim Laufen oft so viel, das ganz schön reinhaut, und andererseits finde ich wenig Gelegenheit, das alles dann auch zeitnah festzuhalten. Eigentlich gelingt es nur gelegentlich, meist beim Essen oder vor dem Schlafen. Nach einem gewissen Zeitabstand fließt vieles oft schon sortiert und gefiltert aus meinen tippenden Fingern heraus, so wie jetzt wieder.*

*Eine ehemalige Kollegin hat mir gerade geschrieben, dass sie auch gerne ein Projekt hätte, das sie so erfüllt. Ich frage mich, wie genau diese Erfüllung aussieht, die ich gerade erfahre. Eigentlich erlebe ich ja nur eine permanente Abarbeitung von Kilometern. Dabei darf ich aber nach Belieben grübeln, staunen, schauen und fotografieren. Es erfüllt mich, was an einem einzigen Tag zusammenkommt. Es gibt so viel, was allein am Wegesrand zu beobachten ist oder was mir in den Kopf schießt. Und dann erfüllt mich auch diese Spannung zwischen zielstrebiger Einschränkung und weiter Freiheit. Ich erlebe alles ganz anders als in meinem früheren Leben. Ich habe der Kollegin zurückgeschrieben, dass das Projekt mich gefunden hat und nicht umgekehrt. Vielleicht würde es ihr zur rechten Zeit auf andere Weise einmal auch so ergehen, ich wünsche es ihr.*

*Gestern träumte ich zum ersten Mal bewusst von der Schule, ein Alptraum. Ich war nicht genügend vorbereitet bei haarsträubenden Unterrichtsbedingungen. Ich schrie die Schülerinnen an, sie sollten sich so setzen, dass sie mir zuhören könnten. Natürlich funktionierte das nicht. Dieses Rumschreien war Ausdruck des alten Gefühls von Hilflosigkeit, das mir am Ende meiner Berufslaufbahn Gott sei Dank immer fremder geworden war. Während meiner beruflichen Tätigkeit durfte ich zunehmend lernen, Individuen zu respektieren, auch dann, wenn sie sich nicht so verhielten, wie ich mir das gewünscht hätte. Was mache ich nun mit diesem Fortschritt? Ist es das, was ich nun allen Menschen auf meiner Reise entgegenbringen kann, wenn ich ihnen in die Augen blicke, ihnen zuwinke oder mit freundlichen Kurzkommentaren Kontakt anbiete? Wahrscheinlich, denn ich empfinde diesen Respekt für alle, die mir begegnen, egal ob ihr Erscheinungsbild das eines aufsässigen Jugendlichen ist oder das eines eingefahrenen Spießbürgers. "*

## 3.5 NICHT NUR REGEN

Es ist acht Uhr, ich sitze im gemütlichen Frühstücksraum, auf dessen orange-farbenen Wänden Worte wie „Wellness" und „Harmonie" stehen. Die nette junge Frau mit osteuropäischem Akzent hat schon liebevoll meinen Platz gerichtet. Auf einer kleinen Etagere steht Brotaufstrich über einer einladend dekorierten kleinen Käse- und Wurstplatte, daneben ein Minischälchen mit Ananasscheibchen, die mit Blaubeeren geschmückt sind, um nur einige der Köstlichkeiten aufzuzählen. Während meine gute Fee mir ein Spiegelei brät, erzähle ich ihr, dass ich meinem Mann ein Foto von meinem noch unberührten Tischlein schicken werde. Da schlägt sie pragmatisch vor: „Lassen Sie mich das machen, dann sind Sie auch mit drauf." Und so kann Konrad sehen, wie gut es mir geht, als er dieses Foto zusammen mit einem dicken Dankeschön für die gelungene Wahl des Gästehauses bekommt.

Bild 56: Schlemmerfrühstück

Nach einer Viertelstunde füllt sich der kleine Frühstücksraum mit drei „Mädels" mittleren Alters, die den zweiten, größeren Tisch belegen. Die Atmosphäre wirkt familiär. Die Damen plaudern aufgeregt über ihren munteren Wochenendtrip und beziehen mich dabei ein. Gestern Abend hätten sie in Boppard lieber ein Feuerwerk anstatt der Lasershow über dem Rhein gesehen. Habe ich was verpasst, weil ich nichts von einer derartigen Veranstaltung wusste? Ich kann es nicht mehr ändern. Wahrscheinlich wäre es ohnehin zu spät für mich gewesen. Behutsam wechsle ich das Thema, indem ich von meiner Route 66 berichte. An den Nachfragen und Kommentaren merke ich, dass ich auf

Interesse stoße. Beim ungezwungenen Schwatzen spüre ich eine gewisse Vertrautheit, die von der Sprache herrührt. Die Frauen hören sich genauso an, wie meine Verwandtschaft in der Kindheit. Kein Wunder, da sie doch aus Ortschaften in der Nähe von Wuppertal stammen. Ich spüre wieder Wurzeln.

Die gute Laune beim Frühstück erweist sich als tragfähig, denn der erneute Regen kann mich nicht schrecken. In aller Gelassenheit kleide ich mich und Gustav sachgerecht, bevor ich zahlen will. Ich bleibe sogar ruhig, als ich feststelle, dass mein Gastgeber weder meine Karte akzeptiert noch ich mich im Besitz von genügend Bargeld befinde. Ich lasse das Gepäck zurück und patsche vergnügt durch Pfützen hindurch zum Marktplatz, wo jetzt die Planen über den Weinständen traurig nass herunterhängen.

Da höre ich im Hintergrund Musik, eine Flöte verzaubert mich. Trotz des Wetters wird hier nachher Erntedankgottesdienst stattfinden, die Band probt schon mal. Die Klänge dringen ganz tief in mich hinein, ich bin ergriffen. Genau dieses Gefühl habe ich beim Wanderstein am Rheinsteig vermisst. Es berührt eine religiöse Seite in mir, die nicht in Worte zu fassen ist. Diese Empfindung ist nachhaltig, denn sie bleibt mir, als ich am Automaten Geld ziehe, sie verschwindet nicht einmal, als ich endlich im Gästehaus bezahle.

Bevor ich endgültig losziehe, lasse ich mir noch bestätigen, dass es keine schlechte Idee ist, heute am Rhein entlang nach Koblenz zu ziehen. Wie gut, dann brauche ich bei dem Regen kein Handy mit Onlinewanderführer, sondern kann mich an der Beschilderung des Uferweges orientieren.

Die Strecke zum Rhein kenne ich bereits, und so trotte ich zielsicher ein weiteres Mal durch das sympathische Städtchen, immer noch ein bisschen auf einem Teppich von guten Gefühlen.

An der Promenade bewundere ich das Tischlein der Außengastronomie eines Italieners, ein Stillleben mit Kürbis, Weinflasche und Blick auf den Fluss, adrett dekoriert mit Regentropfen und geschickt platzierten Spiegelungen.

Bild 57: Rheinufer Boppard: Stillleben im Regen

Jetzt sollte ich aber voran kommen. Ich laufe einer doppelten Rheinschlinge entlang, weshalb das Städtchen nach einer Viertelstunde immer noch gut zu sehen ist, als ich mich umdrehe. Nach weiteren zwanzig Minuten reckt sich vor einem Weinberg ein preußischer Meilenstein von 1818 aus dem Boden empor. Er zeigt mir an, dass ich nur noch zweieinhalb Meilen Weg bis "Coblenz" vor mir habe, was ist das schon? Wegen meiner Kapuze nehme ich wenig von meiner Umgebung wahr, sondern blicke eher Richtung Füße. Und so entgeht mir der sauber gegenderte Gehweg auch nicht, wo neben dem hier üblichen weißen Hinweismännchen für Fußgänger, auch noch ein gelbes Frauchen mit Rock und hochhackigen Schuhen für Fußgängerinnen hinzu gemalt wurde. Regen verändert den Blick und löst einen eigenartigen Humor in mir aus. Es erheitert mich beispielsweise, dass sich ein Camping-park auch am heutigen Regentag frech als „Sonneneck" bezeichnen darf. Grinsend grüße ich die wenigen Hundehalter oder Urlauber, die mir entgegen kommen, mit der sinnigen Frage: „Auch unterwegs bei diesem Sauwetter?", woraufhin durchgehend schmunzelnd eine Replik mit ähnlichem Tiefgang erfolgt, meist so etwas wie: „Was uns nicht umbringt…". Solidarität der Regen-menschen! Auf diese Weise macht Regenwetter Spaß, wenn auch nicht durchgehend.

Irgendwann werden die Schuhe nass, weil der Weg nicht mehr an der B9 entlang führt, sondern sich direkt am Rhein in einen mit Pfützen übersäten, matschigen Feldweg verwandelt hat. Ich lasse mich von den Kühen anstecken, die trotz des hervorragenden Flussblicks lustlos an ihrem Zaun herumstehen, offensichtlich angewidert von der anhaltenden Nässe heute.

Bild 58: Regenstimmung bei den Kühen in Spay

Vor meinen Fantasieaugen taucht frech ein dampfendes Getränk in einem gemütlichen Raum auf. Eine mahnende innere Stimme erinnert mich daran, dass ich gestern unterwegs kein einziges Mal Gelegenheit zur gemütlichen Einkehr fand. Dann lenkt mich ein Frachtschiff vom Thema ab, denn es ist von vorne bis hinten mit grünen Traktoren beladen. Spontan denke ich an den kleinen Sohn einer Nichte, der für alle Art von Landmaschinen schwärmt. Trotz Regens ziehe ich das Handy raus, um schnell ein Foto zu schießen. Natürlich ist die Grundfarbe grau, aber es lässt sich bestimmt noch etwas bearbeiten.

In der Ortschaft Spay komme ich an einem einladenden Gasthaus vorbei, das ich betrete, ohne überhaupt eine Sekunde lang vorher nachzudenken. Ich warte brav, bis mich eine Servicekraft anspricht, wobei ich das Gefühl habe, dass sich unter mir ein Pfützchen bildet. Ich frage, ob es allzu unverschämt sei, trotz Mittagszeit nur einen Cappuccino zu trinken, denn auf mehr habe ich keine Lust. Die nette junge Frau kümmert sich mit mitleidigem Gesichtsausdruck rührend um mich. Sie organisiert mir einen kleinen Tisch abseits der Mittagsgäste. Sorgfältig lege ich meine nassen Sachen über einen Stuhl. Das dampfende Getränk steht dann schnell zur vollsten Zufriedenheit meines Fantasieauges vor mir. Jetzt Handy raus und das Foto bearbeiten, um es umgehend der Nichte zu schicken, damit sie es ihrem Sprössling zeigen kann. Erledigt!

Bei der Suche nach der Länge einer preußischen Meile erfahre ich kurz danach, dass sie 7500 Meter lang ist, wie ernüchternd! Ich hatte also beim Meilenstein noch 18,75 Kilometer vor mir, errechne ich messerscharf. Und die Onlinekarte zeigt mir dann auch, dass davon immer noch 12 Kilometer übrig sind, eine Tatsache, die verhindert, dass ich es mir hier allzu gemütlich mache.

Schloss Philippsburg bietet mir am Ende des Orts einen malerischen Blick auf die andere Rheinseite. Während meiner Pause wurde es ein wenig heller, der Regen hat aufgehört. Mein Weg ist mittlerweile befestigt, aber immer noch nass. In Rhens komme ich an der Stadtmauer vorbei, zu der auch der Scharfe Turm aus dem 15. Jahrhundert gehört. Dieser hat eine Geschichte als Späh- und Zollturm hinter sich, aber auch als Kerker und Hinrichtungsstätte. Nicht sehr positiv, also zügig weiter! Aber vielleicht würde sich ein Abstecher in das Städtchen lohnen, denn hinter der Mauer locken zauberhafte Fachwerkhäuschen. Es ist zwar erst zwei Uhr, aber ich widerstehe der Versuchung, denn in Koblenz möchte ich noch genug Zeit und Energie für ausgiebiges Sightseeing übrighaben. Immerhin liegen noch acht Kilometer vor mir bis zum Hotel.

Eine kleine Vesperpause muss vorher aber noch sein. Ich finde eine halbwegs trockene Bank, lege mein blaues Styroporkissen darauf und beiße herzhaft in ein Käsebrötchen, das ich mir beim Frühstück richten durfte. Dazu noch ein paar Schlucke Wasser, dann bin ich schon fertig. Da dieser Ort trotz Rheinblicks wegen der Nässe schnell recht ungemütlich wird, breche ich bald wieder auf.

Wie ein Roboter laufe ich weiter immer direkt am Fluss entlang, nur mit Blick für Landschaft und Ufer. Irgendwann ist es so, als würde ich aufwachen, denn ich habe den eigentlichen Uferweg wohl unbemerkt verlassen und bin auf diesem schmalen Trampelpfad direkt am Wasser gelandet. Der könnte so romantisch sein, aber es regnet wieder. Soll ich umkehren, um den richtigen Weg zu suchen? Ach was, Risiko! Es fühlt sich hier so angenehm natürlich unter meinen Füßen an. Bedenkenlos stapfe ich weiter. Aber war das die richtige Entscheidung? Der Pfad ist nur noch schwer zu erkennen. Ich laufe durch hohes Gras. Jetzt führt er weg vom Fluss, zieht sich eigenwillig zwischen Bäumen und Büschen hindurch. Ich erlebe überraschend viel ursprüngliche Natur statt bestens aufbereitetes Welterbe. Es gießt plötzlich wie aus Kübeln. Fürs Waldbaden habe ich überhaupt kein solches Rundumpaket bestellt: Berieselung von oben, Seitendusche durch patschnasse Äste und Gräser, Wassertreten im quatschenden, schlammigen Boden. Ich brauche meine Stöcke, um nicht auszurutschen. Meine Füße sind aufgeweicht. Zur Entschädigung liefert mir der Pfad immer wieder Ausblick auf den Fluss, verführerisch schön, trotz des Wetters. In mir entfaltet sich eine Mischung aus Widerwillen, Unsicherheit und Faszination. Ich komme nur ganz langsam vorwärts. Es überrascht mich fast ein wenig, dass diese Herausforderung dann ganz unspektakulär vorüber geht, erleichtertes Aufatmen! Der Weg führt an einem umzäunten, scheinbar verlassenen Fabrikgelände vorbei und schlängelt sich dann einem völlig unromantisch bebauten Gebiet entgegen. Nicht schön, aber wenigstens muss ich nicht zurück!

Bild 59: Vor Stolzenfels: Natur statt Welterbe

Ich finde zum eigentlichen Weg zurück. Der Regen hat sich verzogen, B9 und Bahnlinie haben mich wieder. Links oben erhebt sich Burg Stolzenfels über dem gleichnamigen kleinen Ort. Die Burg passt gut zu ihrem Namen, trotz grauen Himmels. Nach zwei Kilometern sehe ich ein verlassenes Hochhaus. Die dazugehörige Ansammlung von Gebäuden, welche dahinter langsam sichtbar

wird, irritiert mich. Eine rote Flagge mit der Aufschrift „Koblenzer" weht fröhlich vor sich hin. So sieht kein „Lost Place" aus. Ich habe den Verdacht, dass es sich hier vielleicht um eine Brauerei handeln könnte. Als ich dann ein paar Schritte weiter die gleiche Flagge inmitten eines verwaisten Biergartens sehe, bestätigt sich meine Vermutung. Wenn hier schon ihre Brauerei liegt, dann kann doch die Stadt auch nicht mehr so weit entfernt sein? Stimmt, ein Radwegweiser informiert mich, dass es nur noch vier Kilometer bis zur Stadtmitte und fünf bis zum Deutschen Eck sind. Meine Onlinekarte zeigt eine drei Kilometer lange direkte Route zum Hotel an. Es ist halb vier, soll ich einfach bis zur berühmten Moselmündung weiterwandern? Mal sehen, jetzt laufe ich auf jeden Fall noch eine Weile am Rhein entlang, wo ich mich langsam einem Doppelarrangement aus Auto- und Eisenbahn-rheinbrücke nähere. Als ich unter den beiden Flussüberquerungen stehe, staune ich fast andächtig über die gigantischen Ausmaße der Bauwerke. Wie in einem riesigen Saal und doch ganz anders!
Kurz dahinter entscheide ich mich, links zum Hotel abzubiegen. Ich möchte dort Gustav deponieren, wenn ich später dann möglichst schnell zur Sightseeing-Tour aufbreche. Natürlich hat mein mittlerweile schon vertrautes „Ich-bin-jetzt-gleich-da"-Phänomen einen erneuten Auftritt. Wieder einmal bin ich überrascht, dass sich der Weg noch so weit unter meinen lustlosen Füßen in die Länge zieht, bei scheinbar völlig verändertem Zeit-empfinden. Mit eher widerwilligem Vorangetrotte komme ich dann doch irgendwann wohlbehalten im Hotel an. Der freundliche Portier begrüßt mich und händigt meinen Schlüssel aus. Im Bad des entsprechenden Zimmers befindet sich der gleiche Boden, der einst in der Küche des Reihenhauses lag, das wir bewohnten, als die Kinder noch klein waren. Spontan unternehme ich deshalb eine kurze Fantasiezeitreise, wobei mein Blick die honiggelben Florentiner-Fliesen fokussiert. Ich höre Kindergetrappel und quietschende Stühle, sehe den Landhausstilschrank mit den roten selbstgehäkelten Gardinchen hinter den Türen, rieche Marmor-kuchen. Ich lande zwar bald wieder im Hier und Jetzt, aber soviel

„Back-to-the-Roots" musste gerade einfach sein, sogar noch vor der Stadtbesichtigung.

Jetzt stehe ich staunend beim frühklassizistischen Kurfürstlichen Schloss, das unmittelbar vor der Französischen Revolution erbaut wurde. Obwohl es bestimmt schon allein wegen des Blicks auf den Rhein traumhaft wäre, hier zu residieren, ist es heute vorwiegend Sitz verschiedener Bundesbehörden. Als Teil eines Schwarms von Ausflüglern flaniere ich in touristischer Ehrfurcht durch den Schlossgarten vor dem Hauptbau. Bei einem kurzen Abstecher in die Stresemannstraße entdecke ich weitere Behörden in Bauwerken aus dem frühen 20. Jahrhundert, die im Stil des Historismus auf alt getrimmt wurden, passend zum Schloss. Zurück am Rhein verzückt mich das achteckige Pegelhaus von 1611, besonders aber dieses pittoreske dunkelrote Portal zwischen Säulen mit Pflanzenornamenten. An der Wand entdecke ich nicht nur unterschiedlichste Hochwassermarkierungen von 1651 bis 1993, sondern auch eine blaue Standuhr von 1882 auf einem Podest. Es ist kurz vor halb vier. Halt, da stimmt doch was nicht, das Handy zeigt 17:39! Da geht mir ein Licht auf, und ich bin froh, dass niemand meinen Wie-dumm-bin-ich-denn-Gesichtsausdruck beobachtet. Die Uhr an dieser Messstelle muss doch eine Pegeluhr sein, die nicht die Zeit, sondern den Wasserstand anzeigt! Das hätte mir gleich auffallen können! Pegelhaus! Ich ziehe kurz in Erwägung, im Pegeltrestaurant einzukehren, aber eigentlich will ich doch zum Deutschen Eck, also weiter!

Bild 60: Pegeluhr von 1887 am Rheinpegel Koblenz

Die Seilbahn zur Festung Ehrenbreitstein kommt mir bekannt vor, vielleicht von irgendeinem Film. Es muss atemberaubend sein, die 850 Meter lange Strecke über den Fluss in diesem umweltfreundlichen Panoramaverkehrsmittel mit Glasboden zu überwinden. Aber ich spare mir die 14 Euro wegen der Tatsache, dass ich heute nicht mehr ganz so taufrisch und aufnahmebereit bin. Und in den letzten Tagen wurde ich bereits ohne Glasbodenfahrt mit schönen Rheineindrücken gesegnet. Außerdem hätte ich für solch einen Ausflug gerne mehr Zeit als ich mir heute noch gönnen möchte. Ich verspüre nämlich langsam doch Hunger. Aber eine gute Idee für ein anderes Mal! Und so stelle ich mich einfach nur unter die Luftseilbahn, recke den Kopf in die Höhe und lasse mich von den vorbei schwebenden Kabinen etwas hypnotisieren.

Ich fühle mich merkwürdig distanziert, als ich am Deutschen Eck bis zum Ende der künstlichen Landzunge schreite. Dies sehe ich durchaus nicht als Folge der vorausgegangenen Hypnosespielerei, sondern als Reaktion auf die jahrmarktsähnliche Touristen-ansammlung. An der Moselmündung blicke ich auf beide Flüsse, woraufhin mich nichts mehr wundert. An den Ufern liegen gefühlt ein dutzend Kreuzfahrtschiffe, teilweise in zwei Reihen. Also daher kommt der Menschenauflauf! Als ich dann entlang des Moselufers schlendere, um auf die Schnelle erfolglos einen Unterschied zwischen den beiden Flüssen zu entdecken, werden es schon weniger Kreuzfahrer. Laufen scheint erfreulicherweise nicht durchgehend deren Ding zu sein. Meine Laune wird jetzt wieder spürbar besser. Und dann erfolgt ein richtiger Stimmungs-umschwung, völlig unerwartet. Dieser Höhenflug ist ganz alleine der Sonne zu verdanken, der es heute während der letzten Minuten des Tages doch tatsächlich noch gelingt, über dem Fluss die Wolken zu durchdringen. Großartig! Sie überzieht die Umgebung mit herzergreifenden Rottönen. Teile des Himmels liegen blau über der dunklen Silhouette der Stadt.

Bild 61: Koblenz: Am Tagesende noch Sonne über der Mosel

Nachdem ich diese Szene eine Weile lang betrachtet habe, bin ich wieder ganz und gar gelassen. Jetzt kann ich mich auch zum monumentalen Reiterstandbild des ersten Deutschen Kaisers wagen, der mit seiner geflügelten Begleitung auf seinem plumpen, tempelartigen Sockel selbstzufrieden in die Ferne blickt.

Schnell bin ich dieser gigantischen Verherrlichung überdrüssig, was dazu führt, dass sich mein Hunger in den Vordergrund drängt. Jetzt nur noch kurz einen Eindruck von Koblenz City gewinnen, dann werde ich mich um das leibliche Wohl kümmern! Noch einmal stapfe ich der Mosel entlang in Richtung Silhouette, bevor es nach links in die Altstadt abgeht. Der rote Abendhimmel bietet einen stimmungsvollen Hintergrund für Florinskirche, Liebfrauen-kirche und Rathaus. Gemütlich wirkende Lokale locken mich an. Doch vielleicht bin ich zu überfüttert mit Eindrücken oder schlicht und einfach zu müde. Es gelingt mir weder, die Stadt richtig zu entdecken, noch mich für einen passenden Ort zum Abendessen zu entscheiden. Zu touristisch, zu exotisch, zu teuer, zu voll... Ich versuche nicht einmal, irgendwo einen Tisch zu finden. Mechanisch laufe ich in Richtung Hotel. Auf dem Weg wird es schon ein Restaurant geben! Die Chancen sinken zusehends, als ich mich stur immer weiter von den touristischen Highlights entferne. Egal, war da nicht zur Not noch dieser ungemütlich wirkende Balkangrill in der Nähe meines Quartiers?

Unglaublich, wenige hundert Meter vor dem Hotel taucht dann diese Wirtschaft mit Werbung für regionale Küche links neben mir auf, so als hätte ich sie beim Universum bestellt. Im Nebenraum wird mir ein Platz an einem großen Tisch zugewiesen. Ich fühle mich dort etwas verloren, weshalb ich automatisch am Nebentisch zuhöre. Mehrere junge Männer präsentieren sich mit schwerem Zungenschlag gegenseitig Sensationen, die nicht durchgehend stubenrein sind. Darüberhinaus prahlen sie lauthals von den Highlights ihres offensichtlich gemeinsamen Ausflugs. Nicht so prickelnd, also recherchiere ich über das Deutsche Eck und finde einen bemerkenswerten Reisebericht des Publizisten und

Satirikers Kurt Tucholski aus dem Jahr 1930, der mir aus dem Herzen spricht:

*„ ...dann standen da keine Bäume mehr, ein freier Platz, ich sah hoch ... und fiel beinah um.*
*Da stand – Tschingbumm! – ein riesiges Denkmal Kaiser Wilhelms des Ersten: ein Faustschlag aus Stein. Zunächst blieb einem der Atem weg.*
*Sah man näher hin, so entdeckte man, dass es ein herrliches, ein wilhelminisches, ein künstlerisches Kunstwerk war. Das Ding sah aus wie ein gigantischer Tortenaufsatz und repräsentierte jenes Deutschland, das am Kriege schuld gewesen ist... "* [6]

Ja, das passt auch nach 92 Jahren noch ziemlich gut. Kurz danach lese ich allerdings, dass ich vorher nicht dasselbe 14 Meter hohe „Ding" betrachtet habe, denn dieses wurde 1945 von den Alliierten zerstört. Stattdessen stand ich vor einer Rekonstruktion von 1990, die wegen mir wirklich nicht nötig gewesen wäre. Doch jetzt Handy weg, ein köstlicher Flammkuchen steht vor mir auf dem Tisch!

Um neun Uhr liege ich wieder im Bett auf dem bequem zusammengeknüllten Kissen und erledige entspannt die selbst auferlegten Abendaufgaben.

*„Heute habe ich eine erfolgreiche Regensonntagswanderung hinter mir. Wahrscheinlich kann ich am Mittwoch bei meiner Cousine Elisabeth sein. Ich bin stolz auf mich: Vermutlich werde ich es in nur drei Wochen bis nach Bonn geschafft haben. Vor meiner Reise wäre ich niemals auf die Idee gekommen, eine so kurze Zeit für diese Entfernung einzuplanen. Heute lief es trotz des Wetters ziemlich rund, auch wenn ich lediglich 20 Kilometer weiter gekommen bin. Dabei waren mir die Schlaufen des Rheins egal, Hauptsache Fluss! Morgen werde ich nicht mehr den*

*Umwegen des Flusses folgen, sondern eine Abkürzung nach*
*Andernach wählen.*
*Fazit: Koblenz ist zwar beeindruckend, aber es hat mich auch ein*
*wenig erschlagen. Der schönste Moment des Tages war die*
*Abendsonne über der Mosel. ‚Wenn am Ende das Licht steht, dann*
*scheint auch die Erinnerung an die vorausgegangene Zeit nicht im*
*Dunkeln liegen zu wollen!' Das habe ich in meinen Blog*
*geschrieben und bin mir dabei ziemlich weise vorgekommen.*
*Wer bin ich? Auf jeden Fall die Frau, die zu Fuß von Jettingen*
*nach Koblenz gelaufen ist. Meine Wanderung füllt gerade mein*
*ganzes Leben aus, mehr als alle aktuellen Weltkrisen. Ich bewege*
*mich auf einer Insel der Selbstbezogenheit, und es macht mir*
*nichts aus. Ich bin ja nur für einen begrenzten Zeitraum*
*unterwegs. Ich schade niemandem mit meiner Auszeit.*
*Wahrscheinlich wird sogar mein Blick für das Wesentliche*
*geschärft, für wen oder was, das mag dahingestellt sein. "*

## 3.6 Don't Cry over Spilled Milk

Beim Aufbruch verrichtet eine junge Asiatin gewissenhaft ihren
Dienst an der Rezeption. Sie kann sich meinen großen Rucksack
und die Wanderstöcke nicht erklären, also erzähle ich mal wieder
gerne von meiner Route 66. Sie unterzieht mich daraufhin einem
detaillierten Verhör, da sie sich so eine Tour überhaupt nicht
vorstellen kann. Es bereitet mir einen Riesenspaß, ihr Rede und
Antwort zu stehen. Dann verabschieden wir uns, die Arbeit und
die Ferne rufen.

Um kurz nach zehn blicke ich auf der Balduinbrücke auf die Stadt
und fühle ich mich bereits wieder müde. Dem Himmel scheint es
ähnlich zu gehen, graue Wolken liegen träge über der Altstadt.
Und doch berührt mich diese reizvolle Kulisse, deren linke Seite
ich gestern ein wenig erkunden konnte. Die Alte Burg auf der
rechten Seite habe ich vorher überhaupt noch nicht
wahrgenommen.

Bild 62: Tschüss Koblenz! Kreuzfahrtschiffe am Moselufer

Doch genug jetzt, tschüss schöne Stadt! Gelassen sehe ich zu, wie sich meine angenehme Strecke in eine vierspurige Straße verwandelt, die von gesichtslosen Industriebauten und Mehrfamilienhäusern gesäumt wird. 3. Oktober, Nationalfeiertag: matte Trägheit hat das Viertel fest im Griff. Dieses Leben ohne touristische Schnörkel möchte ich bewusst nicht ausklammern, aber ich freue mich trotzdem, dass es nur noch gute zwei Kilometer bis zum Rhein sind. Die Müdigkeit ist wie weggeblasen, ich fühle mich nun unbeschwert voller Schwung.
Unbeschwert, warum eigentlich? Meine Arme schwingen locker zu meinen Schritten. Nein, das darf doch jetzt nicht wahr sein, bitte sofort aus dem Alptraum aufwachen! Meine Stöcke sind weg! Nach einigen Schrecksekunden setzt in meinem Kopf ein Grübelmarathon ein. Wo habe ich sie diesmal stehen gelassen? Umgehend trample ich mit gesteigertem Tempo wütend die vier Kilometer zurück, um mir eine Serie von Enttäuschungen

einzuhandeln Misserfolg am Busbahnhof, wo ich meinen Bauchbeutel suchte, sowie in der Bäckerei, wo ich gefrühstückt habe. Dann sind sie halt im Hotel, ich rufe gleich dort an. Die junge Asiatin reagiert so mitfühlend, als wären es ihre eigenen Stöcke. Trotzdem kann sie nicht weiter helfen. Eben weil ihr meine Stöcke auf Anhieb so gefallen haben, ist sie sich sicher, dass sie sich nicht mehr im Hotel befinden. Sie sind weg! Unmöglich, ich weigere mich, das zu glauben. Doch langsam kriechen Ärger und Zorn in mir hoch. Das Gesicht verkrampft sich, um ein paar Tränen zu produzieren. Aus meinem Mund zischen fast verständliche Schimpfworte in Fäkalsprache. Wütend zwinge ich mich widerwillig zu einer halben Drehung. Ich breche mit stampfenden Schritten ein zweitens Mal auf. Fast eine Stunde lang dieselbe Strecke, aber in völlig anderem Bewusstseinszustand. Ich nehme meine Umgebung nicht mehr im Geringsten wahr, Tunnelblick, schmerzende Augen, drückendes Gefühl im Bauch. Irgendwann fange ich dann doch an mich zu fragen, was hier gerade abgeht. Immerhin hat niemand irgendeinen Schaden an Leib oder Leben erlitten. Trotzdem fühle ich mich so hilflos meinem Ärger ausgesetzt, warum eigentlich? Weil ich versagt habe!

In meinem Hirn poppt jetzt auf: Das ist eine klassische Don't-cry-over-spilled-milk-Situation! „Glücklich ist, wer vergisst, was nicht mehr zu ändern ist!", hätte meine Schwiegermutter auf Deutsch dazu gesagt. Ja, eigentlich bringt es überhaupt nichts, meine tiefen Wandergefühle mit so unbändigem Ärger zu überziehen. Ich kann doch sowieso nichts mehr ändern, die Milch ist unwiderruflich verschüttet. Es wäre also besser, wenn sich jetzt meine Gefühle vom Verstand überzeugen lassen würden, aber sie weigern sich. Verbissen zürne ich weiter, Schritt für Schritt, Kilometer um Kilometer, mit freien Händen. Ich grüße allen zurück, die mich grüßen, aber herzliche Blicke, saloppe Kommentare, offene Kontaktbereitschaft, alles scheint aus meinem Repertoire verschwunden zu sein. „Don't cry over spilled milk!". Eine leise innere Stimme versucht immer wieder zu überzeugen. Laufen hilft! Meine inneren Stimmen führen jetzt einen erbitterten Kampf miteinander. Mit jedem weiteren Kilometer wird die klügere Stimme etwas lauter und überzeugender. Langsam gewinnt sie dann die Oberhand.

Wie gut, denn jetzt erreiche ich wieder den Rhein. Frachtschiffe, Brücken und Wasservögel lenken mich von meinem Ärger ab. Ich hadere weder mit dem trüben Himmel noch mit der Tatsache, dass die UNESCO-Welterbestrecke jetzt hinter mir liegt. Mir gelingt es, mehrfach wieder Kurzbegegnungen mit freundlichen Blicken oder Worten zu bereichern. Wenn ich ganz ehrlich bin, muss ich sogar zugeben, dass ich mich ohne Stöcke nun noch etwas freier bewege. „Hier am Fluss ja, aber im Bergischen Land wirst du sie schmerzlich vermissen!", mischt sich noch einmal die Ärgerstimme ein. "Don't cry...!!!"

Als das Städtchen Engers auf der rechten Rheinseite auftaucht, geht mir mit Hilfe der Sonne tatsächlich auch an diesem Tag das Herz auf. Sie inszeniert wieder ein interessantes Zusammenspiel von Farben, Licht und Schatten. Vorne erstreckt sich intensiv grüne Ufervegetation. In der Mitte erstrahlt der wie von mächtigen Scheinwerfern erleuchtete Ort mit seinem Barockschloss. Oben kleben Wolken auf einem fast bedrohlich wirkendem Hintergrund in dunklem Indigo, aufgelockert durch einige ganz schüchtern wirkende blaue Fleckchen. Dies ist das richtige Panorama für meine Mittagspause. Ich verzehre meine letzten Vorräte.

In Mühlheim-Kärlich erinnere ich mich an den Namen des Ortes, vielleicht aufgrund von Staumeldungen? Schlagartig fällt es mir wie Schuppen von den Augen als ich am linken Ufer in die Ferne blicke. Ach natürlich, da war doch in den achtziger Jahren dieses Kernkraftwerk, das nach nur wenigen Monaten Laufzeit wegen Rechtsstreitigkeiten wieder seinen Betrieb einstellen musste. Bald sehe ich ein ganz ähnliches Bild vor mir wie in Philippsburg: nur Kuppel und Schornstein, kein Kühlturm mehr. Je näher ich komme, desto mehr versinkt es aber hinter einer Mauer aus Büschen und Bäumen.

Ich lasse, wie geplant, eine Rheinschlaufe rechts liegen und wähle stattdessen den direkten Weg nach Andernach. Ein endloses, eintöniges Industriegebiet sorgt für langweiliges Kontrastprogramm. Dabei kann ich es kaum erwarten, diese alte Stadt kennenzulernen, Zeit dehnt sich mal wieder! Nach einer Stunde entdecke ich endlich in der Ferne Türme und graue Steine. Bin ich jetzt bald in der Altstadt? Ja, auf einmal stehe ich beeindruckt vor den bemerkenswert gut erhaltenen Ruinen der achthundert Jahre alten Stadtburg. An der Ecke imponiert der Pulverturm. Wie ausgewechselt schlendere ich nun vergnügt an der ebenfalls gut erhaltenen Stadtmauer entlang in Richtung Westen. Am Helmwartsturm entdecke ich einen Durchlass. Er ist mit einer Holzkonstruktion überspannt, die an einen mittelalterlichen Wehrgang erinnert. Von hier aus erreiche ich nun in kürzester Zeit den Marktplatz, wo sich mein Hotel befindet.

Bild 63: Historisches Andernach

Trotz Goldenen-Oktober-Gefühls ist die Luft bereits ein wenig frisch, jetzt um kurz nach fünf. Immer noch sitzen Ausflügler entspannt an kleinen Tischen im Freien und lassen den Feiertag mit einem Getränk in historischer Umgebung ausklingen. Per Mail bin ich in den Besitz eines Codes gelangt, mit dem ich die Eingangstüre eines der hübsch sanierten Stadthäuser öffne. Dahinter verbergen sich stilvoll ausgestattete wohnzimmerartige Räumlichkeiten, eine etwas eigenwillige, aber gelungene Kombination von Bar, Boutique und Hotel. Es misslingt mir, mein spontanes Wohlbefinden kundzutun, da der Eingangsbereich völlig menschenleer ist. Nach dieser Entdeckung fühlt sich die Umgebung etwas irritierend und gespenstisch an. Nun denn, modernes personalkostensparendes Hotelmanagement, ich verstehe das, zumal ich kurz danach feststelle, dass an der Ausstattung des Zimmers nicht im Geringsten gespart wurde. Diese warme, moderne Eleganz ist fast ein wenig viel Kontrast zu meinem Wanderoutfit, aber ich fühle mich trotzdem hier sehr wohl. Lang halte ich mich allerdings nicht auf, sondern verwandle die Wanderin heute ganz zügig in eine Touristin.

Um sechs Uhr flaniere ich bereits durch die charaktervollen Gässchen. Mich zieht es zu den Bauten, die das Stadtbild prägen. Auf diese Weise stehe ich auf einmal vor den zwei kleineren von vier Türmen, die schon eine ganze Weile lang wie Wegweiser hinter den Fassaden der Häuserreihen aufgetaucht sind. Obwohl der rechte Turm vor mir deutlich älter ist als das restliche romanische Bauwerk, wirkt er nicht wie ein Fremdkörper. Er ist gleich hoch ist wie sein linker Partner und besitzt ein ähnliches Pyramidendach. Dazwischen liegt eine aufwändig mit Säulen und Bögen verzierte Apsis, die wie ein Halbturm hervorsteht und zu dem Chorraum einer beeindruckenden Emporenbasilika gehört. Im Volksmund und in Reiseführern wird dieses Gotteshaus Mariendom genannt, obwohl seit dem Mittelalter kein Bischof hier mehr Pfarrer war. Deshalb ist das Gotteshaus heutzutage kein „richtiger" Dom mehr, sondern korrekterweise „nur" die katholische Pfarrkirche Maria Himmelfahrt. Mir ist die Bezeichnung völlig egal. Ich recke den Kopf in die Höhe, um mich von der wunderbaren Architektur verzaubern zu lassen. Diese präsentiert sich eindrucksvoll am Abendhimmel. Es sieht so aus, als ob ein weicher Mantel aus kleinen, federleichten Wattebäuschchen über dem 800 Jahre alten Bauwerk liegen würde, unter einem Hintergrund aus graublauen Pastelltönen.

Die Kirchentüren sind bereits geschlossen, also setze ich meine Stadtbesichtigung fort. Ich komme am Historischen Rathaus aus dem 16. Jahrhundert vorbei, das heute Ratssäle und die Stadtbücherei beherbergt. Zwei ansehnlich restaurierte Gebäudeteile sind durch einen blumengeschmückten überdachten Holzbalkon mit einander verbunden Als ich kurz danach links abbiege, gelange ich durch das Rheintor heute ein zweites Mal an den Fluss.

Ich habe gelesen, dass es in der Stadt den höchsten Kaltwassergeysir der Welt zu bewundern gibt, ein berühmtes Naturschauspiel, welches 2008 sogar ins Guinnessbuch der Rekorde eingetragen wurde. Den will ich sehen! Ich folge der Beschilderung, werde aber bedauerlicherweise nur an einen Schiffsanleger geführt, von dem aus ich in Kombination mit einem Museumsbesuch eine Expedition zur Halbinsel Namedyer Werth unternehmen könnte. Ich würde dann dort einen der 60 Meter hohen und acht Minuten langen Wasserausbrüche erleben, die etwa alle zwei Stunden stattfinden. Aber heute ist es sowieso schon zu spät und auch morgen möchte ich bestimmt keine drei Stunden für dieses Event investieren. Also ist der Geysir doch keine Option. Eigentlich schade, denn bis soeben habe ich mir noch ganz naiv vorgestellt, dass ich das Spektakel einfach an einer bestimmten Stelle vom Ufer aus betrachten könnte. Dann halt nicht, vielleicht später einmal zusammen mit der Seilbahn und der William-Turner-Route!

Bild 64: Andernacher Bollwerk

Ich bewege mich stattdessen stromaufwärts zum Bollwerk, einer weiteren Touristenattraktion. Diese ehemalige Rheinzollbastion wurde im 17. Jahrhundert zur Überwachung des Schiffsverkehrs errichtet. Seine wuchtige Architektur repräsentierte einst Reichtum und Macht. Ganz lässig wandle ich im alten Gemäuer herum. An der Rheinseite richte ich meinen Blick flussaufwärts zum idyllischen, abendlichen Himmel. Ich stehe an einem der steinernen Bögen, die zusammen eine Rotunde bilden. Diese umkreist hinter mir ein Ehrenmal für die Gefallenen beider Weltkriege. Meine Gedanken wandern aber lieber zu dem Kreuzfahrtschiff, das vor mir friedlich vor Anker liegt. Bestimmt genießen die Reisenden diese stimmungsvolle abendliche Kulisse, welche ihnen die Stadt mit ihren alten Mauern gerade bietet.

Es ist Zeit zum Einkehren. Schnell laufe ich aber noch zum Runden Turm, dem Wahrzeichen Andernachs. An der Nordwest-ecke der Stadtmauer recke ich erneut den Kopf in die Höhe. Er ist beeindruckend, dieser 56 Meter hohe Wehrturm aus dem 15. Jahrhundert. Der Himmel zeigt sich nun in sanften blauen und orangen Farbtönen mit Resten der Wattebäuschchendecke von vorher, wie romantisch! Doch Schluss jetzt, im nächsten ein-ladenden Lokal werde ich einkehren.

Die Suche danach habe ich mir allerdings leichter vorgestellt, denn alle ansprechenden Restaurants haben entweder dauerhaft oder wegen des Feiertags geschlossen. Ich streife fast eine halbe Stunde lang suchend durch die Gassen. Am Ochsentor blicke ich noch einmal zum Himmel empor. Er hat sich mittlerweile blutrot gefärbt. Ehrfürchtig bleibe ich stehen, besinne mich auf die letzten Stunden und registriere staunend, dass mein Stimmungsbarometer in dieser alten Stadt von Minute zu Minute stetig angestiegen ist. Zufrieden kehre ich dann zu guter Letzt beim Italiener am Marktplatz ein. Es kommt zwar etwas kalte Luft zur Tür herein, aber ich fühle mich nicht unwohl an meinem Tischlein. Schriftlich fließen meine Gedanken in alle Richtungen.

*„Ich bin jetzt nicht nur die Frau ohne Arbeitsplatz, sondern auch die ohne Stöcke. Der Verlust war ein herber Schock. Da tauchte es wieder auf, dieses altvertraute Versagensgefühl: ‚Du hast das verbockt, wie blöd bist du denn!' Die Stöcke waren Teil meiner Reise, ich habe mich an sie gewöhnt, sie haben mir bereits große Dienste erwiesen. Jetzt sind sie unwiederbringlich weg! Ich musste das annehmen, von einem Moment auf den anderen, und es fiel mir sehr schwer.*
*Meine Durchschnittsgeschwindigkeit war heute merkwürdigerweise höher als sonst. Ich glaube allerdings, dass nicht die freien Hände, sondern ärgerliche Gefühle mich antrieben. Ich stehe mir manchmal so sehr selbst im Weg mit meinem Kummer über Verluste oder unabänderliche unangenehme Gegebenheiten. Wie gut, dass ich mit der Zeit das Loslassen einüben konnte, denn je weiter ich Koblenz hinter mir ließ, desto mehr verschwanden auch die Stöcke aus meinen Gedanken. Ich fand langsam wieder Kontakt mit dem Augenblick und Freude an meiner Umgebung.*
*Ein Großteil der Reise liegt heute schon hinter mir. Die Endlichkeit meiner Wanderung stimmt mich nun ein wenig melancholisch, nachdem ich so lange mit ganz ungewissen Vorstellungen darauf hingelebt habe. Werde ich überhaupt viel*

*lernen? Werde ich nicht genauso fragend zurück kommen, wie ich*
*gegangen bin? Warum bin ich eigentlich unterwegs?*
*Ankommen und Loslaufen reizen mich ganz besonders. Meine*
*Seele fließt mit dem Fluss, alles darf sein. Es ist sehr viel*
*Schönheit dabei, aber auch hässliche Industrie und Langeweile.*
*Alles kann ich so lassen wie es ist. Es ist größer als ich. Ich fühle*
*mich irgendwie demütig und betrachte meine Wanderung als*
*etwas ganz Schlichtes, Natürliches.*
*Ich beneide niemanden vor Ort, schwinge aber bei allem*
*Lebensbejahendem innerlich mit. Ich erfreue mich am Luxus*
*meiner individuellen Freiheit. Wenn ich meinen Berufsalltag mit*
*diesen Erfahrungen vergleiche, fällt mir auf, wie eng diese Welt*
*eigentlich war, ohne dass es mir je wirklich im vollen Ausmaß*
*bewusst war."*

## 3.7 HERBST

Ich tauche in frische Luft ein, als ich das immer noch
menschenleere Hotel verlasse. Auf der Suche nach einer
ansprechenden Frühstücksmöglichkeit streife ich ein weiteres Mal
durch die Altstadt, finde den Ort meiner Wünsche aber erst
jenseits der Stadtmauer am befahrenen Stadtgraben. Nach der
Stärkung geht es noch kurz ins Reformhaus, um mich mit einem
neuen Vorrat an Müsliriegeln einzudecken. Dann gelange ich mit
einer letzten Stadtdurchquerung wieder zum Rhein. Dort empfängt
mich trübe Stimmung. Der Fluss zieht sich unter bedecktem
Himmel grau an matten Berghängen entlang.
Ich besuche ein letztes Sightseeingziel in Andernach, einen
gedrungenen Turm, der einen Arm mit Haken über dem Fluss
ausstreckt. Ein Hundebesitzer beobachtet mit fragendem
Gesichtsausdruck, wie ich durchs nasse Grass streife. Mich lockt
die dreisprachige Tafel, welche neben verschiedenen Hochwassermarkierungen an der runden Wand angebracht ist:

*„Der Alte Kranen, erbaut von 1554-59 anstelle eines schwimmenden Krans. Diese Verladeanlage war bis 1911 in Betrieb. Vornehmlich wurden hier Mühlsteine verladen. ... "*

Bild 65: Der Alte Kranen bei Andernach

So, jetzt weiß ich das auch und ziehe auf einem schmalen Weg weiter am Ufer entlang. Die Spiegelungen der ersten blauen Flecken am Himmel vertreiben die Traurigkeit des Flusses. Das könnte ein schöner Tag werden. Wie wunderbar, dass ich hier unterwegs sein darf, so ganz alleine. Nach einer Weile verändert der Pfad seinen Charakter. Es sieht langsam so aus wie im Jettinger Wald: rechts und links Gras, pinkfarbenes Indisches

179

Springkraut oder Brennnesseln, im Hintergrund Sträucher und Bäume.

Als ich mich umdrehe, erkenne ich einen schwarzen Punkt, der sich bei genauerem Hinsehen als Mann entpuppt. Soll ich jetzt Angst haben, so ganz alleine? Ach was, warum wird ausgerechnet jetzt gleichzeitig mit mir hier ein böser Mensch unterwegs sein? Ich laufe unbekümmert weiter, drehe mich aber immer wieder möglichst unauffällig um. Der dunkle Mann ist etwas schneller unterwegs als ich, kein Wunder, er hat ja auch keinen schweren Rucksack auf dem Rücken. Irgendwann gelange ich an einen kleinen Bach und lehne mich lässig ans Geländer einer kleinen Brücke. Der Mann soll mich jetzt überholen, dann brauche ich nicht mehr über ihn nachzudenken. Er bleibt jedoch neben mir stehen. Mein Herzschlag bleibt ruhig. Ich bemerke sofort, dass ich nicht bedroht werde, sondern dass sich da jemand einfach nur für meine Wanderung interessiert. Nach einer freundlichen Begrüßung kommt eine angeregte Unterhaltung in Gang. Hätte ich wirklich Angst gehabt, wäre sie völlig umsonst gewesen, so ein netter Mensch!

Ich laufe durch den Auwald des Namedyer Werths, jenem Naturschutzgebiet, zu dem ich mich heute mit dem Boot zur Geysirbesichtigung hätte bringen lassen können. Sehe ich vielleicht sogar einen Ausbruch ganz ohne Zeitaufwand? Nein! Aber ich werde mit malerischen Rheinimpressionen entschädigt. Auf der rechten Seite umhüllt der Nebel geheimnisvoll einige Bergkuppen des Westerwaldes. Darunter ziehen Schiffe langsam auf dem mittlerweile fast durchgehend hellblauen Fluss dahin. Direkt vor mir ragen immer wieder kleinere oder größere Inselchen mit Grasbüscheln aus dem Wasser, wieder ein Vogelparadies. An manchen Stellen werde ich von Sandstreifen überrascht, die sich sanft ans Wasser schmiegen. Mit großen dunklen Steinen werden sie vom etwas höheren Uferweg abgegrenzt. So einen Strand hätte ich nicht an dieser verkehrsreichen Wasserstraße erwartet, sondern eher am Meer.

Bild 66: Mystische Rheinstimmung am Namedyer Werth

Herbstlicht am Fluss, beginnende Färbung im Wald: Mystische Eindrücke versetzen mich in gefühlvolle Stimmung. Normalerweise kann ich den endgültigen Abschied vom Sommer nicht so gut leiden. Heute ist es allerdings anders. Ich bin ganz ergriffen vom Zauber des Augenblicks. Meine Gedanken scheinen ehrfürchtig zu schweigen, bis ich dann auf einmal am Ende des Weges aufwache.

Meine Onlinekarte zeigt mir unmissverständlich, dass es hier nicht mehr weiter geht, wie schade! Links schlängele ich mich etwas widerwillig auf einem überwachsenen Pfad nach oben zur B9, die bedauerlicherweise nur auf der anderen Seite eine Rad-Fußwegkombi anbietet. Sie ist für mich wegen hoher Leitplanken unerreichbar. Bei mir gibt es lediglich einen Pannenstreifen als Schutz vor dem Verkehr. Ist es gefährlich oder verboten, hier weiter zu laufen? Die Straße ist übersichtlich und breit, Pannen kommen eher selten vor. Falls der Zufall es aber so will, dann kann ich mich rechts an das Mäuerchen drücken. Ich laufe weiter mit schlechtem Gewissen. Es kann doch nicht ewig dauern, bis ich einen Übergang auf die andere Seite finden werde. Die Pannenstreifenstrecke zieht sich dann aber leider doch in die Länge – fast eine halbe Stunde lang – bis ich in Brohl-Lützing endlich die Straße überqueren kann.

Schade, dass die Rheinmystik-Impressionen jetzt hinter mir liegen, aber dafür werde ich mit ein wenig Eisenbahnromantik entschädigt. Am Ortsende komme ich an einem orangen-farbigem historischen Waggon mit der Aufschrift „Vulkan-Express" vorbei und erfahre daraufhin bei Eifel Info:

*„In behaglicher Atmosphäre, bei Tempo 20, können die Fahrgäste auf der rund 18 km langen Brohltalbahn zwischen Brohl-Lützing am Rhein und Kempenich-Engeln die vielfältigen Reize des vulkanisch geprägten Brohltals in der Eifel genießen. ..."* [7]

Ich schaue mir dazu begeistert stimmungsvolle Fotos von alten Zügen an, die von Dampf- oder Dieselloks gezogen werden. Wenn ich vielleicht später einmal mit Konrad die noch ausstehenden Optionen nachhole, dann können wir diese Unternehmung geschickt mit so einer Museumsbahnfahrt kombinieren.

Nach ungefähr eineinhalb Kilometern erreiche ich entlang eines Bächleins wieder das Rheinufer. Zeit für eine Pause und den Genuss eines meiner neuen Müsliriegel. Eine Bank bei der Fähre Bad Breising lädt mich dazu ein. Ich beobachte eine Warteschlange von mehreren Autos und einem Lastwagen beim Wachsen. Nach Ankunft der Fähre kriecht sie dann zügig nach vorne, aber ohne LKW. Dem wird die Überfahrt verwehrt. Der Fahrer tut mir leid, nicht nur wegen des akrobatischen Wendemanövers, sondern auch wegen des Umwegs, den er jetzt bestimmt fahren muss. Und dabei gilt "Time is Money" doch ganz besonders für seine Berufsgruppe. Kurz nachdem ich wieder aufgebrochen bin, sehe ich ihn noch einmal vor seinem Fahrzeug, das er an einer kleinen Straße geparkt hat. Ich versuche, ihm freundlich mitzuteilen, dass ich den ärgerlichen Vorfall mitfühlend beobachtet habe. Er lächelt herzlich zurück, hat aber vermutlich kein Wort verstanden. Nach seinem osteuropäisch klingenden Abschiedsgruß ziehe ich winkend am Uferweg weiter.

Als ich kurz danach Bad Hönningen auf der anderen Seite des Rheins gut erkennen kann, denke ich mit nostalgischen Gefühlen an meinen Vater. Er war in meiner Kindheit einmal dort zur Kur. Er schwärmte mir damals vor, dass es im Schwimmbad eine Wasserrutschbahn gäbe, ein Vergnügungsgerät, das mir bis dahin völlig unbekannt war. Ich freute mich riesig, als ich diese Rutsche bei einem Besuch selbst ausprobieren durfte. Mehr als an diese Freude erinnere ich mich allerdings noch an die Enttäuschung danach, ausgelöst durch eine Nase voller Wasser. Nicht nur dieses Kindheitserlebnis, sondern auch ein Cafébesuch fällt mir jetzt wieder ein. Meine Eltern, Konrad und ich kehrten dort vor sechzehn Jahren auf der Rückreise von einer Familiengeburtstagsfeier ein. Ich erkenne die große Glasfassade sogar von hier aus wieder. Die Vergangenheit scheint lebendig zu werden, intensive Back-to-the-Roots-Gefühle begleiten mich ein paar Meter lang.

Auf der Rheinpromenade in Bad Breising komme ich langsam wieder in der Gegenwart an. Wie gut, denn ich hätte sowieso überhaupt keine Lust, wieder das Kind oder die sechzehn Jahre jüngere Frau zu sein. Ich wollte auch nicht, wie die Rheintouristen hier, hinter Kaffee und Kuchen einfach nur den Fluss betrachten. Ich genieße es im Augenblick von ganzem Herzen, auf meine Weise in Bewegung zu sein.

Ich erinnere mich, dass „Sinziger" bei meiner Omi das Synonym für Sprudel war, genauso wie „Tempo" für Papiertaschentücher. An der Straße nach Sinzig erwarte ich deshalb, dass irgendwann ein riesiges Mineralbrunnengelände auftauchen wird. Aber weit gefehlt, die Rheinallee führt mich zwar durch ein großes Industriegebiet, aber da gibt es nichts, was nur annähernd an Sprudel erinnert. Diesmal zieht sich der Weg in die eigentliche Stadt zwar nur etwa einen Kilometer lang hin, aber ich muss ja noch zwei

Kilometer weiter in die nächste Ortschaft laufen, nach Westum. Als ich das Städtchen durchquere, kann ich mich nicht durch viel Sightseeing ablenken, denn ich empfinde es als ziemlich trostlos. Hoffentlich gibt es bei meinem Quartier ein Restaurant. Hier am Weg entdecke ich nichts, wo ich am Abend einkehren könnte. Na ja, gehungert habe ich ja bis jetzt noch nie, also wird es auch heute eine Lösung geben!

Nach fast einer halben Stunde holt mich eine freundliche, dynamische Frau mittleren Alters am Eingangstor des Gästehauses ab und führt mich durch einen liebevoll gestalteten Garten. Begleitet werden wir von der treuherzigen Dogge Paula, die sich mit sichtbarem Genuss von mir ihr faltiges Gesicht streicheln lässt. Ich bekomme das „Grüne Zimmer" hinter der grünen Tür. Hier schaue ich mich zunächst einmal staunend um: hoher Raum mit entsprechend riesigen sichtgeschützten Fenstertüren, Wände in grün und weiß, schlichte elegante Ausstattung. Spontanes Wohlbefinden hat sich schon in mir ausgebreitet, noch bevor ich das Beste entdecke: die Terrasse mit einem langen Holztisch, den eine dekorative Laterne ziert. Sie ist nicht nur für mein Zimmer gedacht, sondern vom Garten aus gut erreichbar. Es gibt so viele Stühle, dass wahrscheinlich alle Gäste des Hauses gleichzeitig gemütlich beisammensitzen könnten. Gute Idee! Ich hole mir ein Weizenbier aus dem Kühlschrank und strecke gelassen alle Viere auf einem Stuhl aus. Vielleicht wird sich noch jemand dazu gesellen? Wie schön ist es hier in dieser friedlichen Umgebung! Die sonnenbeschienene, gold leuchtende Kirchturmuhr von Westum vermittelt mir ein angenehmes Gefühl des Zeithabens. Die Zeiger stehen erst auf kurz vor vier. Ein Raucher setzt sich ans andere Ende des Tisches, streichelt die herbeigeeilte Paula, grüßt freundlich, aber nimmt nicht weiter Notiz von mir. Egal, ich bin ohnehin zu müde für tiefgreifende Gespräche. Nach der Terrassenpause gönne ich mir ein wohliges Schläfchen. Eine halbe Stunde später wache ich tiefenentspannt und voller Tatendrang wieder auf.

Ich bleibe relativ locker, als mir klar wird, dass ich zum Abendessen wieder nach Sinzig muss. Meine Gastgeberin hat mir versichert, dass ich dort auf jeden Fall ein Restaurant finden werde, also zurück ins Städtchen. Während einer kurzen Besichtigungstour korrigiere ich meinen negativen ersten Eindruck. Der Ort sprüht zwar nicht gerade übermäßig vor Leben, aber ich entdecke durchaus passable Geschäfte und Lokale. Letzte Sonnenstrahlen erhellen noch die Kirche. Der Kirchplatz liegt zusammen mit dem angrenzenden Rathaus bereits im Schatten. Ganz in der Nähe entscheide ich mich um kurz vor sieben wieder für einen Italiener, bei dem ich mit einer guten Gemüselasagne angenehm den Tag ausklingen lasse. Auf dem Heimweg fühle ich mich satt und erfüllt. Die Dunkelheit stört mich nicht im Geringsten, sondern versetzt mich bereits während des Laufens in kuschelige Bettstimmung.

Bild 67: Kirchplatz von Sinzig

*„Tagebuchschreiben ist immer eine gute Gelegenheit, um Zeit zu füllen, die noch nicht belegt ist mit Laufen, Sightseeing, Einkehren oder Blog-Schreiben. Manchmal reiße ich Gedanken an, kann sie*

*dann aber nicht weiterverfolgen, weil beispielsweise das Essen kommt. Es gelingt mir deshalb nicht, alles Interessante, was mir unterwegs einfällt, festzuhalten. Heute habe ich mir mal einen mentalen Merkzettel beim Laufen angefertigt. ‚Herbst' und ‚Endlichkeit' drängten sich dabei in den Vordergrund.*

*Herbst: Jetzt ist die Zeit der Früchte, der Farben, der oft noch angenehm warmen Temperaturen. Leider sind die ‚konstruktiven' Jahreszeiten vorbei. Es wächst nichts grundlegend Neues mehr. Jetzt geht es nur noch um angemessene Reife, Ernte und Verwaltung. Alles Andere hieße die Tatsache des Herbstes zu verleugnen. Was bedeutet das für den unwiderruflichen Herbst meines Lebens?*

*Endlichkeit: Sie tut weh. Sie lässt mich manchmal schwer atmen. Was bedeuteten diese alten Erinnerungen in Bad Hönningen? Sie sind unwiederbringlich Vergangenheit, eine Zeit, nach der ich mich nicht einmal sonderlich zurücksehne. Warum sind mir dann meine Erinnerungen trotzdem so wichtig? Warum laufe ich nach Wuppertal? Ich glaube, ich möchte in all diese Situationen von damals noch einmal eintauchen, und zwar als die Person, die ich durch ein erfülltes Berufsleben geworden bin. Jetzt bin ich frei, die Erwachsenen von früher haben mir heute nichts mehr zu sagen. Ich weiß nun, dass ihre strengen Nachkriegsalltagsnormen, für die sie sich damals so erbittert einsetzen, nicht in Stein gemeißelt waren. Aus meiner heutigen Perspektive erkenne ich, welch kleine und enge Welt sie sich dadurch gewissermaßen selbst schufen.*

*Manchmal tauchen einzelne Personen meiner Kinderwelt ganz deutlich vor meinem inneren Auge auf, meist ausgelöst durch entsprechende Sprachfärbungen. Ich rufe ihnen dann zu: ‚Eure kleine Welt will ich nicht! Ich behalte Euch aber trotzdem alle liebevoll in Erinnerung und wünsche mir, dass Ihr das Kind von damals respektvoll wahrnehmt, auf welche Weise auch immer!'*

*Vielleicht helfen mir diese Gedanken bei der Auseinandersetzung mit den verbliebenen Spuren, die diese kleine, enge Welt in mir hinterlassen hat, die aber auch ich in anderen hinterlassen habe.*

*Mir kommt es jetzt so vor, als ob ich diesen Herbst des Lebens
zum Abrunden und Befrieden nutzen könnte. Was sonst soll ich
machen? Für etwas ganz Neues ist es zu spät, aber ich habe einen
Vorrat an Erfahrungen angesammelt, aus dem ich jetzt mehr oder
weniger klug schöpfen kann, wo immer es mir ratsam erscheint.
Auf diese Weise kann ich vielleicht noch eine andere Dimension
von Leben entdecken?"*

## 3.8 (GE)DENKWÜRDIGES

In einem offenen, großzügigen Raum gibt es mitten im Gästehaus
ein hervorragendes Frühstück. Ich schöpfe nicht alle
Möglichkeiten des reichhaltigen Angebots aus und darf mir
deshalb ein Vesper für unterwegs richten. Da ich den Tag in Ruhe
angehe, bin ich bald nur noch mit meiner Gastgeberin und Paula
zusammen. Zu den Beiden verspüre ich eine spontane Zuneigung.
Wir kommen ungezwungen ins Gespräch. Ich erfahre, dass hier
früher ein großer Tanzsaal war, der nach längerem Leerstand in
dieses Gästehaus umgewandelt wurde. Ah, daher die hohen
Räume. Wie schön, dass etwas nicht nur einfach traurig aufgehört
hat, sondern auf neue Weise ganz anders weiterlebt. Ich höre
danach aber auch die dazugehörige Geschichte von den geplatzten
Träumen. Die patente Frau und ihr Lebenspartner investierten viel
Zeit, Mühe und wahrscheinlich auch Geld in große Pläne. Diese
wurden vor Kurzem radikal durchkreuzt, denn der Mann starb
einfach ohne Vorwarnung von einem Tag auf den anderen. Mir
fehlen die Worte. Ich versuche, mein Entsetzen über die Brutalität
des Schicksals in einem mitfühlenden Blick und schweigendem
Kopfschütteln auszudrücken. Danach spreche ich neben meinem
Beileid auch große Bewunderung aus wegen der angenehmen
Atmosphäre, die trotz aller Herausforderungen in diesem Haus
spürbar ist. Dazu tragen auch die drei polnischen Männer bei, die
sich ehrenamtlich bei den Aufräumarbeiten nach der
Flutkatastrophe im Ahrtal engagieren, wofür sie hier Kost und

Logis erhalten. Nach über einem Jahr gibt es noch unendlich viel zu tun, Hochachtung vor den ausländischen Helfern!

Mir wird jetzt erst bewusst, dass ich keine zehn Kilometer von Bad Neuenahr-Ahrweiler entfernt bin. Nicht nur diese Stadt, sondern auch Sinzig und andere Orte in der Umgebung wurden im Juli 2021 überflutet, der ganze Ahrtourismus ist zerstört worden. Zerbrechlichkeit, Vergänglichkeit lassen mich schon am Morgen nachdenklich werden. Ich bin dankbar für das Hier und Jetzt, versuche keine Ansprüche an das Schicksal zu erheben, zumindest nehme ich mir das für heute einmal bewusst vor. Doch jetzt genug der tiefen Gedanken, die nächste Wanderetappe lockt.

Mein Onlinewanderführer leitet mich in Richtung Norden nach Remagen, wodurch ich wieder eine Rheinbiegung abkürze. Sinzig versteckt sich rechts im Tal, als ich durch den Naturpark Rhein-Westerwald wandere. Gerade erklimme ich den Hellenberg. Wie schön, mal wieder in die Höhe zu steigen, den weichen Waldweg und die würzige Luft zu spüren. Rote Brombeeren zeigen mir trotzig, dass sie auf noch genügend Reifezeit setzen. In meine Naturverbundenheit mischt sich allerdings nach einer Weile wieder die bekannte Unsicherheit und Ängstlichkeit. Der Weg geht jetzt an manchen Stellen steil in die Höhe, herausfordernd so ganz ohne Stöcke. „Mein Wanderführer zeigt Steigungen an, warum habe ich sie mir nicht vorher angeschaut? Dann hätte ich wenigstens eine Wahl gehabt oder mich zumindest darauf einstellen können! Wäre ich doch nur nicht so fürchterlich unsportlich!", nörgle ich innerlich. Jetzt will ich natürlich wieder auf keinen Fall zurück. Ich bin so sehr mit mir selbst beschäftigt, dass ich nachlässig werde. Ich verfehle mehrmals die vorgesehene Route und sehe dadurch zwangsläufig den ein oder anderen Wegabschnitt von zwei Seiten. Nicht so schlimm, ich habe mich zwar für heute Nachmittag bei meiner Cousine angemeldet, aber ohne konkrete Uhrzeit. Nach einer letzten Angstwelle beim steilen Abstieg vor Bad Bodendorf komme ich völlig unversehrt am Kurpark vor dem Ort an. Wer weiß, vielleicht war mein Weg hierher sogar völlig ungefährlich? Erlebte ich lediglich Kopfkino, in dem ein alter Film abgespult wurde?

Ich erreiche die Ahr, diese Unheilsbringerin, und blicke nachdenklich nach unten. Unfassbar, dass dieses idyllische Flüsslein so zahlreichen Menschen unermesslichen Schaden zugefügt hat: nahezu 200 Tote, Hunderte von Verletzten und Schäden in Milliardenhöhe vor gut einem Jahr. Ich will mir nicht vorstellen, wie es hier ausgesehen haben mag. Nach kurzer, intensiver Gedenkzeit lasse ich die düsteren Gedanken beim Fluss. Weiter!

Bild 68: Bad Bodendorf

Im Ort hebt sich meine Stimmung, denn malerische Fachwerkhäuschen bedienen nun treffsicher meine kindliche „Heilewelt-Sehnsucht". Viel gelernt habe ich heute morgen noch nicht, denn nach einer Viertelstunde beunruhigt mich kurz nach dem Ortsende wieder eine unerwartete Steigung im Wald. Diesmal achte ich wenigstens auf den Weg und setze etwas gelassener einfach nur einen Fuß vor den anderen. Es geht, Geduld hilft! Völlig überrascht stehe ich dann nach gut einem Kilometer mitten im Wald vor einen Jägerzaun, der einen alten Judenfriedhof umgibt. Jüdische Menschen wurden laut Hinweistafel bereits im 18. Jahrhundert hier begraben.

*„Die Beerdigungsstätte entspricht in hervorragender Weise allen Anforderungen, die in Bezug auf Ort, Anlage, Beschaffenheit und Beachtung jüdischen Totenbrauchtums gestellt werden..."*

Nachdem ich weitere Informationen über dieses Kulturdenkmal gelesen habe, schreite ich achtsam durch das Törchen, spüre den herbstlichen Waldboden. Ich bleibe mehrmals ehrfürchtig vor einem der alten, krummen Grabsteine mit hebräischer Inschrift stehen. Friedlicher Kontakt mit der Vergänglichkeit, scheinbar ohne Spuren von Grausamkeiten. Hier mitten im Wald tauche ich ganz ruhig in die Tiefe des Lebens ein, trotz dessen manchmal unfassbar tragischer Dramaturgie. „Leben ist mehr als nur die kurze Spanne zwischen Geburt und Tod eines Individuums!" Dieser Gedanke fließt in mir und weitet die Wahrnehmung. Die Familie meiner Kindheit wird dadurch auf einmal wieder lebendig, diese kleine enge Welt von damals. So genau weiß ich nicht, was ich mit all diesen Gedanken und Eindrücken anfangen soll. Und so tauche ich nach und nach wieder präsent im Hier und Jetzt auf.
Es geht weiter, die Umgebung wandelt sich. Sie wirkt jetzt wie ein Ausflugsgebiet: belebte, breite Wege, Tafeln mit allerhand Lehrreichem über das Thema Wald. Das hübsche blaue Schild mit dem gelben Muschelwegweiser zeigt vage in die Richtung, aus der ich komme. Wie schön, ein kleines Stück Camino, warum nicht auch rückwärts? Aber nicht lange. Bald wird mir wieder ein schmaler Pfad durch den Wald runter nach Remagen vorgeschlagen. Lauern da etwa noch einmal versteckte Herausforderungen? Sicherheitshalber widersetze ich mich jetzt einmal

meinem Routenplaner und wähle stattdessen die kleine Straße in Richtung Stadt.

Keine schlechte Entscheidung, denn nach gut zehn Minuten bietet sich mir eine „Mir-bleibt-der-Atem-weg-Aussicht" auf den Rhein. Ins Staunen mischt sich eine leichte Abschiedstraurigkeit, denn wahrscheinlich betrachte ich nun zum letzten Mal den Fluss von oben.

Bild 69: Blick auf Remagen

Die Stadt beeindruckt mich als erstes mit der leuchtenden westlichen Fassade von St. Peter und Paul. Die Gebäudeteile kommen unter dem strahlend blauen Himmel hervorragend zur Geltung, wirken aber insgesamt etwas unorganisiert. An der hohen Kirchplatzmauer schlendere ich runter bis zum Ufer, wo ich ein klein wenig flussaufwärts flaniere. Ich lege meinen Kopf in den Nacken, um dabei das Gotteshaus aus neuer Perspektive zu betrachten. Es versteckt sich jetzt schüchtern hinter einer gewaltigen Steinwand. Ich will mehr sehen, also klettere ich auf einer steilen schmalen Treppe zurück nach oben und laufe zum Eingang.

Erst mal lesen, was mich erwartet. Romanisch-gotische Elemente, barocker Turm, neoromanischer Anbau: Alles zusammen bildet ein in verschiedenen Epochen entstandenes Arrangement. Kein Wunder, dass mir das alles nicht so ganz stimmig erscheinen will. Als ich den Raum betrete, kann das wuchtige Kirchenschiff vom Anfang des 20. Jahrhunderts mich nicht allzu sehr fesseln. Nach einem schnellen Rundgang zieht es mich wieder zurück an die Sonne.

Im Pfarrhof komme ich mit einem Mann ins Gespräch, der sich nach kurzer Zeit als Insider outet. Er interessiert sich weniger für meine Geschichte, hat aber umso mehr über die Geschichte von Kirche und Gemeinde zu erzählen. Mir kann das nur recht sein, eine spontane, persönliche Führung sozusagen. Er weist mich auf das rätselhafte spätromanische Tor hin, das 1902 beim Kirchenanbau an den Eingang zum Pfarrhof versetzt wurde. Bewundernswert, wie ausdrucksstark die Figuren dieses Reliefs von den mittelalterlichen Steinmetzen dargestellt wurden! Zwei geheimnisvolle Gestalten darauf sind besonders interessant. Mit sachkundiger Hilfe erkenne ich eine rudernde Frau mit Fisch und Hühnerfüßen und einen Mann mit Fischschwanz, der bereits vier Fische gefangen hat. Die Deutung ist wohl unklar, möglicherweise zwei Todsünden auf Seelenfang? Um halb zwei informiert mich dann mein Guide, dass seine Mittagspause sich dem Ende zuneige. Gerührt bedanke ich mich für die kostbare Zeit, die er mir geschenkt hat. „Mir ist es wichtig, dass Remagen nicht nur auf eine Brücke reduziert wird!", betont er beim Abschied.

Bild 70: St. Peter und Paul: Todsünden auf Seelenfang?

„Die Brücke von Remagen", da war doch mal was. Obwohl ich Kriegsdramen kaum ertrage, weiß ich, dass es in dem berühmten Film um das Ende einer strategisch wichtigen Rheinbrücke geht. Nach Befragung meines Onlinelexikons erfahre ich, dass noch zwei Brückenköpfe existieren, die heute als Friedensmuseum dienen. Eine Besichtigung kommt aber nicht in Frage, da sie rheinaufwärts liegen und Elisabeth mich rheinabwärts zum Kaffee erwartet. Das wird jetzt sowieso alles zeitlich recht eng, deshalb drehe ich nur noch ein kleinen Bogen durch die Altstadt und lasse mich dann vom Rhein in Richtung Norden führen.

Zwei Stunden vor meiner Ankunft gestehe ich in einer Textnachricht, dass ich etwas getrödelt habe. Ohje, meine Cousine wartet bereits auf mich, jetzt aber flott weiter! Noch einmal erlebe ich typisches Rheinwandern: der gewohnte Mix von Uferwelt, B9, Schifffahrt oder Jachten, das alles unter strahlend blauem Himmel. Ich verschmelze mit der Schönheit und mit den Eyecatchern. Als der Drachenfels im Siebengebirge auf der anderen Flussseite auftaucht, verzaubert mich noch einmal Rheinromantik. Dieser Blick erinnert mich an einen früheren Besuch bei Elisabeth. Sie erzählte mir damals von diesem Ausflugsziel mit seiner Ruine Burg Drachenfels, dem „Backenzahn". Und auch den im Stil des Historismus fantasievoll gestalteten Prachtbau Schloss Drachenburg kann ich jetzt deutlich erkennen. Nun weiß ich, dass ich bald am Ziel sein werde, nur noch ein paar Kilometer bis Bonn-Mehlem.

Küsschen, Umarmung, Cousinenwiedersehen! Wie schön, Familie zu spüren mit Kaffee und Kuchen am liebevoll gedeckten Tisch. Ich fühle mich wohl und behaglich, plappere vor mich hin wie ein Springbrunnen. Wahrscheinlich hat das Alleinunterwegssein seine Spuren hinterlassen, oder die Endorphine spielen verrückt. Macht aber überhaupt nichts! Ich lehne mich entspannt auf meinem Stuhl zurück, lasse euphorisch alles geschehen, bis mich auf einmal gnadenlos eine bleierne Müdigkeit überfällt. Elisabeth bestätigt mir meinen Zustand in aller Offenheit, indem sie darauf hinweist, dass ich recht fertig aussehe. Also ist es jetzt Zeit für ein kleines Schläfchen, wunderbar! Ich lasse mich auf ihr Bett fallen wie ein nasser Sack, mit einem überglücklichen, starren Blick zur Decke, bevor ich Sekunden später in Morpheus' Arme sinke.

Als ich wieder auf dem Posten bin, komme ich noch ein wenig präsenter an, die Gespräche gewinnen an Tiefe. Ich erfahre, wie sehr die Gegend im Ahrtal heute noch unter der Flutkatastrophe leidet. Die Schule, in der meine Cousine unterrichtet, besteht nach einem Jahr weiterhin nur aus Containern, kein Theaterraum, keine Sporthalle. Die Zerbrechlichkeit dieser Welt fühlt sich erneut sehr real an.

Später wird der Tisch zum Mittelpunkt für Abendessen und gemeinsamen Back-to-the-Roots-Erzählungen. Elisabeth hat zunächst kein so großes Interesse an alten grauen Familiengeschichten. Ich will sie wirklich nicht überrollen, aber ich fürchte, mein Enthusiasmus für diesen „Kindheitskram" wirkt ansteckend. Wir kommen langsam in Fahrt und breiten nach und nach alte Erinnerungsbruchstücke wie Puzzlesteine voreinander aus. Manches fügt sich zusammen, anderes hingegen nicht.

Wir gehen zu Bett noch vor den „kleinen Ührchen", wie meine Omi immer zu den Stunden nach Mitternacht sagte. Meine Cousine muss morgen in die Schule. Es bleibt mir noch genügend Zeit für eine schriftliche Auseinandersetzung mit diesem Tag der tiefen Gedanken.

*„Es war angenehm sonnig heute. Ich erlebte so etwas wie einen Stationenlauf der Nachdenklichkeit. Ich wurde bereits am Morgen durch die Begegnung mit den zerplatzten Träumen meiner Gastgeberin unter die Oberflächlichkeit meiner Selbstzufriedenheit geführt. Wie fragil sind doch die vermeintlichen Sicherheiten im Alltag. Nichts ist wirklich selbstverständlich! Das wurde mir noch bewusster, als sich meine Fassungslosigkeit über die Zerstörungskraft der Flutkatastrophe schrittweise intensivierte.*

*Auf dem Alten Judenfriedhof besuchten mich Geister der Vergangenheit. Ich ließ Bilder von Vernichtung, Verfolgung und Ausgrenzung hochkommen, auch wenn es an diesem Ort keine Hinweise dafür gab. Es tröstet mich ein klein wenig, dass mein Kirchenguide meinte, dass es in Remagen vor der NS-Zeit wohl durchaus eine konstruktive Kooperation zwischen der jüdischen und der christlichen Religionsgemeinschaft gegeben haben muss. Auf die Schnelle habe ich allerdings nichts im Internet dazu gefunden.*

*Die Atmosphäre an den alten jüdischen Grabsteinen inspirierte mich dazu, Gedanken von gestern fortzusetzen: die mit der kleinen Welt und den engen Normen. Bestimmt war es für die Normalsterblichen sehr schwer, daraus auszubrechen. Sie waren abhängig von dem, was ihnen ihre jeweilige Religion und ihr gesellschaftliches System als richtig oder als falsch darstellten. Vielleicht ist es genau diese Abhängigkeit, die mir in diesen Tagen mein Interesse an Kirchen etwas trübt? Beispielsweise hatte ich heute Mittag ja keine Lust, lange in St. Peter und Paul zu verweilen.*

*Inwieweit hat so eine Abhängigkeit auch die klaren Nachkriegs-normen, die harschen Verurteilungen oder die Selbstgefälligkeiten hervorgebracht, die meine Verwandten manchmal an den Tag legten? Die Barbara von heute will nicht verurteilen oder entschuldigen, sondern hinterfragen. Diese Überheblichkeit der „Alleswisser", war das in der Weise, wie ich sie erlebte, nicht auch eine nachvollziehbare Reaktion auf die vorausgegangenen Irreführungen? Hatte diese traumatisierte Kriegsgeneration eigentlich eine faire Chance, Toleranz und Kompromissbereit-schaft einzuüben? Woher hätten sie wissen sollen, wie einfühlsame und lösungsorientierte Kommunikation funktionieren kann? Diese geschädigten Seelen, die ihr Heil in den einfachen Werten eines fragwürdigen Bürgertums suchten! Und wer weiß, vielleicht hatte das auch etwas mit Verdrängung von irgendwelcher Art von Schuld zu tun? Vielleicht sogar bei meiner geliebten Omi und ihrer Sippschaft? Diese Fragen kamen mir an diesem Bestattungs-ort zum ersten Mal auf diese Weise in den Sinn. Ich vermute allerdings, dass ich darauf niemals eindeutige Antworten finden werde, egal wie viel Back-to-the-Roots noch sein wird.*

*Bei meiner Recherche zur Brücke von Remagen wurde ich ein weiteres Mal zur Station ‚Zweiter Weltkrieg' geführt. Ich fühlte ähnlich wie vor fast einer Woche an den Ruinen der Hindenburg-brücke bei Bingen, obwohl ich mich nicht mehr so intensiv auf meine Gefühle einließ. Und da es schon einmal ein Tag der Nach-denklichkeit war, zog ich auch kurz vor dem Ende der dritten Etappe ein vorläufiges Resümee. Ich listete innerlich all die wertvollen Erfahrungen auf, die mir geschenkt wurden, ohne ein Ranking damit zu verbinden.*

- *Ich wurde zur Kreativität angeregt, denn meine Liebe zum Fotografieren und Schreiben fand überwältigend viel Nahrung.*

- *Ich konnte Geduld einüben, basierend auf einem Fundament von Gelassenheit. Demzufolge war gelegentliche Ungeduld meist eher nur oberflächlich.*

- *Neugier und Nachdenklichkeit verschafften mir guten Kontakt mit dem Leben.*

- *Ich erlebte Zeit auf bisher unbekannte Weise. Sogar meiner langsamen Seele gelang es, mir überall in Ruhe hinterher zu folgen.*
- *Besonders gefiel mir die Freundlichkeit und Ungezwungenheit, die ich entwickelte, die mir aber auch widerfuhr. Ich spürte, dass mir mit meinem Rucksack eine Mischung von Welpenschutz und Narrenfreiheit entgegengebracht wurde. (Oder habe ich das einfach nur durch mein offenes Verhalten provoziert?) Ich versuchte, dabei ehrlich und identisch zu sein. Ich habe eigentlich noch kein böses Wort gehört, mal abgesehen von der Ermahnung im Mainzer Dom, dem Anpfiff bei der Wiesbadener Bereitschaftspolizei oder dem Tadel in der orthodoxen Kirche.*
- *Ich spürte Selbstbewusstsein und fühlte mich der selbstgestellten Aufgabe im Wesentlichen gewachsen, auch wenn mich Steigungen gelegentlich überforderten.*

*Dieser Tag war auf ganz besondere Weise interessant, denn es gab unterwegs mehrere Auslöser zum Gedenken und Nachdenken, bevor ich hier bei meiner Cousine in eine ganz andere Welt eintauchen durfte."*

## 3.9 FAMILIENTAGE

Bevor Elisabeth in ihre Schule gefahren ist, hat sie mir ein leckeres Müsli zubereitet und zusammen mit einer Kanne Kaffee auf den liebevoll gedeckten Tisch gestellt. Ich kuschle mich noch einmal wohlig ins Bett und schreibe weiter.

*„Es geht mir rundum gut hier. Wir führen tiefe Gespräche, über unsere gemeinsamen Vorfahren oder über das Leben im Allgemeinen. Es gibt große Unterschiede zwischen uns, aber auch einige Schnittmengen. Ich blicke zurück in die Vergangenheit auf der Suche nach einem versöhnlichen Kontakt zu denen, die sich damals nicht sonderlich für mich interessierten. Ich glaube, es bewegt sich etwas ganz sanft in mir. Die viele Zeit, die ich mir*

*dafür nehme, tut mir gut. Warum gerade jetzt? Weil ich es kann!*
*Ich bin reif genug, um mich von Vorwürfen zu lösen und habe Zeit,*
*um in verschiedene Richtungen zu denken.*
*Noch liege ich im Bett, es ist 9:00 Uhr. Ich verspüre wieder dieses*
*leicht verkaterte alkoholunabhängige Gefühl, das mich meistens*
*nach dem Aufwachen plagt. Ich weiß, dass diese ‚Morgenbarriere'*
*verschwinden wird, sobald ich in die Pötte gekommen bin. Ich*
*schreibe heute einfach mal über diese leicht unangenehme*
*Befindlichkeit, weil ich gerade Zeit habe. Sie ist auch ein Teil*
*meiner Wanderung, warum auch immer."*

Bild 71: Kurhaus in Bad Godesberg

Nach dem Frühstück laufe ich den Rhein entlang nach Bad
Godesberg. Mir fallen die vielen alten Menschen, die Senioren-
residenzen und auch die unglaublich prächtigen Villen auf.
Ansonsten beeindruckt mich die Stadt wenig, vielleicht bin ich
heute auch einfach nicht mehr aufnahmebereit. Später im Café
erklärt mir Elisabeth: „Hier sitzt altes Geld! Der Ort war früher
Sommer- und Ruhesitz von Industriebaronen oder reichen
Pensionären, bevor er Diplomatenstadt wurde." Das scheint wohl
wirklich nicht meine Welt zu sein.

Die Zeit vergeht wie im Flug. Noch ein Schläfchen, bevor wir direkt am Fluss zu Abend essen. Der zweite Morgen verläuft ähnlich wie der erste. Heute treffen wir uns im pakistanischen Restaurant in der Stadt der alten Reichen. Der Tag klingt mit einem gemütlichen Cousinen-Sofa-Film-Abend aus, mit einer Geschichte, die zur Nazi-Zeit spielt. Normalerweise mag ich solche Filme nicht, aber dieser hier spielt direkt in der Nähe im berühmten Hotel Dreesen. Ich sehe ergriffen Szenen an einem Rhein, wie er vielleicht vor 90 Jahren aussah. Gleichzeitig erschüttert mich die Brutalität der Nazizeit einmal mehr. Mir ist bewusst, dass zu meinem mittlerweile geliebten Fluss nicht nur malerische Impressionen gehören, sondern auch viel Leid und Tragik. Diese historische Perspektive erlebe ich erneut als sinnvolle Ergänzung zu meiner persönlichen Rheinromantik.

Erfüllt und nachdenklich gehen die beiden Cousinentage nun nach dem Film langsam zu Ende. Morgen werde ich meine Tochter in Troisdorf treffen, ich freue mich schon. Familie fühlt sich in diesen Tagen – im Gegensatz zum diffusen Unbehagen in Kindheit und Jugend – recht stimmig an.

*„Unsere gemeinsame Zeit füllten wir mit tiefgreifenden, intensiven Gesprächen. Auf diese Weise hätten unsere Eltern niemals mit einander reden können. Ihre Welt war geprägt von Konkurrenz und Wirtschaftswunderdenken. Wir ließen es bei ihnen. Anders als bei Unterhaltungen in früheren Jahren, klagten wir nicht darüber. Stattdessen versuchten wir eher, unser Mitgefühl und Bedürfnis nach Abgrenzung in Worte zu fassen. Wie schön, wir sind ein Stück weit aus der Enge unserer Eltern ausgebrochen und wesentlich freier geworden"*

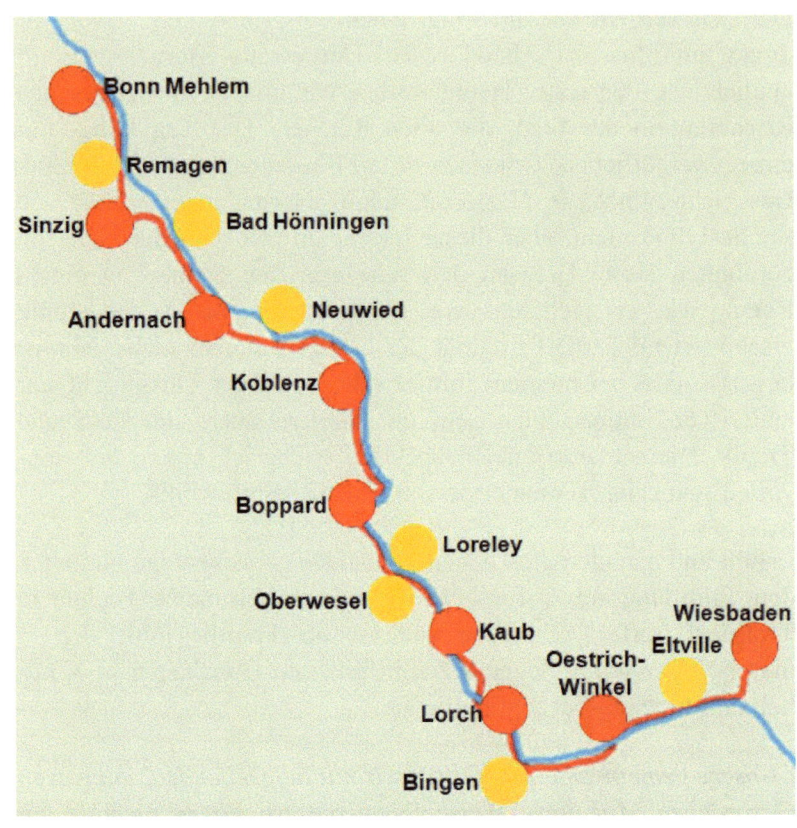

Bild 72: Etappe 3: Von Wiesbaden nach Bonn

# 4 NACH CRONENBERG

## 4.1 DON'T WORRY

Nach einem letzten Verwöhnfrühstück und einer herzlichen Verabschiedung bin ich jetzt um halb elf zunächst einmal etwas träge unterwegs. Wie vertraut es sich wieder anfühlt, Gustav auf dem Rücken zu tragen! Es dauert nur wenige Minuten, bis ich am Fähranleger auf die Überfahrt nach Königswinter warte. Hier steht ein kleiner Kiosk, der mich völlig unerwartet mit einem Route 66-Zeichen auf seiner Angebotstafel überrascht. Das Foto dieses Prachtstücks ist mein drittes und bestes in der Sammlung. Es hat den Fluss, den Anleger und große interessante Wolken vor blauem Himmel als Hintergrund.

Die Fähre schippert mich zusammen mit einigen Drachenfelsausflüglern souverän ans andere Ufer. Ich bestaune die dunklen, dramatischen Wolken flussaufwärts genauso wie den verheißungsvollen, blauen Himmel auf der anderen Seite.

Von Königswinter aus erscheinen mir die Prachtvillen an der Bad Godesberger Rheinallee noch imposanter als gestern und vorgestern. Dann bewegt mich wieder der Film, denn vor mir taucht das Rheinhotel Dreesen in heutigem Glanz auf. Meine Tante, Elisabeths Mutter, genoss es wohl, hier in gediegener Atmosphäre Kaffee zu trinken. Ich schicke meiner Cousine ein Foto, und sie fragt mit Zwinker-Emoji: *„Das ist doch wohl noch nicht dein Hotel?"* Nö, ist es natürlich nicht. Ich bin doch gerade erst losgelaufen. Die Homepage informiert, dass das Weiße Haus am Rhein auch heute noch ein Magnet für Reisende aus Nah und Fern darstellt, nach beeindruckenden 128 Jahren Familientradition.

Bild 73: Das Weiße Haus am Rhein

Die Stadtteile von Königswinter oder Bonn, die ich in Flußnähe streife, liegen offiziell am Rhein. Dennoch weist der Weg abwechselnd Fluss-, Park- oder Waldcharakter auf. Ich bleibe bei bunten beschrifteten Steinen stehen, die achtsam auf einem Baumstumpf arrangiert wurden. Berührende Sprüche wie *„Weltfrieden ist nicht nur möglich, sondern auch unausweichlich!"*, *„So machtvoll ist das Licht der Einheit, dass es die ganze Erde erleichtern kann!"* oder *„Die Religion Gottes ist für Liebe und Menschlichkeit da, macht sie nicht zum Grund für Streit und Feindschaft!"* lassen auf ein Projekt zum Thema „Frieden" schließen. Unterschiedliche Kinder oder Jugendliche scheinen sich kreativ eingebracht zu haben. „Nachahmenswert!", findet die ehemalige Religionslehrerin in mir.

Unglaublich, jetzt gelange ich an einen von Querdämmen begrenzten Strand mit zahllosen Muscheln und Kieselsteinen. Er liegt wie eine kleine Bucht vor mir. Mit langsamen Schritten tippele ich über den leicht knirschenden Untergrund zum seichten Flussufer. Ich hätte solch eine bezaubernde Wasserszene eher in einer abgelegenen Gegend als in der Nähe einer Großstadt erwartet.

Unter der Konrad-Adenauer-Brücke und der Kennedy-Brücke denke ich jeweils an deren Namensgeber, Männer, welche die Politik meiner Kindheit auf bedeutsame Weise prägten. Kurz bevor ich dann den Rhein verlasse, suche ich eine Bank auf, um bewusst Abschied zu nehmen. Ich blicke auf das Wasser und lasse die verschiedenen Wanderabschnitte noch einmal vor meinem inneren Auge auftauchen. Ein wenig werden die äußeren Augen dabei feucht vor Rührung. Dann bin ich bereit, mich auf Neues zu freuen: auf meine Tochter, das Bergische Land und Wuppertal mit meinen Verwandten.

Ich befinde mich nun zwar nicht mehr auf dem Weg am Rhein, trotzdem sehe ich ihn noch immer ab und zu links in der Ferne. Ich unterquere zum Schluss sogar noch die Ausläufer der Friedrich-Ebert-Brücke, der nördlichsten Bonner Rheinüberquerung. Dann ist endgültig Schluss, ich biege in Richtung Nordosten ab.

Nach nur einem halben Kilometer stoße ich erneut auf einen Fluss. Grüne Aue erfreut das Auge, frische Luft die Nase, Vogelgezwitscher die Ohren. Der Weg zieht sich verspielt in der Nähe des Wassers entlang, bis er auf einmal am Ufer endet. „Siegfähre" steht auf einem großen Schild. Ich freue mich schon wieder auf eine Fährfahrt, aber verstehe noch nicht so recht, wie das funktionieren soll. Ein Plan sagt mir jedenfalls, dass der Betrieb gerade im Gange ist. Auf der anderen Flussseite sehe ich ein einladendes Gasthaus mit Biergarten und ein verlassenes grünes Boot, aber keine Fähre. Da entdecke ich auf einmal die große Glocke rechts an der niedlichen, kleinen Anlegestelle. Ich läute einmal heftig, mal schauen, was passiert. Da taucht umgehend aus dem Nichts ein älterer Mann auf und besteigt das kleine, grüne Boot. Beim Herannahen entpuppt sich dieses als sachgerechter Fährkahn. Die Umweltfreundin in mir ist fasziniert:

Kein Dieselmotor setzt das Wasserfahrzeug in Bewegung, sondern der Fährmann übernimmt das höchstpersönlich. Erleichtert wird ihm diese Arbeit durch zwei Seile. Eines ist quer über den Fluss gespannt, das andere mit einer Rolle daran befestigt. An dieser Konstruktion gelangt mein Ferryman souverän zu meinem Ufer. Er wird dabei von der Strömung, seinem Heckruder und seiner Stange unterstützt. „Der fährt jetzt nur wegen mir!", denke ich gerührt, als ich an Bord steige. Als er mir lediglich 50 Cent abknöpft, bin ich fast beschämt und bezahle auch für Gustav, dann sind wir wenigstens zu zweit. Der freundliche, wortkarge Fährmann mit osteuropäischem Akzent braucht eine Weile, bis er mich versteht und zu meiner Erleichterung dann auch endlich grinst. Die Überquerung der Sieg dauert nur eineinhalb Minuten, aber die beiden Reisenden genießen jede einzelne Sekunde davon.

Bild 74: Siegfährfahrt nur für Gustav und mich!

Einkehren im Biergarten kommt nicht in Frage, denn ich möchte möglichst schnell am Ziel sein. Es liegt noch ca. 7 Kilometer weit weg. Gutgelaunt wandere ich eine Weile durch das Naturschutzgebiet Siegaue, bis ich Müllekoven erreiche. Diese Ortschaft gehört schon zu Troisdorf. „Gibt es hier wieder ein historisches Bauwerk zu bewundern?", frage ich mich, als in der Ferne zwei interessante runde Türme mit Schieferhütchen auftauchen. Ich komme langsam näher, da kommen mir Zweifel. Trotzdem brauche ich noch relativ lange, bis mir klar wird, dass das Gebäude eine moderne Kirche ist. Umgehend lasse ich mich zwecks Internetlexikonbefragung auf einem Bänkchen nieder. Die katholische Kirche St. Adelheid entstand demnach in den 1960er Jahren aufgrund einer privaten Initiative, also kein einziger historischer Stein hier. Das interessante, eigenwillige äußere Erscheinungsbild spricht mich trotzdem an, aber der Innenraum gefällt mir mal wieder nicht so sehr. Beispielsweise finde ich das barocke Altarkreuz ziemlich unpassend. Ich hätte schlichte moderne Ausstattung als stimmiger empfunden, deshalb halte ich mich hier auch nicht lange auf.

Der Weg zieht sich wieder wie Kaugummi, weitestgehend durch Ortschaften, die unauffällig ineinander übergehen. Allein ein weinroter Jaguar aus den Zeiten meiner Kindheit liefert mir ein Fotomotiv. Schienen, Straßen, Vorgärten, Reihenhäuschen ohne Ende und nicht eine einzige 66er Hausmauer: Ich leide ein wenig, verwöhnt wie ich heute bin. Aber es hilft nichts. Ich lege noch eine gefühlte Tageswanderung hin, bis ich mein Hotel erreiche. (Ich gebe zu, in Wirklichkeit sind seit der Siegfähre erst zwei Stunden vergangen.)

Ausgerechnet heute befinden sich die Angestellten auf wohlverdientem Betriebsausflug, ein erneutes Geisterquartier. Ich finde den Zimmerschlüssel im Briefkasten vor dem Eingang, dessen Code ich wieder per Mail bekommen habe. Alles läuft reibungslos. Ich falle kurz vor fünf ins Bett, um mir einen kurzen verspäteten Mittagsschlaf zu genehmigen. Als ich wieder aufwache, habe ich noch viel Zeit, denn ich brauche erst um sieben

Uhr am gegenüberliegenden Bahnhof zu sein, um Andrea zu treffen. Leider hat sie zurzeit kein Handy. Ich sorge mich ein wenig wegen der Kommunikationseinschränkung. Wird sie da sein? Und was, wenn nicht?

*„Der Aufenthalt bei Elisabeth war sehr intensiv und tiefgründig. Vieles klingt noch in mir nach. Jetzt liegen wahrscheinlich die letzten drei Wandertage vor mir und natürlich die ersehnten Back-to-the-Roots-Touren in Wuppertal. Ich freue mich auf die verbleibenden Wegstrecken, auch wenn ich möglicherweise meine Stöcke schmerzlich vermissen werde. Mir tun heute die Beine im Leistenbereich weh. Ich hoffe, dass morgen wieder alles gut sein wird, wenn ich mit Andrea laufe. Elisabeth hat sich ein wenig besorgt wegen meiner Gesundheit geäußert. ‚Pass gut auf dich auf!' Diese Ermahnung gab sie mir mit auf den Weg. Das kam mir heute immer wieder in den Sinn. Ich werde natürlich, so kurz vor Schluss, nur Konsequenzen daraus ziehen, wenn es unbedingt sein muss.*

*‚Seid Ihr links- oder rechtsrheinisch gekommen?' Diese Frage gehörte zum Begrüßungsritual bei Verwandtschaftsbesuchen. Mir kam das damals wie eine Grundsatzfrage vor, jeder (hier gendere ich bewusst nicht!) versuchte lautstark, den Anderen von seiner Lieblingsflussseite auf Reisen gen Süden zu überzeugen. Damit war man! also schon automatisch innerhalb eines ‚bedeutsamen' Gespräches.*
*Wenn wir früher die Uromi besuchten, reisten wir meist linksrheinisch. Vielleicht bin ich deshalb so gern dort gelaufen, auch wenn die Wege auf der rechten Seite auch nicht schlecht waren. Wie wäre ich wohl mit meiner Strecke vor den Herren meiner Verwandtschaft dagestanden?"*

Es ist noch Zeit, um ein wenig den Ort zu beschnuppern. Von Troisdorf habe ich bis vorgestern noch nie gehört. Jetzt weiß ich immerhin, dass der Namen das alte, rheinische Dehnungs-i enthält und unbedingt „Trohsdorf" ausgesprochen werden muss. In der Innenstadt finde ich keinerlei Eyecatcher, vielleicht bin ich zu unaufmerksam, oder es gibt schlicht und einfach keine, egal. Da ich ein wenig fröstele, kehre ich noch kurz in einem gemütlichen Lokal ein, um die restliche Wartezeit zu überbrücken.

Ich laufe um kurz nach sieben durch die Bahnhofsunterführung, wo ich ein riesiges Foto von der Siegfähre samt meines Fährmannes vorfinde. Verträumt wandern meine Gedanken zurück und dann auf dem Bahnsteig wieder nach vorne. Wird Andrea aus dem Zug aussteigen, der demnächst einfährt?... Nein, leider nicht, ich warte vergebens! Ein schneller Blick auf den Fahrplan zeigt mir, dass sie dann wahrscheinlich erst in einer Stunde ankommen wird. Ich gehe zurück zum Hotel. Unser Zimmer ist für sie ohne Handy bei verschlossener Eingangstür unerreichbar. Also behalte ich die Straße im Auge, auf einem Sesselchen in der Lobby, das ich zum Fenster gedreht habe. Gerade richte ich mich gemütlich ein, da sehe ich auch schon, wie sie sich munter dem Hotel nähert. Nach herzlicher Begrüßung und heftigen Umarmungen lassen wir uns im Zimmer zum Plaudern nieder. Ihr plötzliches Auftauchen ist die Konsequenz der Verspätungen zweier Züge. Ich hätte sie gut am Bahnhof abholen können, habe mich aber offensichtlich nicht gründlich genug mit dem Fahrplan beschäftigt. Kein Problem, jetzt haben wir uns ja gefunden!
Entzückt nehme ich die Wanderstöcke wahr, welche Andrea mir für den restlichen Weg ausleihen wird. Ich glaube es kaum, diese Erleichterung! Kann meine Tochter Gedanken lesen? Ich hatte so ein schlechtes Gefühl wegen der stocklosen Wanderung durch das Bergische Land! Und jetzt steht ein Paar einfach so in meinem Zimmer, daaaaanke!
Erleichtert stelle ich fest, dass ich mich unnötig gesorgt habe, sowohl wegen des Zusammenfindens als auch wegen der bevorstehenden Steigungen. "Don't worry!", mahne ich mich innerlich. ("Be happy!" funktioniert auf meiner Route 66 ja ohnehin schon fast durchgehend!)

Nun nur noch kurz ein Selfi für meine Mutter vor dem großen Strandbild im Zimmer, dann brechen wir zum Abendessen auf. Im Lokal esse ich „Himmel un Äd", (Kartoffelpüree, Apfelmus mit Blutwurst), ein Gericht, das so schmeckt, als hätte es meine Omi gerade für mich zubereitet. Ich spüre drei Frauen aus unterschiedlichen Generationen an unserem Tisch sitzen, was mich trotz meiner Müdigkeit rundum glücklich und zufrieden stimmt.

*„Ich bin gerne alleine unterwegs, aber jetzt mit Andrea an meiner Seite fühlt sich die Reise auch sehr angenehm an. Ich spüre, wie ich mich durch die Begleitung verändere, da ich Gedanken oder Beobachtungen teilen und besprechen kann. Manches nehme ich mehr, anderes jedoch weniger wahr. Ich wollte so nicht die ganze Zeit unterwegs sein, aber für die Zeit von einem Tag und zwei Übernachtungen ist diese Erfahrung etwas ganz Besonderes, ich bin sehr dankbar dafür."*

## 4.2 GEMEINSAM DURCH WALD UND HEIDE

Das Geisterquartier von gestern ist heute Morgen völlig verwandelt, ein luxuriöses Frühstück lädt uns zum Verweilen ein. Trotzdem bleiben wir nicht allzu lange, denn die Vorfreude auf unsere gemeinsame Wanderung treibt uns an. Wie wird es sich anfühlen so ganz ohne Rhein und auf einmal zu zweit? Es ist gigantisch, wie sich unsere Begegnung eher zufällig aufgrund von mehreren passenden Konstellationen ergeben hat. Ein solches Treffen hätten wir überhaupt nicht langfristig organisieren können. „Es hat halt einfach so sollen sein!" Dieser schon etwas abgenutzte Satz fühlt sich gerade ganz und gar stimmig an.

Nach einer guten halben Stunde erreichen wir munter plaudernd das Ortsende. Der Weg führt danach zwar im Prinzip der Straße entlang, aber meist liegen Bäume zwischen uns und der Fahrbahn. Wir hören den mäßigen Verkehr, sehen ihn aber nicht. Ich lasse mich heute treiben, stetig dem Ziel Bergisch Gladbach Herkenrath entgegen. Andrea übernimmt die Führung mit meinem Handy. Gesprächsthemen und Eindrücke kommen und gehen. Wie angenehm leicht fühlt sich alles an! Beschwingt verschmelzen wir mit dem Weg, mit der Umgebung. Wir werden erfüllt von der frischen Luft, den Geräuschen, dem Glück des Augenblicks. Spielend lassen wir uns auf kurze Begegnungen mit Fremden ein, auf kleine Smalltalks, wann immer es sich geschickt ergibt.

Dann biegen wir links ab in die Wahner Heide. Andrea freut sich auf das Naturschutzgebiet, denn sie kennt es bereits von ihrer Arbeit bei der BUND-Jugend. Vor uns liegt die     artenreichste Gegend von Nordrhein-Westfalen. Die Umgebung lädt mit Kiefern und herbstlichen Eichen zum Wandern ein. Zunächst einmal bildet sich aber ein unangenehmes Kribbeln auf unserer Haut. Schilder mit Hinweisen wie *„Militärischer Sicherheitsbereich"* und *„Lebensgefahr – Absolutes Betretungsverbot – Belastung mit Munition und sonstigen Kampfmitteln"* wirken etwas bedrohlich. Auf einer großen Tafel sehen wir, dass sich ein großes Wegenetz durch die Heide zieht. Alle Pfade sind gekennzeichnet und dürfen auf keinen Fall verlassen werden. Kurz danach erkennen wir auch die Markierungen: große Holzpfosten, welche mit ihrem roten oberen Ende wie überdimensionale Streichhölzer aussehen. Also auf jeden Fall immer auf dem Streichholzweg bleiben, sonst droht Lebensgefahr, etwas spooky!

Bild 75: Überdimensionales Streichholz in der Wahner Heide

Wir verspüren dann auch keinerlei Bedürfnis, vom Weg abzu-
weichen, denn uns erwartet traumhafte Landschaft, weich und
kuschelig wegen der sanften Heidekraut- und Grashügelchen am
Wegesrand. Häufig sehen wir Bäume, meist versteckt im
Hintergrund, manchmal aber auch ganz in der Nähe. Wir gelangen
dabei immer wieder an Stellen, von denen aus wir den Blick weit
über terrassenartige Heidelandschaft gleiten lassen können.
Einmal sehen wir freilaufende Tiere, die sich beim Näherkommen
als Ziegen entpuppen. Diese sorgen vermutlich für die Erhaltung
der Heidelandschaft. Das unangenehme Kribbeln wegen der
Munition ist lange schon vergessen. Welch ein Glück, dass sich

ausgerechnet heute, am Mutter-Tochter-Tag, ein so malerischer Weg unter dem blauen Himmel dahin schlängelt. Ein perfekter Herbsttag, „Wahner Heide, das ist der Wahn!"

Auf einmal stutze ich: Ist das nicht ein großes Flugzeug, ja sogar ein ganzer Flughafen im Hintergrund? Ein Blick auf die Onlinekarte zeigt, dass wir uns in der Nähe des Köln-Bonn-Airports befinden. Schnell ein Foto für Konrad, dem diese Aussicht bestimmt besonders gut gefallen würde. Und nach ein paar Metern kommt es noch besser, wir sehen die Befeuerung der Einflugschneise. Sie erinnert an eine gigantische Hürdenlauf-strecke für Riesen. In regelmäßigen Abständen sind Hindernisse angedeutet. Ich verbinde sie in der Fantasie zu Linien aus jeweils fünf Lichtern, immer zusammen mit einem größeren Licht als „Chef". Wie beeindruckend, einmal so nahe an solch ein Orientierungssystem heranzukommen. Aus einem Flieger heraus sind immer nur kleine Lichtpunkte zu sehen.

Bild 76: Köln-Bonn-Airport: Befeuerung der Einflugschneise

Hier sind viele Menschen unterwegs. Familien sitzen mit ihren kleinen Kindern auf Decken im Gras und picknicken neben

Kleinkindfuhrparks und Transportgeräten. Ältere Kinder kreisen mit Fahrrädern wie Satelliten in Bahnen um sie herum. Ach ja, es ist Mittag, wie wär's mit einer Pause? Das nächste schöne Bänklein wird unser Platz werden! Erst jetzt fällt uns auf, dass wir bisher überhaupt noch keine Bänke gesehen haben. Das kann doch kein Zufall sein? Warum nur? Will die Deutsche Bundesstiftung Umwelt, der das Gebiet gehört, dafür sorgen, dass die Ausflügler möglichst schnell wieder verschwinden? Wir wissen es nicht und laufen einfach geduldig weiter. Irgendwann wird schon eine passende Stelle zum Vespern auftauchen. Nach einer Stunde ist es so weit. Mehrere Wanderer und Radfahrer pausieren an einem Baumstamm, von dem aus sie weit nach unten in die Ferne blicken können. Wow, das ist auch unser Platz: im Gras hinter diesem Baumstamm kurz vor dem Abhang. Wir genießen in Ruhe diesen einmaligen Blick zusammen mit unseren Wandersnacks.

Zwei Straßen bilden die Grenze zwischen der Wahner Heide und dem Königsforst, einem weiteren Naturschutzgebiet. Nachdem wir diese überschritten haben, empfängt uns ein dichter Wald. Sein Name erinnert an die Frankenkönige, denen er einst gehörte. Wir bewegen uns zunächst auf breiten, belaubten Wegen. Nach einer Weile aber erfreuen sich unsere Füße an weichem Gras, das auf unserem mittlerweile schmalen Pfad wächst. Auf einmal sehen wir das Schild „Reitweg". Andrea würde am liebsten umkehren, da sie als Reiterin weiß, wie ungern Menschen zu Pferde ausgeschilderte Reitwege mit Fußgängern teilen. Sie haben ja auch recht, es gibt hier doch genügend Fußwege. Wir laufen trotzdem weiter, nicht aus Rücksichtslosigkeit, sondern mangels sinnvoller Alternative. Meine Tochter erklärt einer Frau, die uns hoch zu Ross entgegenkommt, kurz unser Versehen. Sie löst damit keinerlei Reaktionen bei der Reiterin aus. Ich fühle mich noch schlechter. Wenn ich auf einem verbotenen Weg unterwegs bin, vergeht die Zeit meist viel langsamer, als wenn ich die gleichlange Strecke legal laufe. So ist es auch im Augenblick. Wir erreichen das Ende des Weges erst nach einer gefühlten Ewigkeit. Also ab sofort bitte gut auf entsprechende Schilder aufpassen, damit so ein Lapsus nicht noch einmal passiert!

Laut Wegweiser erklimmen wir nun den Monte Troodelöh. Hier handelt es sich sicher um irgendeine Ausprägung des rheinischen Humors, denn weder klingt der Name seriös noch ist eine allzu große Steigerung festzustellen. Am Gipfel erwartet uns eine überdachte Bank, ein Findling mit Gipfelbuch und eine Bronzetafel mit der Aufschrift:

*Monte Troodellöh – 118,04 Meter – Kölns höchster Punkt – Alpenverein Köln*

Ich krame das Gipfelbuch, eine dicke rote Kladde, aus ihrem briefkastenähnlichen Gehäuse heraus und trage uns ein (sonderlich kreativ bin ich bei spontanen schriftlichen Beiträgen leider äußerst selten):

*9. Oktober 2022 – Komme hier auf meiner persönlichen Route 66 vorbei mit meiner Tochter Andrea und freue mich. – Barbara*

Der bisher einzige Gipfelbucheintrag, den ich in meinem Leben zustande gebracht habe. Eine kurze Recherche ergibt, dass das Wortungetüm „Troodellöh" aus den ersten Buchstaben der Nachnamen dreier Mitarbeiter der Kölner Stadtverwaltung zusammengesetzt wurde. Das Trio errichtete 1999 an dieser Stelle bei einem Betriebsausflug ein Gipfelkreuz. Wie feuchtfröhlich müssen die wohl unterwegs gewesen sein? Aber immerhin, der Erfolg gibt ihnen recht: Seit 2001 können auch die Kölner in der Nähe ihrer Stadt einen Berg erklimmen und sich danach – genau wie wir – an angemessen gestaltetem Ort eine Pause gönnen. Das ist schon eine Leistung, die es wert ist, im Gipfelbuch verewigt zu werden.

Wir ziehen weiter Richtung Nordosten, bis wir an einen idyllischen See kommen. Hier befindet sich ein Grüppchen von Ausflüglern, die sich gegenseitig fotografieren. Andrea bietet an, die ganze Gruppe aufzunehmen und wird gelobt, weil sie trotz günstiger Gelegenheit einem Handyraub widerstehen kann. Das ist jetzt wohl Kölner Humor! Daraufhin entwickelt sich eine angeregte Unterhaltung, die in die Beschreibung meiner Route 66

mündet. „Wo wollen Sie denn hinlaufen?" „Nach Wuppertal!"
Ungläubiger Zweifel verwandelt das Gesicht des Fragenden. „Was
wollen Sie denn ausgerechnet in Wuppertal?" „Da bin ich
geboren!" „Das ist vermutlich das einzig Positive an dieser Stadt!"
Hallo, hier hört aber der Spaß auf, warum redet der so? Meine
innere Empörung ist nicht nur gespielt, sondern der Mann hat eine
wunde Stelle in mir berührt. Wuppertal soll nicht schlecht
gemacht werden! Ist da so etwas wie altes Heimweh, das ich als
Kind nicht ausleben durfte? Gibt es etwa ein tiefes Gefühl in mir,
das mir zwar niemals verboten, das aber trotzdem unterdrückt
wurde? Mein Vater beschrieb damals gerne das vergleichsweise
traumhafte Leben im Süden. In Wuppertal würde es immer nur
regnen, eine unattraktive Stadt! Wie hätte ich da Heimweh empfinden können? Gibt es da nicht möglicherweise so etwas wie
einen Geist in der Flasche, der während meiner Back-to-the-
Roots-Tour endlich befreit werden möchte? Diese vage Vermutung stimmt mich nachdenklich und ich verzeihe deshalb dem
Kölner Tagesausflügler seinen unqualifizierten Kommentar über
meine Geburtsstadt.
Wir laufen noch eine knappe halbe Stunde durch den Forst und
erreichen dann Bensberg. Der Charme des Ortes entzieht sich uns
zunächst genauso wie der von Troisdorf heute Morgen. Obwohl
langsam Müdigkeit aufsteigt, trotten wir geduldig durch diesen
Stadtteil von Bergisch Gladbach. Ich ziehe mich mit Gustav etwas
schwächelnd am Geländer einer riesigen breiten Treppe hoch.
Andrea übernimmt weiterhin die Rolle der Reiseführerin. Oben
angelangt verlieren wir kurz die Orientierung. Mir gelingt es,
meinen Unmut zu unterdrücken. Dieser gerät dann schnell in
Vergessenheit, als wir auf einmal vor einem riesigen Schloss
stehen.

Bild 77: Schloss Bensberg

Das barocke, ehemalige Jagdschloss Bensberg aus dem frühen 18. Jahrhundert entfaltet seinen ganzen Charme vor uns. Wir lesen auf einer Tafel, dass dieser Prachtbau unter anderem eine Geschichte als Kadettenanstalt und Kaserne hinter sich hat, wie ernüchternd! Die Nazis missbrauchten ihn als politische Erziehungsanstalt. Ich will lieber nicht über deren pädagogische Methoden nachdenken. Nach der Besatzungszeit war hier über drei Jahrzehnte lang ein belgisches Gymnasium. Ein großes schmiedeeisernes Tor ist an zwei mit stolzen Adlern besetzten Pfosten verankert. Wir treten staunend hindurch in den Innenhof. Wie imposant liegt doch dieses Bauwerk mit seinen fünf Türmchen hier unter dem blauen Abendhimmel vor uns! Nichts lässt mehr auf seine unterschiedlichen früheren Nutzungsformen schließen. Was mag wohl heute hier los sein? Immerhin sieht alles sehr gepflegt aus. Das Internetlexikon informiert: Diese barocken Mauern gehören einer Versicherung, die darin unter anderem ein Luxushotel betreiben lässt. Na immerhin, besser als früher, auch wenn die allgemeine Öffentlichkeit vermutlich nicht davon profitiert. Den Durchschnittsbürgerinnen und -bürgern bleibt das Innere des Gebäudes wegen der hohen Übernachtungspreise verwehrt.

Genug für die Augen, jetzt sind wieder die Füße dran, immerhin liegen noch fast fünf Kilometer Wegstrecke vor uns. Inmitten der Häuser tut sich auf einmal eine gigantische Aussicht auf. Wir sehen sogar den Kölner Dom in der Ferne. Lange Schatten eilen uns voraus, als wir den Ort verlassen.

Die Landschaft wird bergiger, bergischer. „Das Bergische Land heißt nicht so wegen der Berge, sondern ist nach den Herzogen von Berg benannt!" Eine meiner Tanten versorgte mich bereits vor vielen Jahren mit dieser ihr äußerst wichtigen Hintergrundinformation. Gerade erkenne ich, dass mir im Augenblick der Ursprung der Bezeichnung dieser Gegend völlig wurscht ist. Bergisch ist auch bergig, und zwar ziemlich steil! Ich befreie Andreas Stöcke von der Rucksackseite, stochere damit im belaubten Boden, um Halt zu finden. Ich gestehe meiner trittsicheren, sportlichen Tochter, dass allzu steile Wege bei mir Ängste auslösen und bringe die Erfahrung vom Rheinsteig als Beispiel. Sie wählt daraufhin einen geschickten Weg, der mich mutig aufwärts stapfen lässt, und am Ende zu keiner Überforderung führt. Die letzte starke Steigung wird dann durch einen leichten Umweg bewusst vermieden.

Bild 78: Gemütlicher Gasthof in Herkenrath

Die untergehende Sonne hüllt gerade den historischen Bergischen Fachwerkgasthof neben der fast neunhundert Jahre alten Herkenrather Kirche in warme Farben. Leider ist er heute geschlossen. Trotzdem freuen wir uns, endlich das Ziel erreicht zu haben. Nach kurzem Klopfen leitet uns ein junger Mann am urgemütlichen Gastraum vorbei und führt uns zum Nebengebäude, wahrscheinlich dem früheren Altenteil. Als wir das große Zimmer hinter der grünen Türe betreten, fühlen wir uns verzaubert. Wegen der alten Möbel ist es so als wären wir liebevoll in eine frühere Zeit versetzt worden. Vor meinem inneren Auge taucht meine Oma mütterlicherseits auf, über die meine Cousine und ich erst in Bonn so intensiv gesprochen haben. Ich bin überwältigt, hier mit Andrea sein zu dürfen. „Wie heimkommen" fühlt es sich an, auch wenn genau hier wahrscheinlich überhaupt keine familiären Wurzeln vorhanden sind.

Wir beziehen den gut geheizten Raum samt benachbartem großzügigen Bad, bevor wir wegen knurrender Mägen wieder aufbrechen. Fast eine halbe Stunde lang laufen wir noch entlang der unscheinbaren Straßen des Ortes, bevor wir das Gasthaus an der Hauptstraße betreten. Er hält zwar keine originellen vegetarischen Gerichte für uns bereit, aber dafür Schniposa. Dann ist heute halt Schnitzeltag für uns beide! Beim Essen entspannen wir endlich unsere müden Füße, die uns immerhin 31 Kilometer weit getragen haben.

## 4.3 BERGISCHES LAND

Der Wecker mahnt uns zum Aufstehen, denn um halb neun wird Andrea mit dem Bus zurückfahren. Vorher frühstücken wir noch in einem Café an der Hauptstraße. Der Abschied fällt mir zwar nicht ganz leicht, aber die Freude über die gemeinsame Zeit ist größer als der Schmerz. „Tschüss, mein Kind, gute Reise, ich hoffe, dass wir uns bald wieder sehen werden!". Nach einer letzten herzlichen Umarmung steigt sie einfach ein. Ich winke dem Bus noch lange hinterher, bis er dann als kleiner Punkt in der Ferne verschwindet.

Erneut wandere ich in einen sonnigen Tag, wieder alleine, wieder selbstverantwortlich für die Routenplanung. Bin ich außer Übung? In der übernächsten Ortschaft endet der Weg einfach vor einem

Gartenzaun, kein Kommentar, kein Hinweisschild. Ich will es nicht glauben, untersuche die ganze Umgebung. Meine vorgesehene Route gibt es wirklich so nicht. Der Umweg ist erheblich. Ich habe keine Alternative, muss geduldig weiterwandern, na dann! Nach drei Fehlversuchen bin ich wieder auf der richtigen Spur. Eine dicke, fette Kröte sitzt mitten auf der Straße, ein willkommenes Fotomotiv. Auch die verschiedenen Fachwerk- oder Schieferhäuser in Bergischer Bauweise entzücken mein Auge. Ihre grün-weiße Gestaltung habe ich schon immer recht ansprechend gefunden.

Langsam gehen die Straßen in Feld- und Waldwege über, wohltuend für die Füße. Irgendwann begleitet mich ein Bächlein. Ich überquere es mehrfach, teilweise auf abenteuerliche Weise. Eine Schlammspringerin auf matschigen Boden! Andreas Stöcke verleihen mir Sicherheit. Auf einsamen Pfaden kriecht kindliches Wohlbefinden in mir hoch. Das plätschernde Bächlein und der rauschende Wald versetzen mich in einen fast meditativen Zustand. Die frische Luft wirkt anregend. Zusammen mit schwarzen Steinen liegen moosbewachsene Äste und Baumstämme wie zufällige Dekoration am Wasser. Ich entdeckte einen Baum, der sich entwurzelt über den Bach spannt. Er ist mit kleinen, schwarzen Muscheln bedeckt. Wie Miesmuscheln sehen die aus. Ich wusste bis heute noch nicht, dass es auch Bachmuscheln gibt, wieder was gelernt!

Bild 79: Muscheln im Bergischen Land am Bömericher Bach

Wie einsam bin ich eigentlich hier? Was ist, wenn ich ausrutsche und mich verletze? Das wäre unangenehm, aber wahrscheinlich nicht tragisch. Im Beutel um meinen Bauch befindet sich ein kleines weißes Ding, mit dessen Hilfe mich Konrad hoffentlich ausfindig machen könnte. Der modernen Technik sei Dank, ich fühle mich beobachtet. Und der Gedanke an die geringe Wahrscheinlichkeit, dass ein böser Mensch mich ausrauben will, verhindert auch hier unnötige Ängste.

Das Bächlein mündet in ein Flüsslein, der Weg wird größer. Dann überquere ich eine Landstraße und lande kurz danach bei einer Mühle wieder auf einem Wanderweg. Es geht bergauf. Diesmal ist mir bewusst, dass eine Steigerung auf mich zukommt. Ganz langsam setze ich einen Fuß vor den anderen. Aufgepasst, nicht wieder verausgaben! Ich bin regelrecht in Habachtstellung, und... nichts passiert. Ich laufe lediglich beharrlich auf einem relativ breiten Weg geradeaus. Dann hört die Steigung ganz unspektakulär auf. Keine Aussicht, kein Bänklein, lediglich links ein Wald mit leuchtenden Stechpalmen dazwischen. Nach einem kurzen Pippipäuschen ist Fototermin: Diese Stechpalmen könnten als schönes Motiv für meine diesjährigen Weihnachtskarten dienen. Das ist zwar weit voraus gedacht, aber vielleicht eine einmalige Gelegenheit. Unfassbar, wie rot die Beeren in der Sonne leuchten, wie kräftig sich das saftige dunkle Grün der stacheligen Blätter als Komplementärfarbe davon abhebt!

Bild 80: Motiv für die nächste Weihnachtskarte

Es geht genauso undramatisch bergab wie bergauf, wieder durch einen Wald, bis ich dann offenes Feld und eine Straße erreiche. Die kleinen Ortschaften enttäuschen mich ein wenig, denn sie bieten weder Eyecatcher noch Cappuccino. Wie gut, dass ich trotzdem gelassen Kilometer um Kilometer weiter komme. Die Große Dhünntalsperre liegt ganz in der Nähe, aber ich sehe sie nur auf einer riesigen Wandertafel. Nach kurzer Zeit begleitet mich erneut ein Bächlein durch einen Wald. Ähnlich wie heute Morgen werden wieder Glückshormone ausgeschüttet. Das Bergische Land verzaubert mich mit Wasser, Wald und Bergen. Hatten meine Eltern überhaupt kein Heimweh danach? Waren sie damals nie hier, um zu wandern? Oder wäre es einfach zu traurig gewesen, die Schönheit der Umgebung in Erzählungen zu erwähnen? Dachten die deutschen Nachkriegsmenschen überhaupt in diesen Kategorien? Vielleicht hole ich gerade etwas nach, was damals nicht sein konnte, wer weiß? Hier im Naturschutzgebiet Dhünntal fühle ich eine intensive Verbindung mit der Umgebung.

Ich treffe ein Ehepaar, das etwas ratlos im Wald herumsteht, weil keine Internetverbindung vorhanden ist. Ich höre mich fragen, ob ich helfen kann. Im Nachhinein möchte ich mir auf die Zunge beißen. Warum soll ausgerechnet ich helfen können, ich, die weder über Orientierungssinn noch über allzu großes technisches Know-how verfügt? Aber dann kann ich wirklich dienlich sein, denn bereits am Morgen habe ich mir die heutige Route aufs Handy geladen. Die Beiden erkennen ihren Weg auf meiner Karte und ziehen dankbar weiter. Mich zieht es beschwingt in die nächste Ortschaft.

Immerhin, hier ist eine Bäckerei, ja am Fenster steht sogar ein rundes Tischlein. Gustav muss sich in der Ecke dünn machen. Mit einem Cappuccino und einem süßen Stückchen auf dem Tablett quetsche ich mich an Hindernissen vorbei und klettere auf ein filigranes Stühlchen. Wie wunderbar! Ich habe jetzt am späten Nachmittag überhaupt nicht mehr mit so einer angenehmen Pause gerechnet. Was für ein Tag! Die nette, junge türkische Verkäuferin bedient mit geschickten Verkaufsstrategien. In einem Augenblick ohne Kundschaft drücke ich meine Hochachtung dafür aus. Im Nu befinden wir uns mitten in einer angenehmen Unterhaltung. Als meine Route 66 zur Sprache kommt, stoße ich auf neugierige Bewunderung. Unser kurzer, intensiver Kontakt bricht dann zwangsläufig ab, als die nächste Kundin hereinspaziert. Am Ende meiner Pause verabschieden wir uns ganz herzlich von einander. „Wie alte Freundinnen!", denke ich mal wieder.

Nach dem Ortsende beglückt mich das hügelige Bergische Land noch eine weitere Stunde lang. Dann erreiche ich den ersten Ortsteil von Wermelskirchen. Dort geht es auf der „Balkantrasse" angenehm eben weiter. Das ist eigentlich ein Radweg, der sich auf dem einstigen Gleisbett des Balkanexpresses befindet. Der Name erstaunt mich, da ich auf Anhieb keinen Bezug zum Südosten Europas herstellen kann. Also suche ich wieder im Onlinelexikon und erfahre, dass hier bis 1980 ein Zug verkehrte, der überhaupt nichts mit dem Balkan zu tun hatte. Er pendelte lediglich von Leverkusen-Opladen nach Remscheid-Lennep und wurde von den Leuten so genannt, weil er durch viel abgelegenes Gebiet fuhr. Nun denn, kreative Namensgebung hier im Bergischen!

Nach einer Weile erreiche ich die eigentliche Stadt und erfreue mich an dem ersten Schild, auf dem „Wuppertal" steht. Es handelt sich dabei um einen Wegweiser zur Autobahn A1. Kurz danach setzt die vertraute Wann-bin-ich-denn-endlich-da-Ungeduld ein. Ich befinde mich zwar schon auf der Straße, an der das Hotel liegt, aber diese scheint endlos lang zu sein. Plötzlich stehe ich dann doch vor dem schieferverkleideten Haus mit einladendem Restaurant. Aber auch hier werde ich nicht einkehren können: Betriebsferien. Während ich noch etwas zögerlich den Eingang zum Hotel suche, versucht mir ein älterer Herr zu helfen: „Die Pilger treffen sich immer in der Stadtkirche!" Aha, ich befinde mich anscheinend wieder auf einem Jakobsweg. Ich erzähle, dass ich lediglich eine normale Wanderin bin, auf dem Weg von Süddeutschland in ihre Geburtsstadt. So schnell gibt der Herr seine Fürsorge aber noch nicht auf. Er klärt mich mahnend auf, dass dieses Hotel das erste Haus am Platz sei. Denkt er etwa, dass ich eine Pilgerherberge suchen würde? Fast entschuldigend weise ich darauf hin, dass für mich bereits eine Übernachtung gebucht sei. Mein Gesprächspartner verliert schlagartig das Interesse an mir und zieht ab.

Ich beziehe ein Zimmer, in dem ich tanzen könnte, so groß ist es. Die Einrichtung ist nett, aber hat sich wahrscheinlich in den letzten Jahrzehnten nicht sonderlich verändert, muss sie ja auch nicht. Den Preis für dieses Zimmer empfinde ich nicht als überzogen. Wie gut, dass ich jetzt, während meiner letzten Übernachtung doch nicht zur Luxusreisenden mutiert bin!

Bild 81: Marktplatz in Wermelskirchen

Es ist fast sechs Uhr, ich bekomme Hunger. Die Suche nach einem ansprechenden Restaurant verbinde ich zwangsläufig mit einer dreiviertelstündigen Ortsbesichtigung, denn die Stadt ist leider nicht gepflastert mit einladenden Lokalen. Und dann ist heute auch Montag, der Tag, an dem ohnehin viele Gasthäuser Ruhetag haben. Unterwegs fotografiere ich schnell einen Kreisverkehr und den Platz in der Nähe der Kirche. An beiden Stellen stehen hübsche Schieferhäuser. Endlich lande ich in einem griechischen Restaurant, wo mir nach freundlicher Begrüßung ein Platz zugewiesen wird. Die Tischlein stehen dicht an dicht, aber das stört mich natürlich nicht. Ich begrüße die beiden Nachbarn. Dann denke ich auch an meine Nachbarn zuhause, die aus Wermelskirchen stammen, und schicke ihnen meine beiden Fotos. *„Da hast du ja die einzig schönen Motive erwischt..."*, kommt als umgehende Antwort von Martina. Na ja, Lokalpatriotismus geht anders, aber ich bin froh, nichts verpasst zu haben.

Der geringe Abstand der Tische lädt unmittelbar zur Kommunikation ein. Ich fange einfach an, ungezwungen zu plaudern. Daraus ergibt sich, dass innerhalb von kürzester Zeit meine Route 66 im Mittelpunkt steht. Mit dem darauf folgenden Interesse habe ich aber nicht gerechnet. Die Dame löchert mich regelrecht, will alle möglichen Details wissen. Ich bin so überwältigt von der Resonanz, dass ich meinem appetitlichen Essen eher wenig Aufmerksamkeit schenke. Die Dame verbreitet ihre Begeisterung im ganzen Raum. Als mein Teller leer ist, bildet sich ein kleiner Kreis um unsere beiden Tischlein, bestehend aus der Kellnerin, einem Handelsreisenden, der Dame zusammen mit ihrem wesentlich jüngeren Begleiter und mir. Der Chef des Hauses kommt hinzu und spendiert eine Runde Ouzo. Wir stoßen miteinander an. Wow, so viel Aufmerksamkeit für meine Wanderung! Überwältigt und gerührt verwandle ich mich bestimmt fünfzehn Minuten lang in eine Erzählerin, der alle aufmerksam zuhören. Ich habe das Gefühl, gerade genau mit den richtigen Leuten am passenden Ort zu sein.

Diese intensive Stimmung entspannt sich langsam wieder, noch ein wenig Smalltalk über andere Themen, dann löst sich die Runde nach und nach auf. Die rüstige, ältere Dame jedoch bleibt im Kontakt mit mir. „Nachdem Sie so viel von sich erzählt haben, sollen Sie auch erfahren, warum ich heute hier bin." Oh, war das nicht nur ein normales Abendessen mit Sohn oder Neffe? Nein, der jüngere Mann ist ein ehemaliger Mieter, der ihr im Lauf der Zeit zum Freund geworden ist. Sie hat heute beantragt, dass er gegebenenfalls einmal ihr Betreuer sein soll, ein Grund für die beiden zum Feiern. Ich bin gerührt über so viel Offenheit, ja auch der bisher stille Begleiter schließt sich freundlich unserem emotionalen Gespräch an. Er erzählt sogar vom Handicap seiner Tochter und wie es sich auf sein Leben auswirkt. Unglaublich, wir sitzen noch keine Stunde zusammen, sind aber gerade dabei, über tiefste Gefühle und elementare Lebensthemen zu sprechen. Wie leicht gelingt hier in der Anonymität etwas, was sonst so unendlich schwer sein kann!

Kurz danach ist es Zeit zu gehen. Das stimmt mich nicht traurig, sondern beschwingt glücklich. Zwar werde ich niemanden aus dieser Runde jemals wiedersehen, aber die Erfahrung dieser dichten Nähe wird mir bleiben, wandelt sich in wohltuende Erinnerung.

*„Die letzte Wandernacht liegt vor mir. Ich nehme bewusst wahr, wie sehr ich mich während der letzten Wochen verändert habe. Es ist, als ob meine Haut durchlässiger geworden sei, um der Seele mehr Raum zu verschaffen. Ich fühle Verbundenheit mit meiner Umgebung, egal ob mit Menschen oder Natur. Scheinbar werden dadurch auch Andere ermutigt, mit mir in Kontakt zu treten. Es ist schwer, diese Offenheit zu beschreiben. Sie ist das Gegenteil von der einsamen Enge, die ich beispielsweise als Kind in Wuppertal oft spürte.*

*'Wird es dir nichts ausmachen, wenn du so einsam unterwegs sein wirst?' wurde ich vor meiner Reise mehrmals gefragt. Ich beantwortete dies bereits damals guten Herzens mit ‚nein'. Aber, dass am Ende die Überwindung aller Einsamkeit stehen würde, das hätte ich mir auf diese Weise vorher niemals vorstellen können.*

*Jetzt werde ich zum letzten Mal während meiner Wanderung in einem Hotel schlafen, vielleicht ist dies auch der letzte Tagebucheintrag. Merkwürdig, aber es kommt mir gerade so vor, als könnte ich noch endlos so weiterlaufen. Ein Hauch von Traurigkeit würzt die Vorfreude auf den morgigen Tag. Der wird bestimmt noch einmal abwechslungsreich werden. Ich habe mich in Lüttringhausen mit Cousin Egbert und seiner Frau Moni verabredet. Sie möchten mich begleiten, wenn ich auf dem Friedhof endlich von Tante Christel Abschied nehme. Wegen der Pandemie durfte ich vor eineinhalb Jahren nicht an ihrer Beerdigung teilnehmen. Am*

*Abend werde ich dann bei Cousin Bernhard und seiner Frau Geli in Wuppertal ankommen, nach genau vier Wochen voller einzigartiger Erfahrungen. Von dort aus kann ich später zu meinen „Back-to-the-Roots-Touren" losziehen. Dabei werden die Grenzen zwischen Vergangenheit und Gegenwart wahrscheinlich wieder sehr durchlässig werden. Vorfreude und Erinnerungen vermischen sich zu einem tiefen Glücksgefühl, das mich jetzt hoffentlich sanft in den Schlaf tragen wird."*

## 4.4 FINALE

Auch wenn die Nacht nicht so gut war wie erhofft, stehe ich an diesem bedeutsamen Tag bestens gelaunt auf. Die Welt ist klein. Meine Nachbarin bittet mich in einer Textnachricht, den Hotelbesitzer von ihr zu grüßen. Diese Aufgabe erledige ich gerne. Bei der Gelegenheit erhalte ich interessante Informationen zum Hotel- und Gastronomiegewerbe. Hochachtung vor dem Mann, der seinen Betrieb mit so viel Herz und Engagement führt!

Kurz nach neun breche ich zum letzten Mal auf. Mein Abschluss-Puddingbrillen-Cappuccino-Frühstück findet in einem Café mit Bedienung statt. Ich schreibe Moni, dass ich voraussichtlich zwischen eins und zwei am Friedhof in Lüttringhausen ankommen werde. Martina bekommt noch ein paar nette Fotos: *„Dein Städtchen sieht doch ganz hübsch aus, wie es mit seinen Schieferhäusern so in der Sonne vor mir liegt!"*

Nach ungefähr einem Kilometer führt mich mein Weg wieder an einem Bächlein entlang durch den Wald. Ich fühle mich schon fast heimisch im Bergischen Land, tauche wieder ein in diese meditative Verbundenheit mit der Landschaft. Mein Zeitgefühl setzt aus, bis ich auf einmal vor den riesigen Bögen einer Autobahnbrücke stehe. Auf schier unendlichen Stelzen breiten sie sich unter dem strahlend blauen Himmel aus. Ich trete noch ein paar Schritte nach vorne und jetzt wölbt sich ein solcher Bogen direkt über mir. Ich staune. Ehrfurcht überwältigt mich, fast so als befände ich mich in einem sakralen Bauwerk.

Bild 82: Unendlichen Stelzen der A1 bei Wermelskirchen

A1: Mir ist bewusst, wo ich mich befinde. Damals, auf meinen Wuppertalfahrten, hätte ich mir im Traum nicht vorstellen können, in dieser Gegend jemals zu Fuß unterwegs zu sein. Irre, jetzt bin ich hier! Gegenwart und Vergangenheit fließen auf der Überholspur über mir ineinander. Die übernächste Ausfahrt dürfen wir nicht verpassen. Wir sind etwas spät dran. Vielleicht lehnt sich die Omi (oder später die Uromi) bereits aus dem Fenster und wartet bereits. Auf dem alten Herd steht Essen zum Aufwärmen bereit. Als sie mich dann kurz darauf fest an ihren groß-mütterlichen Busen drückt, nehme ich einen altvertrauten Geruch in mir auf. Ich höre das Quietschen der Schwebebahn, die nahe an der Wohnung vorbeifährt. Sekundenlang überfällt mich ein eher unbekanntes Gefühl von Heimat, begleitet von ein paar Tränchen. Langsam kehre ich dann in die Gegenwart zurück und lasse die Erinnerungen unter der Brücke zurück. Auf dem ursprünglichen Weg geht es jetzt unaufhaltsam bergauf. Bänder aus Regentropfenperlen verwandeln warm beleuchtete Spinnennetze in ästhetische Kunstwerke. Wasserhanfstängel sind oben mit kleinen Bällchen verziert. In der Herbstsonne wirken sie wie weiche, weiße Watte. Pilze ähneln dekorativen Miniatursonnenschirmen: edel schwarzgesäumte Hütchen, scheinbar mit beigem Stoff überzogen, der durch sein strukturiertes, ornamentales Muster kostbar wirkt. Schopf-Tintlinge heißen diese Schönheiten laut Onlinelexikon.

Bild 83: Künstler Herbst

Ich registriere irgendwann, dass in den Wäldern verschwenderisch viele Eicheln reif sind. Mehrfach plumpsen sie direkt neben meinem Kopf dumpf zu Boden. Erschrocken zucke ich dabei jedes Mal kurz zusammen. Der Boden ist übersät von diesen Früchten. Sie bilden zusammen mit dem Laub einen bunten Teppich auf meinem Weg. Ich laufe weich, obwohl es ständig unter meinen Füßen knackt. Wie wunderbar ist doch der Zauber, den Früchte, Farben und warme Lichtspiele verbreiten! Meine Umgebung stimmt mich sehr poetisch. Warum nur hatte ich bisher zu dieser

Jahreszeit so wenig Bezug? Und auf einmal bemerke ich, wie sich sogar Freude am Herbst meines Lebens in mir ausbreitet. Im Augenblick leben, die Endlichkeit akzeptieren, mich an den Früchten erfreuen, die Vergangenheit in Frieden annehmen: Das will mir gerade recht gut gelingen, während ich so auf meinem knackenden, raschelnden Teppich lässig dahin schreite.

Ich nähere mich der Remscheider Eschbachtalsperre. Mein Onkel und seine Frau feierten dort im Autobahngasthof ihre runden Geburtstage. Wieder steigen kurz Erinnerungen auf, auch wenn ich wegen der Autobahn weder Stausee noch Veranstaltungsort sehe. An einem kleineren älteren Haus steht eine betagte Frau an einem Gartenzaun und ruft vergeblich ihren Hund. Statt auf sie zu hören, springt der nette Kerl freudestrahlend mir entgegen. Normalerweise finde ich es ärgerlich, wenn Hunde nicht auf Befehle reagieren. Jetzt kann ich aber nicht anders, ich muss diesen vergnügten kleinen Knuddel einfach hinter den Ohren kraulen. Dabei ermahne ich ihn sanft grinsend. Dann bin ich auch schon in ein freundliches Gespräch mit seinem Frauchen verwickelt. Da ist sie wieder, diese Offenheit! Unsere Unterhaltung streift im Schnelldurchgang elementare Lebensthemen. Ich höre nicht nur eine berührende Kurzbiografie, sondern werde auch über die Herausforderungen ihres Alters und die zunehmende Erblindung informiert. Mich beeindruckt, wie eisern sie versucht, die Freude am Leben trotzdem zu behalten. Ich wiederum erzähle von meiner Mutter, die fast gleich alt ist. Natürlich kommt auch die Wanderung zur Sprache. Bald verabschieden wir uns fröhlich von einander. Das war schon wieder eine intensive, authentische Kurzbegegnung!
Am Rand von Remscheid laufe ich über eine Eisenbahnbrücke. Ein afrikanisch aussehender junger Mann ruft mir hinterher: „Hey, wo kommst du denn her?" Ich werde langsamer, drehe mich um und zeige ihm meine heutige Route auf dem Handy. Ich berichte, wie ich vor vier Wochen in Süddeutschland aufgebrochen bin. Er staunt, bewundert mich. Dann erzählt er von seiner Heimat.

Erneute Offenheit, wie schön! Leider verhindert eine Sprach-
barriere, dass unser Gespräch in die Tiefe geht. Wir laufen noch
eine ganze Weile lang freundlich nebeneinander her. Dabei halten
wir immer wieder mit kurzen englischen Sätzchen Kontakt. An
einer der nächsten Straßenkreuzungen verabschieden wir uns
herzlich voneinander.

Bald bin ich wieder im Grünen: Wald, Bächlein, kleine Seen,
Herbststimmung, wie gehabt. So wird es, laut Karte, bis Lüttringhausen bleiben. An einem Wanderheim biege ich nach links, wo
sich der Weg romantisch am Teich einer Mühle entlang zieht. Ich
liege gut in der Zeit, aber dann stimmt erneut irgendwas mit
meinem Routenplaner nicht. Wieder taucht der aufgezeigte Weg in
der Realität nicht auf. Wieder dauert es eine ganze Weile, bis ich
das wirklich glaube. Selbst dann zögere ich noch ein wenig, bis
mir klar wird, dass ich wirklich zum Wanderheim zurücklaufen
muss. Das ist ein Umweg von fast einem Kilometer. Nachdem ich
das endlich begriffen habe, finde ich es überhaupt nicht mehr so
schlimm. Der Weg ist schön, Umwege gehören zum Leben, wo ist
das Problem?

Bild 84: Durchs Bergische Land

231

Ich merke meist an den Spaziergängern, oft mit Hund oder Kinderwagen, dass ich mich einem Ort nähere. So bin ich auch kurz vor Lüttringhausen nicht alleine unterwegs. Jetzt kommt mir eine sympathische Frau mit langen, dunklen Haaren entgegen. „Darf ich Sie fragen, woher Sie kommen mit Ihrem riesigen Rucksack?" Erstaunt lasse ich mich auf diese ganz und gar spontane Begegnung ein. Ich fasse meine Reisegeschichte in wenigen Sätzen zusammen. Sofort entsteht wieder ein unerwarteter Kontakt. Wir tauchen in ein intensives Gespräch ein. Es führt uns zu meiner ehemaligen Tätigkeit als Religionslehrerin, dann zu Kirchenkritik und zuletzt zum Tod, dem ihr Mann wegen eines Gehirntumors gerade entronnen ist. Ich empfinde und bekunde tiefes Mitgefühl. Es ist, als würden sich unsere Seelen deshalb so schnell nahe kommen, weil sie wissen, dass sie sich auch genauso schnell wieder von einander trennen müssen. Diese Nähe erfüllt mich. Die Frau scheint Ähnliches zu spüren. Nach unserem Abschied laufe ich noch einige Zeit andächtig und ergriffen weiter. Meine Gedanken sind wieder beim Thema Endlichkeit angelangt, eine gute Einstimmung auf dem Weg zum Grab von Onkel und Tante.

Mit etwas Verspätung erreiche ich den Friedhof. Kein Problem, denn Moni fährt auch gerade erst auf den Parkplatz. Leider kann Ecki wegen eines Hexenschusses nicht dabei sein. Die Frau meines Cousins erzählt, auf welche Weise sie meine Tante am Ende ihres Lebens begleitete und wie sie ihr Sterben erlebte. Ich fühle Verbundenheit mit der Familie. Ich bin nicht mehr die Unbeteiligte aus Süddeutschland, die den Tod der Tante aufgrund von Pandemie und räumlicher Entfernung nur am Rande erleben konnte.
Und dann stehe ich endlich bei blendendem Sonnenlicht am liebevoll gepflegten Grab. „Tschüss, Tante Christel, du vorletzte Vertreterin deiner Generation in meiner Familie!!!" Ich lasse Bilder hoch kommen von ihr und ihrem Mann, dem Bruder meiner Mutter. Auch sie spielten eine Rolle in meiner Vergangenheit. Wie

gerne haben sie gelebt und gefeiert! „Macht's gut, wo immer Ihr jetzt seid!"

Im Café entwickelt sich eine ganz entspannte Unterhaltung. Das gefällt mir gut, denn ich war noch nie mit Moni alleine unterwegs. Bisher trafen wir uns nur bei Familienfesten oder Beerdigungen. Staunend erlebe ich gerade wieder eine neue, angenehme Facette von Familie. Fröhlich ziehen wir nach unserem Kaffeeklatsch unverzüglich wieder unserer Wege. Ich laufe durch Lüttringhausen, gebe dabei den Erinnerungen an die Verwandtschaft mütterlicherseits viel Raum.

Ganz vage kommt es mir nun vor wie ein Nachhauseweg. Ortsnamen klingen vertraut. Ich bin begeistert, als ich in Wuppertal Ronsdorf zum ersten Mal den Namen meiner Geburtsstadt auf einem Ortsschild lese. Ich freue mich wie ein Kind über den Kanaldeckel, auf dem „Wuppertal" steht. Ein großes Stadtwappen ziert seine Mitte. Ich erkenne das Gitter, über dessen Bedeutung mich meine Mutter als Kind einmal aufklärte: „Das ist der Rost, auf dem Laurentius, der Stadtheilige Wuppertals, einst wegen seines Glaubens verbrannt wurde." Gruselig, aber sehr vertraut. „Ich bin bald da! Jetzt geht es bestimmt nur noch durch bebautes Gebiet weiter!" Ich habe die Karte zuvor nicht so genau angeschaut, sondern erinnere mich lediglich an die Erzählungen meines Vaters. Er präsentierte mir die Stadt stets als ein endloses Meer von Häusern. Ich erwarte also keine Natur mehr, aber weit gefehlt. Ich streife Ronsdorf lediglich am Rand, um dann wieder in die typische Landschaft des Bergischen Landes einzutauchen. Diesmal kommen mir die Hügel noch steiler vor. Wieder freue ich mich über Andreas Stöcke. Ein weiteres Mal stellt sich mir die Frage, warum ich mich nicht an Erzählungen über diese wunderbare Umgebung erinnern kann. Jetzt schaue ich zur Orientierung wieder genau aufs Handy. Ich sollte demnächst nach rechts abbiegen und bergauf laufen. Der Weg sieht auf der Karte aber so aus, als würde er auch geradeaus am Bach weiter verlaufen. Ich wage es, mich bewusst den Anweisungen meines

Routenplaners zu widersetzen und habe Erfolg: keine Steigung, nur angenehmes Laufen am Wasser.

Leicht melancholisch erkenne ich verwahrloste Gebilde jenseits des Bächleins. Oh, dies war einmal ein Minigolfplatz, wie traurig! Hier verbrachten einst Familien glücklich ihre Freizeit. Jetzt ist alles vorbei, vernachlässigt, aufgegeben. Endlichkeit! Leicht deprimiert folge ich dem Lauf des Wassers nach links. Vor mir liegt ein wunderschönes, leicht verwunschen wirkendes altes Haus mit der Aufschrift „Zillertal". Nein, jetzt bitte nicht noch ein weiterer verlassener Ort. Nach einem "Lost Place" steht mir gerade wirklich nicht der Kopf! Ich kann dann beruhigt aufatmen. Bei genauerem Hinsehen entpuppt sich das Gebäude als völlig intaktes Ausflugslokal im Bergischen Stil. Ich staune laut: „Oh, dass es so einen schönen Platz hier mitten im Wald gibt!". Wenn ich nicht kurz vor dem Ziel meiner Wanderung wäre, dann würde ich hier bestimmt mit Vergnügen länger einkehren. Vielleicht kann ich Geli und Bernhard zu einem gemeinsamen Essen einladen.

Bild 85: Ausflugslokal Zillertal

Eine Frau in meinem Alter betrachtet das Lokal vom Rande des Weges aus, auch etwas nachdenklich. Sie nimmt zwar keine Notiz von mir, wirkt aber trotzdem so, als könnte sie eine angenehme Gesprächspartnerin werden. Heute würde ich mich wundern, wenn nicht noch eine weitere ungewöhnliche Begegnung möglich wäre. Ich werde aktiv: „Sieht recht gemütlich aus, das Haus!" Und schon ist das Eis gebrochen. „Sie sollten unbedingt da rein gehen! Zauberhaft, all die alten Dinge, mit denen die Räume dekoriert sind!" Wir interessieren uns spontan für einander und erzählen, warum wir uns gerade an diesem Ort befinden. Ich erkläre, warum ich den Besuch der Gastwirtschaft auf später verschiebe. Sie erzählt, dass sie in Spanien lebt, aber ihre Kindheit in dieser Gegend verbracht hat. Verblüffend, zwei völlig unbekannte Frauen begegnen sich auf einer Back-to-the-Roots-Tour. „In meiner Kindheit waren wir öfters hier im Gelpetal. Früher war das einmal ein Schigebiet mit einer Sprungschanze, das Zillertal." – „Zillertal": prägnanter Namen für ein Schigebiet! Die Leute sind hier wohl wirklich kreativ bei ihren Namensgebungen! Das Wort „Gelpetal" kommt mir auf einmal vertraut vor. Kann ich mich vielleicht doch noch ein wenig erinnern? Diese Gegend muss wohl in Erwachsenengesprächen aufgetaucht sein. Vielleicht unternahmen wir sogar damals Ausflüge hierher? Während ich erfolglos darüber nachdenke, höre ich weiter gut der Frau zu. Sie erklärt, dass dieser Minigolfplatz nicht lieblos aufgegeben wurde, sondern vor gut einem Jahr Opfer der Flutkatastrophe wurde. Noch trauriger, aber wenigstens besteht die Hoffnung, dass sich wieder irgendwann Menschen hier vergnügen werden.

Ich bin überhaupt nicht überrascht, als wir schon bald Kurzbiografien austauschen. Wir entdecken dabei den ehemaligen Lehrerinnenberuf als weitere Schnittmenge. Sie unterrichtete Deutsch in Spanien und beschäftigt sich auch mit ihrem Ruhestand. Soll sie wieder nach Deutschland zurückgehen? Ich erzähle sowohl von meiner Route 66 als auch vom Buch, das ich über meine Wanderung schreiben werde. Sie sagt, dass sie es gerne lesen würde, wie nett! Dann spaziert ihr Mann herbei, auf den sie offensichtlich gewartet hat. Wir beenden unser intensives Gespräch und liefern dem netten Partner noch eine kurze Zusammenfassung unserer Unterhaltung. Dann ist es auch schon wieder Zeit zum Abschied. Der fällt wieder nicht schwer, denn mittlerweile hat mich die Vorfreude bereits fest im Griff.

Aufpassen! Gleich wird es scharf nach rechts abgehen, und ich muss dann den Berg hoch, ob ich will oder nicht. Jetzt mich nur nicht mehr verlaufen! Aber nein, nicht schon wieder! Keine Spur vom Weg, nur eine fast senkrecht nach oben emporsteigende, gepflasterte, trockene Rinne, auf der ich in meiner Fantasie Wasser herunter schießen sehe. Niemals werde ich da hoch krabbeln, das kann doch auch nicht so gedacht sein! Mir bleibt nichts anderes übrig, ich gehe geradeaus weiter. Irgendwie muss ich mich dann halt mit Hilfe der Onlinekarte nach Cronenberg durchschlängeln. Aber leider finde ich nicht die Spur eines Weges. Also erklimme ich eine Wiese und kraxle durchs Gebüsch immer weiter nach oben. Endlich stapfe ich erleichtert an der Seiten- mauer eines Friedhofs entlang. Vor den ersten Häusern atme ich auf. Es ist geschafft! An der nächsten Bushaltestelle setze ich mich aufs Bänkchen, falte Andreas Stöcke zusammen und befestige sie am Rucksack. Ich werde jetzt bestimmt bequemer ohne Stöcke vorankommen. Ich bin ja schon in der Stadt. Die Vorfreude lässt mich vergessen, wie lang ein Weg noch sein kann, auch wenn das Ziel bereits zum Greifen nah scheint. Warum sollte es am Ende der Wanderung auch anders sein? Von wegen „Ich bin ja schon in der Stadt!". Noch zweimal zieht sich der Weg scheinbar endlos durch grüne Hügellandschaft. Ich überlege mir sogar, ob es klug war, bereits die Stöcke einzupacken. Meine Faulheit verhindert allerdings, dass ich sie wieder rauskrame.
Es ergibt sich noch eine freundliche Begegnung mit einem jungen Mann im Anzug nach Arbeitsende, der letzte Austausch von Minibiographien. Ein roter Schienenbus aus längst vergangenen Tagen präsentiert sich mir als Abschluss-Eyecatcher. Mitten in Cronenberg hat er auf einem Platz seine letzte Haltestelle

gefunden. Dann erreiche ich das ersehnte Wohngebiet pünktlich zum Sonnenuntergang.

Mir kommt die Umgebung schon sehr bekannt vor, als ich am Schwabhauserhof um kurz vor sieben links abbiege. Konrad, der meinen Zieleinlauf rührenderweise auf seiner Tracking-App beobachtet, stellt einen Screenshot in die Familiengruppe unseres sozialen Mediums: *„Auf den letzten Metern!"* Wie schön jetzt auch mit der Kernfamilie verbunden zu sein!

Das Haus hatte ich zwar anders in Erinnerung, aber die Nummer stimmt. Und da erkenne ich das Plakat an der Haustür: *„Liebe Barbara, herzlichen Glückwunsch zum ersten Platz im Ultra-Lauf von Jettingen nach Wuppertal"*. Diese Art von Herzlichkeit zeichnet meine Cronenberger Verwandtschaft aus. Ich fühle mich schon heimisch, noch bevor ich überhaupt geklingelt habe. Die Tür fliegt auf. Es folgt eine dicke Umarmung, begleitet von einem Konzert aus überschwänglichen Worten. Ich bin angekommen, es ist alles einfach nur wunderbar!!!

Ich weiß bereits, dass Bernhard heute unterwegs ist, also freue ich mich auf den Mädelsabend mit Geli. Sie möchte mich gerne sofort füttern, aber ich bin so voller Eindrücke, dass ich überhaupt noch keinen Hunger verspüre. Ich soll kein Gast sein, sondern mich wie zuhause fühlen, also teile ich diese Befindlichkeit auch ehrlich mit. Die liebevoll vorbereitete Mahlzeit animiert mich aber ein wenig später doch zur Nahrungsaufnahme. Bei solch leckerem Essen stellt sich mein Appetit ganz automatisch ein. Dann sitzen wir mit einer Flasche Willkommenssekt auf dem Sofa und quatschen und quatschen und quatschen...

Natürlich gelangen auch wir ganz schnell in die Tiefen des menschlichen Daseins, wie sollte es heute auch anders sein. Das Gespräch fließt zwischen uns beiden Frauen, die heute ihren ersten Abend zu zweit verbringen. Es gibt keine Tabus oder Selbstdarstellungen. Wir lernen uns wegen dieser Offenheit von Grund auf neu kennen, keine Spur von Müdigkeit oder Erschöpfung. Erst weit in den „kleinen Ührchen" kriechen wir dann in unsere Betten. Ich bin völlig aufgedreht und freue mich wie ein kleines Kind.

Gesprächsinhalte blitzen unaufhörlich im Gedächtnis auf. Natürlich kann ich nicht einschlafen, aber das ist mir gerade völlig wurscht. Ich bin einfach nur glücklich!

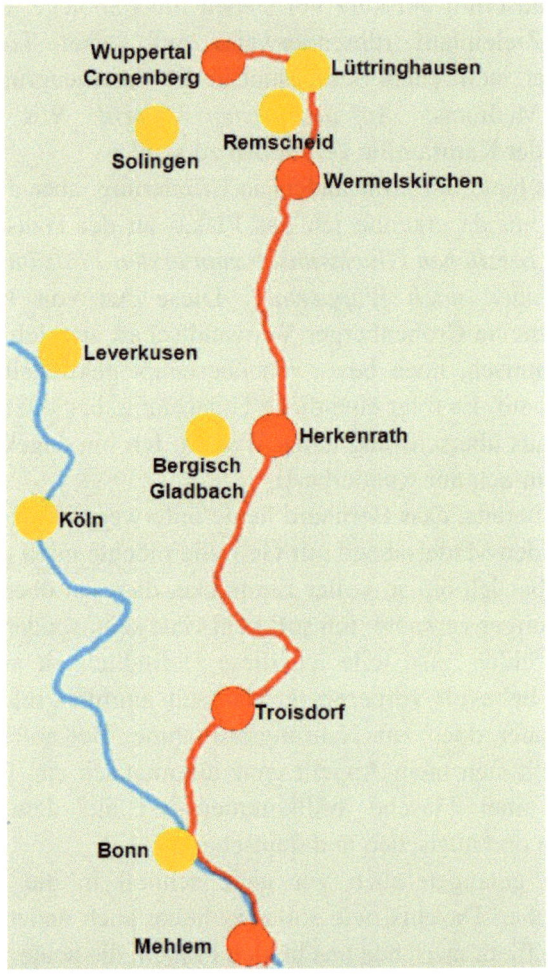

Bild 86: Etappe 4: Von Mehlem nach Wuppertal Cronenberg

# 5 IN WUPPERTAL

## 5.1 NEUE ALTE WELT

Am Morgen quäle ich mich etwas mühsam und leicht verkatert aus dem Bett. Als mich Bernhard zur Begrüßung umarmt, werde ich von der Herzlichkeit in diesem Haus regelrecht überwältigt. Sie haben mich erwartet, ich bin angekommen. So intensiv habe ich Familie schon lange nicht mehr gespürt. Ich bin überdreht, aber ganz und gar positiv gestimmt. Beim eifrigen Erzählenwollen entspringt meinem Mund fast nichts Tiefgreifendes. Ich beobachte mich, wie es nahezu stümperhaft einfach nur aus mir herausfließt. Diese Fülle an Eindrücken in meinem Kopf scheint zum Kontrollverlust beim Sprechen zu führen. Es plappert einfach nur so vor sich hin. Aber eigentlich kommt mir das überhaupt nicht so schrecklich schlimm vor. Hier hängen sowieso ständig viele Worte im Raum, ausführliche Darstellungen gewürzt mit humorvollen, kernigen Formulierungen, begleitet von regelmäßigem herzhaftem Lachen. Die Sprechkultur unterscheidet sich erheblich von der zuhause. Früher fand ich so eine Fülle an Worten eher peinlich. Jetzt kommt sie mir vor wie eine flauschige Decke, in die ich mich hinein kuschle, um darin Kindheitsgefühle aus längst vergangenen Wuppertaler Zeiten zu genießen. Wurzeln!
Ich kann mich kaum aufs Frühstücken konzentrieren, denn mir ist so, als würde ich zehn Zentimeter über dem Boden schweben. Obwohl mein Körper trotz des schlechten Schlafes hellwach wirkt, scheint meine Seele hundemüde zu sein. Diese merkwürdige Mischung von Überschwang und Erschöpfung lähmt mich ein wenig. Ich hieve mich vom Frühstückstisch aufs Sofa, wo ich es mir mit dem Tablet auf dem Schoß bequem einrichte. Bernhard musste noch einmal kurz weg, und Geli widmet sich dem Haushalt. Also schreibe ich jetzt in Ruhe meinen Blog und stelle eine Statistik zusammen. Dabei komme ich zu dem Ergebnis, dass ich seit dem Aufbruch von zuhause eine Strecke von insgesamt

638 Kilometer zurückgelegt habe, mit einem Schnitt von 26 Kilometern pro Wandertag. Damit kann ich jetzt prahlen, wann immer ich gefragt werde. Doch das ist mir im Augenblick noch ziemlich egal.

Den ganzen Morgen klebe ich auf dem Sofa, Geli gesellt sich irgendwann zu mir. Wir quatschen wieder ohne Punkt und Komma. Später setzt Bernhard sich auch zu uns. Tagespläne werden geschmiedet. Ich habe noch keine Lust auf das Wuppertal meiner Kindheit. Ich fühle mich im Augenblick zu ausgelaugt und zu unkonzentriert dafür. Trotzdem sollte der Tag nicht nur aus tatenlosem Herumlümmeln bestehen. Also entscheiden wir uns für eine Sightseeing-Tour durch Cronenberg.

In meiner Kindheit dachte ich verächtlich: „Cronenberg gehört zwar zu Wuppertal wie Barmen und Elberfeld, aber eigentlich ist es nicht richtig Wuppertal. Da oben auf dem Berg gibt es ja nicht einmal eine Schwebebahn." Seit Omis 80. Geburtstag besuchen wir Geli und Bernhard regelmäßig, wenn auch manchmal in sehr großen zeitlichen Abständen. Dadurch konnte ich meine kindlichen Vorurteile ablegen. Jetzt mag ich den Ort. Zu Fuß war ich allerdings noch nie in diesem hügeligen südlichen Stadtteil von Wuppertal unterwegs, also prima!

Wir schlendern gemütlich bis zum alten Kern des Städtchens. Ich bin fasziniert von seinem dörflichen Charakter mit den vielen herausgeputzten Fachwerkhäuschen. Es gibt hier einen Heimat- und Bürgerverein. Dieser kümmert sich neben dem Erhalt und der Pflege historischer Kostbarkeiten auch um verschiedene Belange der Mitbürgerinnen und Mitbürger. Drei Damen sitzen plaudernd auf dem Bänkchen des Vereinsheims, einem schmucken Fachwerkhäuschen. Bernhard tritt näher, um eine kleine Tafel an der Hauswand zu entziffern. Dann fängt er auf einmal an, herzhaft zu lachen. „Die haben ja echt Humor, diese Cronenberger!" „Na endlich!", kommentiert eine der Damen trocken seine Reaktion. Neugierig lese ich dann auch die Tafel und brauche genauso meine Zeit, bis ich endlich verstehe:

*„Hochwassermarke: 31. Februar 1734".* Okay, die können gut Witze reißen hier oben auf ihrem Krähenberg (=Cronenberg), wo ihnen wirklich keine Gefahr droht.

Ich erhalte darüberhinaus aber auch seriöse geschichtliche Informationen. So begann die Besiedelung hier bereits im Mittelalter. Im Wald entstanden Schmieden und Schleifereien, Voraussetzung für die Produktion und den Handel von Eisenwaren. Diesen kleinen Industriestätten stand neben Eisenerz auch reichlich Wasser und Holz zur Verfügung. Die Waren wurden auf einer alten Handelsstraße in die Ferne transportiert. Diese verlief oberhalb der Wupper-Talsohle und führte von Elberfeld nach Solingen. Als sich der Bergbau im 17. Jahrhundert nicht mehr lohnte, lebte die Industrie trotzdem weiter. Erfreulicherweise gibt es im Städtchen heute noch mehrere gesunde metallverarbeitende Betriebe mit Werkzeugherstellung als Schwerpunkt.

1929 wurde Cronenberg genauso wie Elberfeld und Barmen zum Stadtteil des neu gegründeten Wuppertal. Diese Tatsache erinnert mich an meinen Vater. Dieser stellte nämlich gerne Nichtwuppertal-Kennern ein Rätsel: „In meinem Ausweis ist ein anderer Geburtsort eingetragen als in dem meiner Frau. Wir sind aber in der selben Straße aufgewachsen. Wie kann das sein?" Hä? Er präsentierte dann kurz darauf immer genüsslich die Lösung: Er wurde 1927 in Elberfeld geboren und meine Mutter 1933 in Wuppertal. Auf diese Weise wusste ich schon sehr früh, dass die Gründung der Stadt irgendwann zwischen 1927 und 1933 gewesen sein musste.

Nun ist genug mit Geschichte. Wir lassen die Stadterkundung im nostalgischen Café Born ausklingen. Dessen Bergischer Charme und ursprüngliche Ausstattung erweisen sich heute als genau richtig für mich. Im Flur entdecke ich alte Fotos, die mich zurück in die Kindheit katapultieren. Träumend stelle ich mir vor, dass ich wieder klein sei und mit meinen Eltern hier einkehren würde. Damals versprühte der Gastraum vielleicht schon einen ähnlichen Charme wie heute. In solch einladender Umgebung wird meine kleine Zeitreise zum Auftakt für die kommenden Back-to-the-Roots-Touren.

Bild 87: Cronenberg: Born Café im Hause vom Cleff

Das war also Cronenberg an meinem ersten Wuppertaltag. Seit heute weiß ich erst richtig, dass mein Cousin in einem selbstbewussten, hübschen Örtchen wohnt. Dieses besitzt seinen ganz eigenen Charme, hat eine individuelle Geschichte vorzuweisen und besteht selbst aus einigen Teilorten. Ich habe ganz neue Facetten der Stadt kennen und lieben gelernt. „Eigentlich ist es nicht richtig Wuppertal!". Ich gebe zu, das kindliche Vorurteil lag nicht einmal so weit daneben. Ich habe noch keine Gemeinsamkeiten mit der Stadt meiner Kindheit gefunden.

Für Samstagabend ist eine Familienzusammenkunft geplant, extra für mich! Wie großartig ist das denn! Mein Besuch bietet Anlass, einmal wieder mit Cousin Roland und seiner Frau Beate zusammen zu kommen. Ich durfte dazu telefonisch einladen. Obwohl in meinen Erinnerungen überhaupt keine so richtig gelungenen Familienfeste verankert sind, freue ich mich riesig auf den Abend. „Gelibernhards" Tochter Kathrin, deren Anhang und Gelis Schwester Petra werden auch dabei sein. Der Cronenberger Zweig meiner Familie ist recht feierfreudig im Gegensatz zu meiner Ursprungsfamilie. Seit kurzem besitzen sie sogar einen passenden Raum mit einem Tisch, der scheinbar endlos verlängert werden kann. Ein bisschen kommt es mir so vor wie bei Omi, die auch sehr gerne ihren Wohnzimmertisch vergrößerte, um mit möglichst vielen Leuten daran zu feiern. Ich glaube, dass solche Zusammenkünfte von meinen Eltern damals eher als Pflicht-veranstaltungen gesehen wurden. Mir gefielen diese Familien-tafeln auch nicht sonderlich gut. Meist kam ich mir ein wenig verloren vor, konnte mit den Leuten genauso wenig anfangen, wie die wohl auch mit mir.

Während ich Bernhard helfe, den Raum zu richten, bin ich aufgeregt wie ein Kind. Immerhin war ich früher bei Omi viel mit Roland zusammen, trotz des Altersunterschiedes von fast sieben Jahren. Ich war Kind, er Halbwüchsiger. Ich widerstand der Versuchung, sein heimliches Rauchen zu petzen, er spielte gelegentlich mit mir. Flugzeuge, Autos und leider auch Panzer entwickelten dabei ein Eigenleben auf den Linien von Omis weinrotem Perserteppich. In der Weihnachtszeit durfte ich manchmal sogar die elektrische Eisenbahn fahren lassen. Vor dem Einschlafen erzählte er mir gerne von gruseligsten Gespenstern, die ab Mitternacht ihr Unwesen auf einem alten Dachboden trieben. Immer und immer wieder wollte ich seine schaurig faszinierenden Geschichten hören. Ob die kleine Cousine ihm wohl lästig war?

Es klingelt, und da steht er auch schon mit Beate vor mir, der gleiche Roland wie eh und je. Es kommt mir so vor, als hätte die Zeit vergessen, ihren Tribut von ihm zu fordern. Wir umarmen uns, und sogleich füllt sich der Raum mit saloppen, witzigen Kommentaren. Es wird laut. Meine Familie verpasst mir ein intensives Sprachbad, in dem ich mich äußerst wohl fühle. Die weiteren Gäste gesellen sich nach und nach zu uns. Die Cousins-Cousine-Konstellation wird noch schnell auf einem Foto dokumentiert, dann nehmen wir alle langsam am Tisch Platz. Kurz hintereinander werden alle möglichen Köstlichkeiten aus Gelis Küche aufgefahren, und wir schwelgen im Genuss. Bernhard bringt eine Flasche mit hellgelber, dicker Flüssigkeit herbei. Diese erinnert uns an die gemeinsame Omi. Diese zwitscherte gerne mal zusammen mit ihren Gästen ein Gläschen Eierlikör. Wir drei tun es ihr gleich und stoßen mit unseren Gläschen auf sie an. Es kommt mir jetzt so vor, als wäre sie dabei, als würde sie sich über unser Treffen freuen. Wir kramen Erinnerungen hervor. Diese werden von alten Bildern befeuert, die Roland mitgebracht hat: beispielsweise Omis 90. Geburtstag, Omi mit allen Urenkeln um sich herum oder meine Wenigkeit als ungefähr 25-jährige Schönheit. Ich fotografiere gleich einige dieser Fotos ab und lasse meine Kernfamilie an den Rückblicken teilhaben.

Während ich Gelibernhards beide Enkel am Tisch beobachte, stelle ich mir die Frage, ob es ihnen jetzt genauso ergehen mag wie mir früher. Schnell gewinne ich den Eindruck, dass sie sich wahrscheinlich besser fühlen. Sie werden mit gleicher Aufmerksamkeit bedacht wie die Erwachsenen. Alte und Junge zeigen an diesem Tisch Interesse aneinander. Eine Gib-Tante-Händchen-Haltung oder ein Du-bist-ja-doch-nur-ein-Kind-Blick würde hier überhaupt nicht reinpassen. Und so wird Enkel Max heute Abend für mich zu einem wichtigen, interessanten Gesprächspartner.

Roland betätigt sich im Alltag als Hausmeister in seinem multikulturellen Wohnblock. Aus dieser Perspektive schildert er einige lustige Anekdoten, aber auch diverse ärgerliche Vorkommnisse. Einmal habe ich ein wenig Angst, dass die Unterhaltung aufgrund mehrerer Vereinfachungen ins Unangenehme kippen könnte. Es ist nachvollziehbar, dass manch eine Facility-Manager-Erfahrung zu Äußerungen führen kann, die als ausländerfeindlich gedeutet werden könnten. „Wenn da jetzt jemand einsteigt und ins gleiche Horn bläst, beziehungsweise ihm das Horn aus der Hand reißt, dann ist es mit der Familienidylle vorbei!", sorge ich mich. Auch Bernhard scheint diese Spannung zu spüren. Umgehend ergänzt er Rolands Äußerungen geschickt mit seiner eigenen Sichtweise. Er stellt unseren Cousin keineswegs bloß, sondern weitet lediglich das Thema. Der Gesprächsfluss wird nicht einmal unangenehm unterbrochen. Ich staune. Ein solch wertschätzendes Auftreten wäre an Omis Tisch vermutlich nicht möglich gewesen. Im Vergleich zu heute kommt es mir so vor, als wären die Unterhaltungen damals eher Wettbewerbe als Kommunikation auf Augenhöhe gewesen. Alle wollten sich möglichst gut präsentieren. Mein Vater ging aus solchen Verbalschlachten meist als Gewinner hervor. Er verfügte über umfangreiches Faktenwissen, das er in eingeübten Argumentationsketten präsentieren konnte. Seine unbeugsamen politischen und wirtschaftlichen Meinungen wurden niemals laut hinterfragt. Niemand hätte auch nur im Ansatz gewagt, selbstbewusst eine weitere Meinung einfach daneben zu stellen. Und jetzt erlebe ich zum ersten Mal eine ganz andere Gesprächskultur innerhalb meiner Familie. Ich bin regelrecht ergriffen.

Eine bleierne Müdigkeit überfällt mich, kein Wunder. Ich konnte letzte Nacht wieder nicht gut schlafen. Die Wanderung sitzt mir wahrscheinlich noch in den Knochen, und dieses intensive Familienerleben strengt mich an. Geduldig und überglücklich genieße ich trotzdem Minute für Minute, bemühe mich dabei, präsent zu bleiben. Auch das ist meine Familie! Diese Erkenntnis löst eine Art Befreiung in mir aus. Habe ich mich damals unbewusst für meine Sippschaft geschämt? Wie auch immer, unser heutiges Beisammensein bekommt von mir auf jeden Fall den Titel: „Bestes Familientreffen aller Zeiten"!

Bernhards aktives Rentnerleben resultiert in einem zweiten Mädelsabend. Geli und ich ertüchtigen uns zunächst durch einen Spaziergang im Bergischen Land, bevor wir dann das abendlich beleuchtete Alt-Cronenberg durchstreifen. „Lust auf Kneipe?" „Ja, warum nicht!" Zugegeben, mit dem Setting „Zwei Frauen in der Kneipe" bin ich nicht vertraut. Ich gehe mit Freundinnen eher zum Essen oder zu Veranstaltungen. Doch jetzt habe ich richtig Lust auf Kneipe, wir gehen zu „Bei Gabi", die letzte (zeitlich!) ihrer Art in Cronenberg.

Beim Wort „Kneipe" steigen schon wieder Kindheitserinnerungen in mir hoch. Diesmal taucht mein Onkel Karl vor meinem inneren Auge auf. Der nahm die kleine Barbara samstags manchmal zum Schwimmen mit, und danach ging es ganz selbstverständlich in seine Stammkneipe. Beides gefiel mir recht gut. Im Lokal schienen sich alle Leute zu kennen und hatten eine gute Zeit miteinander. Da floss Kölsch und Schnaps, die Luft war blau vom Rauch. Zugegben nicht besonders pädagogisch wertvoll, aber nicht einmal meine Eltern, denen Kneipenkultur wirklich fremd war, hatten etwas dagegen. Heutzutage vermutlich undenkbar! Mir gefiel diese lockere, sprücheklopfende Gemeinschaft. Ich freute mich über Onkel Karls gute Laune. Etwas schüchtern saß ich im Kreis dieser Männer hinter meiner Limonade. Mir war zwar ein wenig langweilig, aber ich fühlte mich dennoch wohl. Ich war immer gerne mit meinem Onkel unterwegs.

Jetzt sitzen wir hier an unserem ovalen Tisch bei gemütlicher Beleuchtung, etwas erhöht und abseits. Wir haben gute Sicht auf den Tresen samt all den Gästen, die dort rumhängen. Vor uns steht ein Kölsch. Es kommt mir im Vergleich zu dem Weizenbier, das ich sonst gerne trinke, recht niedlich vor. Geli, eine alte Cronenbergerin, weiß so einiges über die hier anwesenden Leute und die Kneipe zu erzählen. Ich erfahre interessiert, dass solche Kneipen einst für manche Menschen einen wichtigen Teil ihres Lebens darstellten. Natürlich sehe ich das höchst kritisch, denn diese zweite Heimat bot zwar gewiss Geselligkeit, aber sie förderte vermutlich auch den Alkoholismus. Doch Kneipe war noch viel mehr, beispielsweise wurde hier auch das Sparen eingeübt. Ein hübsches grünes Kästchens mit 35 durchnummerierten kleinen Schlitzen hängt an der Wand. Es gehörte einst einem sogenannten „Sparclub", den es in vielen Kneipen gab. Die Beteiligten verpflichteten sich wöchentlich, einen bestimmten Betrag in ihr persönliches Fach einzuwerfen. Sie mussten Strafgeld zahlen, wenn sie dieser Absprache nicht nachkamen. Das ersparte Geld wurde dann kurz vor Weihnachten für den Kauf von Geschenken ausbezahlt. In meiner Kindheit gab es wohl rund 20 000 solcher Clubs, von denen ich heute zum ersten Mal höre.

Bild 88: Mädelsabend in Cronenberger Kneipe „Bei Gabi"

Unser Kneipenbesuch erinnert mich nicht im Geringsten an meine Kindheitserfahrungen. Es riecht und schmeckt so völlig anders. Ich sitze nicht mehr in der Rolle der Außenseiterin einfach nur gelangweilt rum. Bei den erneut intensiv verlaufenden Gesprächen entsteht wieder die gleiche Verbundenheit mit Geli wie am ersten Mädelsabend kurz nach meiner Ankunft. Und Onkel Karl scheint trotzdem im Hintergrund dabei zu sein.

In diesen Tagen tauche ich gerne und ganz bewusst in die „Alte Welt" meiner ersten zehn Lebensjahre ein. Nostalgie pur, aber nicht nur. Es ist faszinierend, dass mir gleichzeitig auch eine ganz „Neue Welt" präsentiert wird, in der sich das Vergangene gewandelt hat, in der ich mich gewandelt habe. Ich lasse mich wohltuend vom Lauf des Lebens berühren. Es sind wohl genau solche Erfahrungen, nach denen ich mich unbewusst sehnte, als meine Route-66-Idee in mir wuchs.

## 5.2 BACK-TO-THE-ROOTS-TOUR 1

Wir parken in Unterbarmen neben der Wiese, auf der ich einst Gänseblümchen für die Omi pflückte. „Da freue ich mich aber!" Ich denke noch gerne an ihre Reaktion, die jedes Mal Überraschung ausdrückte. Heute durchschaue ich, dass sie mir bestimmt etwas vorspielte, denn immerhin klingelte ich zeitweise fast täglich an ihrer Türe mit meinem Blumensträußchen in der Hand. Sie wollte mir eben auch eine Freude bereiten, die gute Frau! Ich bin wieder in der Kindheit, eine mühelose Zeitreise von 60 Jahren, auch wenn die Gebäude, an denen wir nun vorbei schlendern, kleiner und weniger grau wirken.
Ich lasse mich automatisch zur Haustür des alten, unspektakulären Jugendstil-Mehrfamilienhauses treiben. Über diese Schwelle bin ich nach dem Brummen des Türöffners schon viele Male ungeduldig getapst, voller Vorfreude. Und jetzt, welch eine Enttäuschung: keine verschlissene Eichentür, keine abgegriffenen Klingeln mehr, nur heller, toter Kunststoff. Namen aus aller Welt geben sich ein Stelldichein unter einer vergilbten Plastiktafel zusammen mit verschiedenen Tasten und Lautsprecherlöchlein. Ich blicke nach oben. Auch die Fenster sind natürlich erneuert,

keine Spur mehr von den bunten Scheibchen, die bei jeder Erschütterung leicht klirrten, in Einklang mit dem Knarzen der alten Holzdielen. Diese Geräusche habe ich immer noch im Ohr, genauso wie die der Schwebebahn, die ganz in der Nähe vorbeifährt. Unheimliches, manchmal schmerzhaftes Quietschen von Metall auf Metall bleibt wie eingebrannt. Wie gut, dass sich das heute verbessert hat. Und auch die Fassade des Hauses sieht nicht mehr so schlimm aus. Damals war sie mit einem einheitlichen, schmutzigen Dunkelgrau überzogen. Ich musste mich anstrengen, um die beiden gelangweilten Gesichter inmitten der Blumenmuster zu erkennen. Wie ich diese Hässlichkeiten verabscheute! Unheimlich und altmodisch! Und heute? Jetzt gefallen mir die beigen Jugendstilornamente auf der mittlerweile hellen Wand, auch wenn der Gesamteindruck des Hauses keineswegs besser geworden ist.

Bild 89: Omis Wohnung „Am Brögel"

Am liebsten würde ich irgendwo klingeln und noch einmal die alte, knarzende Treppe hinaufsteigen, aber ich traue mich nicht. Wahrscheinlich ist das auch gut so. Die Menschen, die ich dann gerne hinter der Wohnungstüre antreffen würde, leben ja sowieso nur noch in meiner Erinnerung. Stattdessen gönne ich mir einen nostalgischen Rückblick von der Straße aus. Zuerst fliegen meine Gedanken zum Erker im zweiten Stock. Ich sitze auf einmal wieder am runden dunklen Esstisch. Wir spielen „Mensch ärgere dich nicht". Omi zieht wie immer ihre roten Steine und gewinnt. Oder ich esse Suppe aus einer Tasse mit blauen Blümchen. Die anderen trinken Kaffee zum Abendessen um vier Uhr. Die Gedanken wandern weiter in den Raum zum ersten Fernsehgerät meines Lebens. Im Familienkreis wird Kennedys Besuch in Berlin aufmerksam beobachtet. Roland spielt währenddessen mit seinen Militärfahrzeugen und Panzern. Ich interessiere mich für den amerikanischen Präsidenten, da er ganz ähnlich aussieht wie mein Vater (meiner Meinung nach zumindest). Und dann lassen wir uns wenige Monate später gemeinsam durch die Bilder seiner Ermordung in Dallas erschüttern. Oder wir lachen zusammen, als Miss Sophies Diener bei „Dinner for One" zum ersten Mal über das Bärenfell stolpert. Die Uhr auf dem Schrank mischt sich ein mit ihren lauten Big-Ben-Schlägen. Dann wandern die Erinnerungen zur Küche, die mit blauem Zigarettenrauch gefüllt ist. Hier spielen Männer Skat oder Omi sitzt mit ihrer Heimarbeit an der ratternden Nähmaschine. Auf einmal taucht der Christbaum im Wohnzimmer vor meinen inneren Augen auf. Wie jedes Jahr liegt hier eine neue Puppe für mich, liebevoll mit selbstgenähter Wechselbekleidung ausgestattet. Oh, wie schön!!! Ich könnte meinen inneren Film wahrscheinlich noch endlos fortsetzen, aber es wird Zeit zum Abschied.

Nach dem Besuch dieser ersten, tiefen Wurzel ist nun Schwebebahnfahren angesagt, von einem Ende zum anderen plus Hin- und Rückfahrt. Wir laufen zur Haltestelle. Hier scheint die Zeit wieder stehen geblieben zu sein. Jeder Schritt kommt mir vertraut vor, denn hier war ich schon unzählige Male an Omis Hand unterwegs gewesen. Wir erreichen die Loher Brücke, bei der sich so manches verändert hat.

Ein interessantes Haus fesselt meinen Blick. „Was ist das denn?" „Die Junior Uni: Für Eltern ist es ganz schön schwer, ihren Nachwuchs hier anzumelden. Alle ausgeschriebenen Kurse sind sofort ausgebucht.", schildert Geli. Der angesehene, praxisorientierte außerschulische Lernort ist wohl hochbegehrt. Das Umfeld spiegelt diese Attraktivität. Die sonst hässlichen Rohre entlang der Wupper leuchten in denselben bunten Farben, die auch das runde Gebäude der Kinderforscher zieren. Auf ihnen lese ich dezente Werbung:

*„Wir fördern Wissen. WSW-Partner der Junior Uni"*
(WSW=Wuppertaler Stadtwerke)

Dass klingt nach Stolz. Und nicht nur das, es wurde auch ein Bogen zur Vergangenheit gespannt. Früher stand hier eine hässliche Fabrik. Wie schön, dass sie nicht einfach nur lieblos abgerissen wurde, sondern kleine symbolische Reste stehen geblieben sind. Sie erinnern an Wuppertaler Industriegeschichte:

*„Die Wuppertaler Junior Uni für das Bergische Land steht in der großen Tradition von Forschergeist, Unternehmermut und hervorragender Fachkräftekompetenz – über Jahrhunderte.*
*An dieser Stelle wurden Farben hergestellt. Daran erinnerte bis 2010 eine heruntergekommene Industrieruine. Beim Abriss wurden diese architektonischen Merkzeichen für die Nachwelt gesichert: dieser ursprünglich neungeteilte Fensterrahmen, drei stählerne Stützen und ein Ziegelmauerblock."*

Als ich ein paar Schritte zurücktrete, entdecke ich den Fensterrahmen erst. Er fasst nämlich den gerade gelesenen Text ein, zusammen mit entsprechenden Bilddokumenten. Die drei Stützen habe ich sofort wahrgenommen, denn sie wirken wie moderne Kunstwerke.

Vergangenheit! Ich würde jetzt gerne noch einmal die knarrenden ausgetretenen Eichenstufen zur Schwebebahnhaltestelle hinauf klettern, aber der alte Bahnhof ist abgerissen. Stattdessen gibt es nun einen hellen, modernen Aufgang mit lustigen Bildern anlässlich des 50. Geburtstags der schlauen Maus vom Westdeutschen Rundfunk. Auch sehr schön!

Weitere Kindheitserinnerung lassen nicht lange auf sich warten. Als wir mit der Bahn unter den Schienen schweben, tauche ich wieder vollständig ab. Diese Art von Fortbewegung scheint in mein Körpergedächtnis eingraviert zu sein. Wupper und Uferumgebung sind fast gleich geblieben. Bis zur Endstation verlieren meine letzten sechzig Jahre ihre Bedeutung.

Wir sind in Wuppertal Hecklinghausen und besuchen den nahegelegenen ehemaligen Gaskessel. Mit dem Aufzug geht es bis ganz nach oben. Von hier können wir aus allen Richtungen auf ein Häusermeer herunterblicken. Alte Fotos und Infotafeln informieren wieder über Industriegeschichte. Früher kam es mir manchmal ein wenig so vor, als würde sich Wuppertal über sich selbst schämen. Vielleicht waren es aber auch nur meine Eltern, die so empfanden. Heute jedoch scheint das einst „hässliche Entlein" recht selbstbewusst geworden zu sein. Ich glaube, die Bewohner haben wohl auch allen Grund dazu. Ihre Stadt bedeutet auf jeden Fall mehr als nur eine graue, verregnete Ansammlung von Häusern mit Schwebebahn. Sie blickt mittlerweile stolz auf ihre Erfolge in der Vergangenheit zurück. Und nicht nur das. Mir scheint, dass sie heutzutage sogar dabei ist, sich neu zu erfinden. Sie zeichnet sich durch wirtschaftliche Zukunftsorientierung mit entsprechender Kultur und Bildung aus. Beispielsweise befindet sich gerade hier auf dem Gaskessel der Standort des Projekts "Circular Valley". Durch Kreislaufwirtschaft sollen sowohl Ökonomie als auch Ökologie vorangetrieben werden. Fachleute versuchen, die Zukunft mit Hilfe von durchdachter Abfallverwertung positiv zu beeinflussen. Die Wiederbelebung dieses 1997 stillgelegten Gaskessels wird als hervorragendes Symbol für dieses Anliegen gesehen. Aus Vergangenheit wird sozusagen Gegenwart und Zukunft!

Wir begeben uns in das Innere des Gebäudes und besuchen im Visiodrom die Vorführung „Monet – Rebell und Genie". Riesige bewegte und bewegende Bilder entführen uns an den runden Innenwänden mit entsprechender Musik in einen impressionistischen Traum. Heute bin ich hochsensibel, schon allein wegen der vielen lebendigen Erinnerungen am Morgen. Mir kommen vor lauter Rührung Tränchen, die ich einfach ungeniert laufen lasse. Es sieht mich ja hier im Dunkeln sowieso niemand.

Nach so viel Heimatkunde, Geschichte, Wirtschaft und Kultur wird es Zeit fürs leibliche Wohl. Wie gut, dass es in der Mitte des Gasturmes ein nettes Restaurant gibt. Bei leckerem Essen lassen wir den Morgen noch einmal Revue passieren. Dabei stellt sich heraus, dass vorher auch bei Geli die Tränen geflossen sind. Ich schildere die ersten Eindrücke meiner Back-to-the-Roots-Tour und stoße auf offene Ohren. Vor dem Aufbruch äußere ich den Wunsch, die nächste Fahrt zu unterbrechen. Ich möchte das Haus aufsuchen, in dem wir während meiner ersten vier Lebensjahre eine winzige Wohnung hatten. Die beiden sind umgehend damit einverstanden und nehmen den Umweg klaglos in Kauf.

Bild 90: Haltestelle Werther Brücke in Barmen

Wir steigen an der Haltestelle Werther Brücke aus. Der Bahnhof wurde zwar ziemlich aufgehübscht, aber im Wesentlichen sieht er noch wie in meiner Kindheit aus. Je näher wir meinem ehemaligen Wohnort kommen, desto mehr Details fallen mir wieder ein. „Hier war die Feuerwehr, hier eine Spedition mit ihren hellgelben Lastwagen, hier unsere erste Garage." Und schon sehe ich die fensterlose Seitenwand unseres Hauses. Links der Eisenbahnbrücke erhebt sie sich jenseits der Gleise. Auf genau dieser Brücke fand vor ungefähr 64 Jahren ein Fotoshooting statt. Hier poste die kleine Barbara als Model mit Schirmchen und wurde in allen möglichen Variationen abgelichtet. Die Abzüge dienten als Geschenke für die Verwandtschaft. Ein Bild hing gerahmt in der Küche meiner Elberfelder Oma, ein anderes hängt heute noch im Kellergeschoss des Hauses meiner Eltern. Natürlich stehe ich erneut für ein Foto zur Verfügung. Ich öffne Gelis erfreulicherweise heute unnötigen Regenschirm und pose jetzt für Bernhard. Sein Ergebnis unterscheidet sich natürlich erheblich von der Vorlage. Das jetzt farbige Model ist alt geworden. Zudem sind die großen Pflastersteine, das dekorative Geländer und der alte Bau im Hintergrund verschwunden.

Nur noch ein paar Schritte, und ich stehe vor einer langweiligen Nachkriegsfassade. Hier bekamen meine Eltern mit viel Glück eine fast bezugsfertige Neubauwohnung. Ihre standesamtliche Trauung lag zu dem Zeitpunkt bereits ein halbes Jahr zurück. Umgehend bestellten sie daraufhin das Aufgebot beim Pfarrer. „Wir mussten heiraten!", sagte mein Vater deshalb gerne. Zu dieser kleinen Wohnung gehörten eine Wohn-, Schlaf-, Arbeitszimmerkombination und eine Wohnküche mit Balkon. Wir hatten ein winziges Bad. Wie ich bei dieser Enge gut zwei Jahre später sogar zu einem eigenen Zimmer kam, beschreibt mein Vater in seinen Aufzeichnungen:

*„Die Wohnung besaß kein Kinderzimmer. Im Wohnraum hatten wir mittlerweile einen Ölofen, aber alles war sehr eng. Der Balkon bot sich als Ausweg an. Unter uns hatten bereits einige*

*Mieter diesen mit einem Fenster zugemacht. Der Hausherr hatte nichts dagegen. Also bestellten wir bei einem Schreiner ein großes Fenster, welches dieser auch montierte. Ferner wurde eine Wand mit Türe eingebaut, die den Teil des Balkons abtrennte, der vor dem Bad und damit auch vor der Toilette lag. Marianne [meine Mutter] war nicht anwesend, sodass die Küche als Baumateriallager genutzt werden konnte. Mit Behördenkram – sprich Genehmigungen – gaben wir uns nicht ab. Als besonderes Problem stellte sich heraus, dass das Dach nicht lang genug war. So verlängerten mein Schwager Karl und ich es mit Balken, Brettern und Dachpappe. Besonders schwierig war die Arbeit an der Regenrinne. Immerhin ging es vorne vier Etagen runter bis zum Hof der Getränkegroßhandlung des Hausherrn und links waren es sogar schätzungsweise sechs Meter bis zur Eisenbahn. Aber wir schafften es unfallfrei und hatten am Ende ein Kinderzimmer."*

Schon ganz schön verwegen, diese Jungs! Ich kann von der Straße aus nicht erkennen, wie mein ehemaliges Zimmerlein heute aussieht. Genauso wenig konnte ich natürlich damals auf Brücke oder Schienen blicken. Gerne hätte ich unten das Treiben beobachtet. Manchmal stiegen vom nahen Rangierbahnhof gar furchtbare Geräusche auf. Hätte ich die dafür verantwortlichen Loks sehen können, wäre bestimmt mein Interesse geweckt worden und die Angst vermutlich kleiner gewesen. Ich fand eigentlich alles ganz toll, was sich in der Nähe des Hauses abspielte. Und so zog es mich oft zum anderen Ende der Wohnung ans Fenster, von dem aus ich die Straße im Blick hatte. Schon früh lernte ich dadurch gängige Automarken zu benennen. Es entzückte mich, dass ein lila Kombi regelmäßig am Haus vorbeifuhr. Ich liebte dessen überdimensionale Uhr, die zu Werbezwecken auf seinem Dach angebracht war. Ein Pferdefuhrwerk wartete hin und wieder beim Abladen von Bierfässern vor der Getränkehandlung links neben unserem Haus. Ich sah von der Straße aus gerne dabei zu. Und auch die vierspurige Bahnlinie erweckte meine Neugier.

Wir mussten sie überqueren, wenn wir in die Stadt wollten. Die Loks flößten mir gehörigen Respekt ein. Wenn sie unter der Brücke durchfuhren, wurde alles vollständig in weißen Dampf gehüllt. Mir blieb dann jedes Mal fast der Atem weg. Inmitten meines frühkindliches Beobachtungsfeldes spüre ich nun, dass es langsam wieder Zeit für die Gegenwart wird. Die Beiden neben mir langweilen sich bestimmt. Also nur noch ein letzter Blick nach oben zu dem dreiteiligen Fenster unter dem Dach, dann wieder Schwebebahn.

Wir werden bis zur Endhaltestelle Vohwinkel sitzen bleiben. Der Blick nach unten auf die Wupper ist für mich wie Kino. Wieder wird der nostalgische Film gezeigt. Ich erkenne die Stelle, wo Elefant Tuffi 1950 auf legendäre Weise aus einem Schwebe-bahnwagen ins Wasser sprang und nahezu unverletzt blieb. Er wollte dadurch lästigen Reportern entkommen, deren Blitzlichter ihn geärgert hatten. Immer wieder erzählte mir Omi diese Geschichte. Früher erinnerte eine Elefantenapotheke an diesen Vorfall. Heute steht das Zirkustier als weiße Skulptur mitten im Wasser. In Elberfeld schweben wir am Arbeitsplatz meiner anderen Oma vorbei. Ich erkenne die ehemalige Kleiderfabrik sofort. Das Gebäude wirkt heute recht gepflegt, welch eine Veränderung! Kurz danach taucht die damalige Schwebebahn-haltestelle Döppersberg auf. Sie heißt jetzt Hauptbahnhof und wurde aufwändig umgebaut. Der bogenförmige Eingang vor der Treppe erinnert trotzdem noch an alte Zeiten. Auf einem über neunzig Jahre alten Foto sieht er bereits ganz ähnlich aus. Die Omi steht direkt davor und hält meinen ungefähr zweijährigen Vater stolz an der Hand.

An einer Stelle wird die Schwebebahn unter einer Eisenbahn-brücke hindurchgeführt. Diese Konstellation war schon immer ein beliebtes Motiv für geduldige Verkehrsfotografen. Im Internet sind zahlreiche Beweise dafür zu finden. Ich stieß auf ein Prachtexemplar von 1953, als ich anlässlich der diamantenen Hochzeit meiner Eltern auf der Suche nach Wuppertalbildern war.

In der Mitte fährt eine Schwebebahn, links davon eine Straßenbahn, davor ein Auto und oben auf der Brücke ein Dampfzug. Ich erzähle Bernhard davon, und er weiß genau, welche Stelle ich meine. Mit seiner Hilfe gelingt mir ein moderner Schnappschuss dieser mehrdimensionalen Verkehrsführung. Er hätte interessant werden können, denn mittlerweile gibt es sogar noch eine weitere Brücke. Sie führt unter der Schwebebahn über die Wupper. Blöderweise sind aber wegen einer Baustelle nur zwei schwarze Autos zu sehen. Zudem fehlt leider heutzutage eine Dimension, denn die Straßenbahnen wurden in Wuppertal 1989 stillgelegt. Wie langweilig, im Vergleich zum Foto von damals!

Bild 91: Sonnborner Brücke im Westen von Wuppertal

Die Umgebung zieht ziemlich schnell an mir vorbei, obwohl unsere maximale Geschwindigkeit lediglich 60 km/h beträgt. Bald verlassen wir die Wupper und schweben über der Straße weiter. Ich glaube, dass ich diesen Streckenabschnitt bisher noch nie von oben, sondern nur vom Auto aus gesehen habe. So kommt es mir recht ungewohnt vor, dass auf einmal wieder alles wie in einer Modellbauausstellung aussieht. An der Endstation Vohwinkel verlassen wir den Wagen, aber nur um auf der anderen Seite wieder einzusteigen. „Es ist eine Schande, dass die Umgebung hier so schrecklich unattraktiv aussieht, ausgerechnet bei der letzten Haltestelle!", schimpft Geli.

Mir ist es egal, ich schwebe gerne wieder zurück. Langsam bin ich ziemlich erschöpft von all den intensiven Eindrücken und Erinnerungen. Nachdem ich mich auf meinen Sitz habe plumpsen lassen, falle ich umgehend in einen tiefenentspannten Zustand. Mein ganzes Leben fließt irgendwie zusammen, das Kind und die Rentnerin werden zu einer Einheit. Diese erste Reise zu den Wurzeln geht mir sehr nahe. Ich bin froh, dass ich heute nicht alleine unterwegs war, sondern beim Rausposaunen meiner Flashbacks oder Gefühle stets auf offene Ohren und Wohlwollen gestoßen bin. Und es ging nicht nur um mich, sondern auch um die Stadt, welche ich nun aus ganz anderer Perspektive wahrnehme. Wenn mich jetzt jemand fragen würde: „Was wollen Sie denn in Wuppertal?", dann könnte ich weit ausholen.

## 5.3 BACK-TO-THE-ROOTS-TOUR 2

Wir parken irgendwo in einem Elberfelder Wohngebiet. Die Gegend ist mir völlig unbekannt, lediglich der Begriff „Hardt" reizt mich zu Beginn meiner zweiten Erinnerungstour. Ich bringe den Namen in Zusammenhang mit Sonntagnachmittag, Berghochlaufen, Spazierengehen oder Gleitschuhfahren. Konkrete Erinnerungen habe ich eigentlich nur an den Bismarckturm, beziehungsweise an einen verschneiten Abhang davor. Wir starten jedoch auf der anderen Seite, und ich sammle zunächst einmal Fakten. Mit „Die Hardt" ist eigentlich der älteste Park Wuppertals gemeint, welcher sich ungefähr 90 Meter über der Wupper an der Grenze zwischen Elberfeld und Barmen auf der Höhe entlang zieht. Ich erfahre auch, dass dieses Naherholungsgebiet seit Anfang des 19. Jahrhundert immer wieder verändert wurde.

Bild 92: Villa Eller und Elisenturm auf der Hardt

Im Botanischen Garten schlendern wir an großen Gewächshäusern vorbei und gelangen zum rosa-orangen Elisenturm. Dieser erhebt sich neben der fast gleichfarbigen Villa Eller. Beide verzaubern mich mit ihrem klassizistischen Gründerzeitcharme, alles frisch saniert. Vor der Villa steigen wir ein wenig den Abhang hinunter, um neben gepflegten Blumenbeeten auch exotische Bäume zu bewundern. Danach erfolgt ein Hardtspaziergang zum Bismarckturm. Ich habe dieses Bauwerk positiv in Erinnerung, aber heute stört mich sein klotziges Imponiergehabe. Wegen des schwülstigen historischen Hintergrundes lassen mich die Informationen auf der Hinweistafel kalt:

„... [DerTurm] *sollte Einheit und Größe des Deutschen Reiches symbolisieren, aber auch die lokale Gemeinsamkeit unterstreichen. Daher wurde er 1907 auf der Stadtgrenze zwischen Elberfeld und Barmen erbaut und gemeinsam finanziert...* "

Weiter geht es anschließend mit dem Auto zum Bahnhof Mirke. Bedauerlicherweise konnte ich hier noch nie einen Zug fahren sehen. Eigentlich ist das erstaunlich, denn die Wohnung meiner Elberfelder Oma lag ganz in der Nähe. Und heute ist alle Hoffnung vergeblich, denn auf dem ehemaligen Gleisbett verläuft nun ein beliebter Radweg, die Nordbahntrasse. Der Bahnhof existiert noch, ja, er ist sogar der Mittelpunkt einer Art Zukunftswerkstatt namens Utopiastadt. Hier stellen sich hochmotivierte, häufig junge Leute bewusst aktuellen soziokulturellen Herausforderungen. Sie möchten beispielsweise durch gezielte Angebote lebensfreundliche Stadtentwicklung vorantreiben. Sie renovieren das historische Bahnhofsgebäude in Eigenarbeit, betreiben dort neben einem Café auch eine Reparaturanlaufstelle. Sie organisieren einen Fahrradverleih und Carsharing. Sie ermöglichen Festivals, vielfältige kulturelle Veranstaltungen und alternative Zukunftsaktionen. Sie vernetzen sich mit Urban-Gardening-Projekten und initiieren Wettbewerbe. Mit ihrem vielfältigen Engagement verlassen sie bewusst eingetretene Pfade. Ich bin beeindruckt!

Gerne möchte ich jetzt hier im Café Hutmacher mit Gelibernhard einkehren, aber es ist noch geschlossen. Ein junger Mann sieht unsere Enttäuschung und zeigt uns daraufhin bereitwillig die Räume. Die Theke besteht aus ausrangierten Büchern. Ein veraltetes Klapprad dient als Wanddekoration. Plüschsofa, Sessel und Kaffeetischlein sehen aus, als kämen sie direkt vom Sperrmüll (nicht einmal so unwahrscheinlich). Nichts ist neu oder aufeinander abgestimmt. Es fasziniert mich, dass ich die Atmosphäre trotzdem als stimmig und gemütlich empfinde.

Nun denn, dann arbeiten wir halt weiter meine Wünsche ab. Als nächstes möchte ich zur Wohnung meiner Oma. Ich übernehme zielsicher die Führung, als wäre ich erst gestern das letzte Mal hier gewesen. Dies kommt mir bei meinem schlechten Orientierungssinn fast wie ein Wunder vor, immerhin war ich mindestens dreißig Jahren lang nicht mehr in dieser Gegend. Äußerlich hat sich seit der Nachkriegszeit nicht viel verändert. Allerdings sind die Häuserfronten auch hier heller und scheinbar niedriger geworden. Die meist vierstöckigen Mietshäuser sehen in ihren sanften bunten Pastellfarben recht gepflegt aus. Geli verrät mir, dass die Stadt vor ein paar Jahren ziemlich viel Geld in die Hand genommen hat, um dieses Viertel aufzuhübschen. Immerhin handelt es sich hier um ein ungewöhnlich großes zusammen-hängendes Gründerzeitwohngebiet, etwas ganz Besonderes in Deutschland.

Ich erreiche das gesuchte Haus, an dessen Fassade es kein herzloses Plastik zu beklagen gibt. Vier Steinstufen, Eichentüre, zwei bronzene Quergriffe: Alles ist noch erhalten, wow! Im Zeitlupentempo steige ich zum Eingang hoch und betaste fast ehrfürchtig einen der Griffe. Wie viele Male habe ich wohl schon dieses Haus betreten, um dann durch den hallenartigen Vorraum zu tapsen? Vorbei an den riesigen nichtssagenden Gemälden bis zur dunklen Holzfigur am unteren Ende des Geländers, vor der ich mich stets ein wenig fürchtete. Wie oft keuchte ich bereits dieses nicht enden wollende Treppenhaus empor? Und die Toilette auf halber Treppe war mir so unangenehm, dass ich sie möglichst selten aufsuchte. Heute präsentiert sich mir dasselbe Haus zum ersten Mal als Schönheit. Mir gefallen die interessanten Muster und Figuren, welche mittlerweile behutsam in helleren oder dunkleren warmen Braunbeigetönen zur Geltung gebracht wurden. Jetzt erst bewundere ich die Haustür mit den kunstvollen Holzschnitzereien und den dekorativen Eisengittern vor den Glasscheiben, in denen sich das gegenüberliegende Haus spiegelt.

Bild 93: Haustür zu Omas Wohnung in der Froweinstraße

Ich trete einige Schritte zurück, um im vierten Stock das frühere
Schlafzimmerfenster meiner Oma zu betrachten. Darüber erkenne
ich auch ein Stück der winzigen Mansarde, in der ihre Schwester
Anna wohnte. Natürlich steigen auch hier wieder die Erinnerungen
auf: Familienmahlzeiten mit Oma, Großtante, Eltern, Tante, Onkel
und deren Kinder. Wir sitzen am ausgezogenen Esstisch vor dem
Sofa im Schlafzimmer. Er ist reichlich gedeckt: Dosenobst-
Tortenböden oder Aufschnitt und Bier, beziehungsweise
Kinderbier. Wieder fällt mir ein Christbaum ein. Jetzt ist es der
mit den Glöckchen, die ich so liebte. Eines dieser Glöckchen
besitze ich heute noch als Andenken.

Einmal übernachtete ich auf dem Sofa, was mir zunächst gut gefiel. Ein riesiger romantischer Ölschinken hing in einem wuchtigen Goldrahmen über meinem Nachtlager. Er regte meine Fantasie an mit seinen Bergen und dem friedlichen See. Aber die verzierten Stuckleisten der Zimmerdecke dämpften dieses Wohlgefühl. Aus ihnen starrten irgendwelche unheimlichen Tierchen oder Figuren zwischen den Blumenmustern missmutig auf mich herab. In der Mitte des Raumes hing ein funktionsloser Stab scheinbar beleidigt aus einer Rosette herunter. Er vermisste vermutlich die alten Zeiten der Gaslampen. Jugendstil traf offensichtlich damals so ganz und gar nicht meinen Geschmack. Trotzdem schlief ich tapfer in jener Nacht, ohne zu jammern.

Ich höre die Kuckucksuhr in der Küche. Ich sehe das breite Brett vor dem Fenster. Dies war der Kühlschrank im Winter, zumindest ganz früher. Von dort aus blicke ich zum trostlosen Innenhof runter. „Pass auf, lehn dich bloß nicht zu weit raus!" Wie schön, dass die Oma dort in späteren Jahren einen Garten anlegen durfte. Das Wühlen in Erde lag ihr am Herzen als Frau vom Lande in der Stadt. Das Schicksal war grausam mit ihr umgegangen. Ihr Mann starb 1933 an Tuberkulose, als sie gerade einmal 29 war. Sie musste ihre beiden Kinder alleine durchbringen. Eines davon – meine Mutter – war zum Zeitpunkt des Todes noch nicht einmal geboren. Der junge Unternehmer Franz durfte nicht im Leben Fuß fassen, er musste gehen, noch bevor er seine Träume und Pläne verwirklichen konnte. Er konnte nie mein Opa werden. Der Nachwelt blieben meines Wissens nur drei Fotos und paar wenige Erzählungen erhalten.

Die überforderte Oma war 1943 nach dem Angriff mit ihren zehn und zwölf Jahre alten Kindern hierher gezogen. Sie wurde zwar von ihrer Schwester Anna ein wenig unterstützt, verstand sich jedoch nicht sonderlich gut mit ihr. Bestimmt haben sich dramatischen Szenen da oben abgespielt. Aber später war dort auch der Ort, an dem mein Vater meine Mutter zum ersten Mal traf:

*„Kurz vor Ostern 1950 bat ein Junge aus der Pfarrei, Becker mit Rufnamen, meinen Bruder und mich zu seiner Geburtstagsfeier zu kommen. Eigentlich meinte er nicht uns, sondern unsere Schallplatten. Er hatte sich selbst bei der Mutter meiner späteren Frau eingeladen. Zu Hause durfte er nicht feiern. Er wollte auch einen Kuchen mitbringen. Neben uns hatte er noch etwa zwanzig weitere Mädchen und Jungen eingeladen. [Zweizimmerwohnung ohne Bad und die Toilette auf halber Treppe!] Unterwegs sagte ich zu meinem Bruder: „Jetzt lach ich mir die Tochter des Hauses an!" Ich wusste aber noch nicht einmal, dass es eine solche gab. Unsere Schallplatten wurden heiß erwartet. Herbert Ottersbach hatte einen Plattenspieler mitgebracht, der ohne Strom mit einer aufziehbaren Feder betrieben wurde. Er besaß aber nur eine Platte, auf die man tanzen konnte. ... Nur die Küche stand zum Feiern zur Verfügung. Das andere Zimmer diente als Garderobe. Bei diesem Andrang reichten die Stühle nicht aus. Alles, was irgendwie geeignet war, wurde benutzt. So kam es, dass Marianne bald auf meinem Schoß saß. ... Wir machten Pfänderspiele. Sie bekam die Aufgabe, nach Ende des Abends den Becker nach Hause zu bringen. Ich begleitete die beiden. ..."*

Die haben es ja damals ganz schön krachen lassen!
Jetzt führe ich auf direktem Weg zur Herz-Jesu-Kirche, dem Mittelpunkt der „Pfarre", in der meine Eltern vor ihrer Hochzeit viel Zeit verbrachten. Ich glaube heute, dass dort eine hervorragende Jugendarbeit betrieben wurde. Mich erinnert dieses Gotteshaus aber eher an Volksfrömmigkeit oder Marienverehrung. Offenbar konnte ich dort, in Begleitung meiner sonst so pragmatisch veranlagten Oma, eine gewisse kindliche Andacht empfinden. Es gibt in meinem Gedächtnis dazu keine konkreten Szenen, sondern nur sentimentale Bilder oder süßliche Gefühle. Erinnern kann ich mich aber an die Erzählungen meines Vaters von den Aufräumarbeiten nach dem Luftangriff. Er beeindruckte mich jedes Mal, wenn er sein waghalsiges Balancieren auf den Grundmauern der stark beschädigten Kirche beschrieb. Mich

selbst sehe ich über fünfzig Jahre später in dem lange wieder intakten Bauwerk beim Requiem für meine Oma. Ich stehe am Altar und trage eine Fürbitte mit zittriger Stimme vor, während ich gegen meine Tränen ankämpfe. Ich halte durch, denn es hätte nicht gut zur Oma gepasst, wenn ich schwach geworden wäre.

Ohne Schwierigkeit finde ich die Kirche. Gerade möchte ich sie durch die offene Tür betreten, da lese ich irritiert: „Diakoniekirche". Moment mal, das ist hier ja weder Herz-Jesu noch katholisch! Wie konnte ich mich so irren? Dann doch lieber Onlinekarte statt Gedächtnis! Oh, ich bin nicht falsch gelaufen, sondern habe nur vorschnell aufgegeben. Es gibt nämlich in dieser Straße zwei ähnliche Kirchen, ganz kurz hintereinander. Nach ein paar Metern taucht ein weiterer roter Backsteinbau im Hintergrund auf. Kurz danach stehe ich wirklich vor dem neogotischen Gotteshaus, in dem meine Kindheitsfrömmigkeit zu Hause ist. Ich möchte mal überprüfen, ob ich das heute noch nachvollziehen kann. Dazu erklimme ich einige Stufen und versuche ins Innere zu gelangen. Vergeblich, sowohl Haupt- als auch Nebeneingang sind verschlossen. Dann halt doch keine Recherche zu den Wurzeln meiner Religiosität. Die anderen haben sowieso keine Lust, mich dabei zu begleiten, sondern warten munter plaudernd am nächsten Straßeneck.

„Wohnten hier in der Nähe nicht unsere Väter in ihrer Kindheit?" frage ich auf einmal ganz spontan. „Ja, gleich um die Ecke.", verkündet Bernhard. Und schon lese ich „Höchsten", eine Straßenbezeichnung, die immer wieder in Familienerzählungen vorkam. Hier lebten und arbeiteten sie in einem Brausen- und Wannenbad mit Turnhalle. Ich dachte immer, dass das Zuhause unserer Väter im Krieg abgebrannt sei. Deshalb überrascht es mich, als ich jetzt vor einer Turnhalle stehe. Ist das etwa jener Ort, von dem mein Vater so gerne erzählte? Gibt es ihn doch noch? Ich brauche nicht einmal das Internet zu befragen, denn am Haus hängt bereits die Ja-Antwort in Form einer Hinweistafel. Dem Museum für Industriekultur sei Dank! Ich befinde mich auf einer der 13 Routen durch Wuppertal, an denen mit solchen Tafeln auf historisch bedeutsame Orte hingewiesen wird. Und so erhalte ich nicht nur Informationen über die Geschichte dieses Gebäudes, sondern sehe zu meinem großen Entzücken sogar ein Foto von seinem ursprünglichen Zustand. „Ganz schön beeindruckend sah es hier aus zu Zeiten der Kindheit unserer Väter!", denke ich gerührt. Im Gegensatz zu heute gab es noch einen repräsentativen Turm und ein prächtiges Portal. Dann habe ich das alles immer falsch verstanden. Offensichtlich sind nur Teile des Bauwerkes zerstört worden. Die Grundstruktur der ehemaligen Fassade ist heute noch deutlich erkennbar. Mein Vater schreibt:

*„Geboren wurde ich am 21.9.1927 in Elberfeld in einer Bade-anstalt. Wir wohnten dort, denn mein Vater hatte diese von der Stadt gepachtet. Als ich wenige Stunden alt war, entführte er mich aus unserer Wohnung, die im selben Haus oben unter dem Dach lag, um mich den Stammgästen zu zeigen. So war ich gewiss der jüngste Besucher unserer Badeanstalt. Meine Mutter soll dies nicht sonderlich locker gesehen haben.*
*Zum besseren Verständnis erkläre ich erst einmal die Badeanstalt. In dieser Zeit hatte kaum ein Bürger ein eigenes Bad. Zur Förderung der Gesundheit baute die Stadt Elberfeld ein Gebäude mit 12 Wannen und 18 Brausen. Dies war ein reines Reinigungs-bad ohne Schwimmbecken. Gleichzeitig wurden zwei Turnhallen errichtet, eine über dem Bad und eine zweite Halle auf dem Hof. Diese war eine Freiluft-Turnhalle, nur Boden und Dach, mit Holzsäulen als Träger. ...*
*Als ich sechs Jahre alt war, starb mein Vater an einer Lungen-entzündung. Mein Onkel wollte die Badeanstalt weiterführen, da eine Frau – besonders wenn sie drei Kinder hat – im Verständnis seiner Zeit, dies unmöglich konnte. Es kam zum Streit und zum Zerwürfnis. Meine Mutter bekam von der Stadt den Pachtvertrag. Es begann eine schwere Zeit, besonders für meine Geschwister. Beide mussten voll mithelfen. Einen Angestellten konnte oder wollte meine Mutter sich nicht leisten."*

Heute existiert meines Wissens nur ein einziges Bild, auf dem mein anderer biologischer Großvater zu sehen ist. Obwohl sein Grab gepflegt wurde, redete die Familie eigentlich nicht über ihn. Als ich meinen Vater am Ende seines Lebens gezielt über seinen Vater ausfragte, kam keine einzige aussagekräftige Antwort. Auch meine Cousins können absolut nichts über den alten Bademeister sagen. Die Omi hat alles Wissen über ihren Mann mit ins Grab genommen. Was hat das wohl zu bedeuten?

Buh, jetzt reicht es mal wieder mit den Wurzeln und dem Nebel der Vergangenheit, höchste Zeit zum Kaffeetrinken! Es zieht uns in die Innenstadt von Elberfeld. Etwas verträumt trotte ich einfach hinterher. Meine „Wurzelmission" sehe ich für heute als beendet an. Wir laufen der Genügsamkeitsstraße (wirklich!) entlang. Doch von wegen Genügsamkeit: Eine Erinnerung muss doch noch sein, als ich die schneckenförmige Auffahrt eines Parkhauses vor mir sehe. Mir fällt ein, dass diese Riesenluftschlange vor gut sechzig Jahren eine Sensation darstellte. Ich versuche mir das noch einmal zu vergegenwärtigen. Diese Zeitreise fällt mir aber recht schwer, denn heute sieht das Gebilde wie eine ganz normale Parkhaus-auffahrt aus. Es fällt mir jedoch leicht, mir unsere erste Parkaktion noch einmal zu vergegenwärtigen. Ich sitze in unserem hellblauen 12M Taunus. Mein Vater schraubt uns erst hoch und später wieder runter. Eine Mischung aus Angst und Spannung raubt mir fast den Atem. Ich fühle mich wie in einem der waghalsigen Fahrgeschäfte auf der Kirmes, die ich freiwillig niemals betreten hätte.

Bild 94: Einst sensationelle Riesenluftschlange

Nun ist es aber wirklich genug! Ab sofort gilt nur noch das Wuppertal im Hier und Jetzt. Wir streifen durchs Luisenviertel, das heutzutage für seine Cafés, Bars und Kneipen berühmt ist. Diese verbergen sich meist hinter ansprechenden klassizistischen oder bergischen Fassaden. Hier soll es an den Wochenenden wohl so richtig abgehen. Am Ende des Viertels lassen wir uns am Laurentiusplatz erschöpft auf Stühlchen im Außenbereich eines Cafés fallen. Wir genießen die Gegenwart bei Kaffee und Kuchen. Die Vergangenheit darf nun eine Zeitlang ruhen.

## 5.4 BACK-TO-THE-ROOTS-TOUR 3

Meine letzte Tour wird ohne Begleitung sein. Ich möchte mich hauptsächlich entlang meines alten Schulweges bewegen. Dort war ich ja meist auch alleine unterwegs. Der fürsorgliche Bernhard setzt mich beim Sportplatz an der Oberbergischen Straße

ab. An dieser Verkehrsader kann ich umgehend in die Vergangenheit einsteigen. Unzählige Male waren wir hier schon im Auto
unterwegs. Die kurvige, steile Strecke führte uns zur Autobahn
oder gehörte zum Familienbesuch in Lüttringhausen dazu.

Ich laufe durch den Kothener Busch. Werde ich den alten Spazier-
weg wieder finden, auf dem ich fast ein Jahr lang regelmäßig mit
Mutter und Babybruder im Kinderwagen unterwegs war? Ich
entdecke auf jeden Fall eine schöne Aussichtsstelle bei einer
Kleingartenanlage. Die Stadt liegt im Tal unter mir. Ich streife
dann wieder durch Bächlein-Wald-Hügellandschaft, finde sogar
einem Spielplatz. Erlebe ich hier ein kurzes, vages Déja-vu-
Gefühl? Eigentlich nicht, ich spüre zwar eine gewisse Vertrautheit, aber es steigen keine entsprechenden Bilder auf. Also schreite
ich zügig weiter in bewohntes Gebiet. Völlig unerwartet betrete
ich an einer Hausecke einen Tante-Emma-Laden, in dem es für ein
paar Pfennige Süßigkeiten aus großen Gläsern gibt. Ich stehe in
freudiger Erwartung an der hohen Theke. Mir läuft das Wasser im
Mund zusammen. Wie schön! Natürlich ist in Wirklichkeit keine
Spur mehr von dem Geschäft zu sehen, trotzdem erfreut mich
dieser Flashback.

An der Bahnlinie bin ich erneut wieder Kind und laufe bis zur
Brücke, neben der ich damals wohnte. Als ich die Schienen
überquere, werde ich vom stinkenden Dampf eines Zuges
eingehüllt. „Was wird aus den schönen Dampfloks, wenn diese
Strecke bald elektrifiziert wird?" Darüber sorgte ich mich, kurz
bevor wir wegzogen. Eigentlich muss ich mich nicht über meine
Neigung zur Eisenbahnromantik wundern. Das Wuppertaler Leben
neben den Eisenbahnlinien hat mich offenbar geprägt.

Ich stehe vor unserer ehemaligen Wohnung, blicke hoch zu den
Schlaf- und Wohnzimmerfenstern im dritten Stock. Vom Innenhof
aus erahne ich dann Küche und Kinderzimmer hinter dem kleinen
Balkon, auf dem damals ein Vogelhäuschen stand. Ich erinnere
mich an das Rotkehlchen, welches mich gelegentlich mit seinem
Besuch erfreute. Hier also habe ich ungefähr sechs Jahre meines
Lebens verbracht. Hinter diesen Mauern freute ich mich über die

Ankunft meines Brüderchens, übte Lesen, Schreiben, Rechnen, feierte Geburtstage und spielte mit meinen Eltern Halma. Ich beschäftigte mich viel alleine, kümmerte mich um die vielen Puppen, hörte meine Schallplatten und entwickelte erste Wanderromantik. Ich dachte über den Sinn des Lebens nach, bastelte Weihnachtsgeschenke und las abends heimlich unter der Decke. Unzählige Szenen tauchen unsortiert in mir auf. Ich lasse alles kommen und auch wieder gehen, meine Wurzeln!

Ich bin wieder Kind und gehe mit meinen Ledertornister auf dem Rücken in die Schule. Alles ist wie immer, lediglich der Zaun auf der anderen Straßenseite sieht auf einmal ziemlich heruntergekommen aus. Mein Weg führt mich durch die altvertraute Schlucht zwischen Mehrfamilienhäusern und Fabriken. Würden Eltern heute ihre Kinder diese Strecke von eineinhalb Kilometern allein zur Schule laufen lassen? Ich hatte eigentlich nichts dagegen, aber ich kannte ja auch nichts anderes. Träumend stapfte ich voran. Gelegentlich traf ich Hans-Peter, der ein paar Häuser weit weg wohnte. Wir wollten heiraten und nach Helgoland ziehen, wo auch immer das sein sollte. Wir malten Bilder vom Haus, das wir dort bauen würden. Aber unsere Partnerschaft war nicht mehr als ein zufälliges Aufeinandertreffen mit gemeinsamem Schulweg. Dass ich ihn einmal abholen würde oder wir uns zum Spielen verabreden könnten, auf diese Idee kamen wir nie. Was mag wohl aus ihm geworden sein? Sein Name steht natürlich nicht mehr auf der Klingel.
Ich komme an dem bergischen Fachwerkhaus vorbei, das ich in meiner Fantasie mal habe ein paar Meter hochspringen lassen. Ich hatte gehört, dass ein Gebäude in die Luft gegangen sei und stellte mir das an diesem Beispiel bildlich vor. Hier befanden sich irgendwo Reste von Kriegsruinen, wodurch solch destruktive Gedanken vermutlich angefeuert wurden. Schnell weiter! Ein großer Supermarkt drängt sich nun störend in die Bilder der Erinnerungen. Den gab es definitiv damals noch nicht hier. Aber das Theater, der Bahnhof und die Post, alles sonst passt noch.

Bild 95: Geburtshaus von Friedrich Engels (links)

Ich weiche zum Sightseeing vom Weg ab. Als erstes zieht mich das Geburtshaus von Friedrich Engels an. Es beherbergt das Museum für Industriegeschichte. Soll ich es vielleicht kurz von innen besichtigen? Nein, denn sowohl der blaue Himmel als auch mein Zeitmanagement sprechen gegen diese eigentlich gute Idee. Richtig romantisch, wie die beiden bergischen Häuser so unter dem blauen Himmel im Herbstlicht leuchten. Mir war nicht bewusst, dass der Philosoph und Revolutionär, auf den Wuppertal so stolz ist, ganz in der Nähe meines Schulwegs geboren wurde. Ich kannte lediglich die Friedrich-Engels-Allee. Diese überquere ich nun, um an die Wupper zu gelangen. An der Tuffi-Stelle erkenne ich meinen ehemaligen Kindergartenweg wieder. Wieder staune ich darüber, was mir meine Eltern damals zutrauten. Meine Mutter half mir nur die Allee zu überqueren, den Rest lief ich dann alleine, mit fünf oder so! Gewiss, der Straßenverkehr war noch nicht so heftig wie heute, aber schon damals gefährlich. Ich erinnere mich an das allgemeine Entsetzen, als hier in der Nähe einmal ein kleines Mädchen überfahren wurde. „Warum ist ein Kind tot, wenn es überfahren wird?" Diesen Zusammenhang konnte ich zu der Zeit noch nicht verstehen. Trotzdem war ich immer sehr vorsichtig, so wie es mir meine Eltern eingebläut hatten. In meiner Fantasie lief ich häufig vor gefährlichen Fahrzeugen oder Menschen davon. Vielleicht verhalfen mir solche Vorstellungen zu einer größeren Laufgeschwindigkeit?

An der Adlerbrücke bin ich geradezu entzückt von einer Hinweistafel mit einem Foto, welches meine Kindheitsgefühle untermalt. Es erinnert mich sowohl an die Straßenbahn, die hier einst auf der Allee fuhr, als auch an den Gaskessel, der auf der anderen Seite der Wupper lag. Beides ist für immer Vergangenheit. Ich kann mich auf einer Hinweistafel wieder bestens informieren, beispielsweise über die beiden stolzen Adler, die mit Imponiergehabe rechts und links der Brücke auf einer Säule thronen. Diese Greifvogelabbildungen wurden erst vor drei Jahren hierher gestellt nach einer aufwändigen Brückensanierung. Sehen die jetzt anders aus als die Tiere, die sich vor sechzig Jahren hier befanden? Keine Ahnung, das alles interessierte mich damals nicht sonderlich. Dabei ist die Brücke von 1868 eine der ältesten Gitterfachwerk-Brücken im Rheinland. Auch das wäre mir vermutlich egal gewesen, wenn ich es gewusst hätte.

Ich überquere die Wupper und laufe ein kurzes Stück in Richtung Kindergarten. An der nächsten Brücke zieht es mich wieder zurück zum Schulweg. Am Bahnhof gehe ich meinem Cappuccino-Bedürfnis nach. Heutzutage ist Leben eingekehrt im neoklassizistischen Empfangsgebäude, unter anderem in Form eines Cafés. Früher war die merkwürdige Uhr das einzig Interessante. Hier sind die Buchstaben WUPPERTAL BARMEN auf dem Zifferblatt verteilt. Damals irritierte mich das. Ich brauchte lange, um den Sinn hinter diesen Buchstaben zu entschlüsseln. Heute schmunzle ich darüber, freue mich, dass sich diese Uhr nicht verändert hat.

Bild 96: Barmer Bahnhof

Ich genieße mein Getränk auf einem der Holztische im Freien mit Blick auf den Bahnhofsvorplatz. An nahezu jedem Schultag lief ich hier vorbei, meist alleine mit dem Kopf voller philosophischer Kindergedanken. Einmal überlegte ich mir, ob ich das Jahr 2000 wohl jemals erreichen würde. Es war die Zeit, als ich die ersten Versuche beim Rechnen im Tausenderbereich unternahm. Nach einem mühseligen Überschlag kam ich zu dem Ergebnis, dass es wohl unwahrscheinlich sei. Welch ein Irrtum! Jetzt sitze ich putzmunter genau hier, zweiundzwanzig Jahre, nachdem ich die Schwelle ins neue Millennium überschritten habe. Ich fühle mich wohlwollend grinsend mit der Rechenanfängerin verbunden.

„Hier habe ich Fahrradfahren gelernt!", fällt mir auf einmal wieder ein, als ich im Innenhof der Textilingenieurschule stehe (so hieß dieses Gebäude damals). Ich bin wieder vom Schulweg abgewichen. Mich hat es zum Wohnort meiner damaligen Freundin

Cornelia gezogen. Ihr Vater war hier Hausmeister. Die Schule liegt am Fuß der Straße „An der Bergbahn". Ich laufe sie spontan hoch, obwohl auch hier keine Verbindung mit meinem Schulweg besteht. Zu meinem Entzücken finde ich an mehreren Stationen Tafeln zum Thema „Zauberhafte Barmer Anlagen". Durch Wort und Bild werden schon wieder Erinnerungen getriggert. Ich mutiere zum Kind unter vier, das mit seiner Mutter in diesen Anlagen spazieren geht. Das Thema „Bergbahn" stimmt mich traurig. Ich betrachte diese sonderbare Spur in der Mitte der Straße. Hier krallten sich wohl die Zähne der Bahn zur Fortbewegung rein. Gerne würde ich mit dieser Zahnradbahn durch die Anlagen hoch zum Toelleturm fahren. Das ist mir aber leider nicht mehr vergönnt, denn der Betrieb wurde für immer eingestellt. Die Bergbahn verkehrte 1959 zum letzten Mal, wahrscheinlich kurz vor diesen Erinnerungen.

Ich nähere mich meiner ehemaligen Schule von oben, vermutlich zum ersten Mal im Leben. Damals durfte ich die allerersten Anfänge des brandneuen Gebäudes erleben, einem einstöckigen Flachdachbau mit roter Fassade. Ich war sehr stolz auf diese hochmoderne Einrichtung. Und heute? Zunächst bin ich ein wenig enttäuscht, denn eine Baustelle versperrt mir den Blick auf den Schulhof. Ich spickle durch den Bauzaun über einen Sandhaufen hinweg und erkenne das Gebäude. Die geliebte, charakteristische rote Farbe ist verschwunden. Aha, mittlerweile wurde ein zweites Stockwerk auf meinen ehemaligen Unterrichtsräumen errichtet. Diese Option war bereits bei Eröffnung der Schule angedacht worden. Das Haus hat sich dadurch stark verändert, aber noch immer lernen hier kleine Leute. Ich sehe vor dem Zaun ein fröhliches Plakat mit dem Hinweis: *„Liebe Eltern, ab hier schaffen wir das alleine!"* Oh, da hat sich wohl das Elternverhalten erheblich verändert, kaum sind sechzig Jahre vergangen. Ich kann mich nicht erinnern, dass wir je Begleitschutz von Mutter oder Vater bekommen hätten. Das wäre vermutlich auch nicht erwünscht gewesen, obwohl bereits damals schon viel Verkehr durch die benachbarte Verkehrsader „Fischertal" floss.

Nun trete ich meinen ehemaligen Heimweg an. Es fühlt sich so an, als wäre ich erst gestern unter den Häusern durchgelaufen, um dann im Zickzack die 47 Stufen der Treppe von 1910 herunterzutippeln. Sie gefällt mir seit eh und je mit ihren schönen Natursteinen und Laternen, ein angenehmes Highlight auf der sonst eher langweiligen Strecke. Ich laufe nun runter zur Bahnlinie und beende meinen Schulweg, der heute genau genommen ein Kreis war. Damals war ich stets zielstrebig unterwegs, fast eine halbe Stunde lang. Für mich bedeutete das neben aller Mühe auch zwei Mal am Tag ungefähr eine halbe Stunde Zeit zum Träumen und Philosophieren oder manchmal auch die Gelegenheit zum Quatschen mit Hans-Peter.

Nun sammle ich in Ruhe Flashbacks oder Fotomotive vom Alten Markt bis zum Rathaus und schlendere dabei entspannt die Haupteinkaufsstraße Werth rauf und runter. Nach einem erneuten Cafébesuch zieht es mich als letztes zur Kirche St. Antonius, deren Kirchturm ich schon eine Weile im Hintergrund wahrnehme. Dort war meine Familie religiös verwurzelt, fanden die Taufen von uns Kindern und meine Erstkommunion statt. Seit über fünfzig Jahren steht hier bereits ein anderes Gotteshaus. Nur die rot verklinkerte Fassade und der alte Turm erinnern noch an meine Kindheit. Ich betrete das Kirchenschiff. Der offene Dachstuhl wirkt erstaunlich angenehm auf mich. Auf einmal wird mein Blick gefesselt: Dies ist doch das Becken, über dem mein Bruder und ich getauft wurden! Ich kenne es von alten Fotos. Wie schön, dass es hier neben dem Turm noch eine weitere Spur von Vergangenheit gibt!

Das war's nun mit meiner letzten Memory-Tour, und jetzt ist es auch gut so. Bernhard wird mich an der Adler-Brücke abholen. Dorthin schlendere ich langsam entlang der Wupper und komme währenddessen nach und nach wieder in der Gegenwart an. Die niedrigstehende Sonne taucht den Fluss mit seiner unverwechselbaren Schwebebahnkonstruktion in warmes Abendlicht. Blaue

Wagen ziehen oben in regelmäßigen Abständen vorbei. Welch ein ergreifendes Erleben war mir auch an diesem dritten und letzten Back-to-the-Roots-Tag vergönnt!

Bild 97: Ende der letzten Back-to-the-Roots-Tour

Auf dem Weg zurück nach Cronenberg halten wir am Toelleturm. Dieser Aussichtsturm auf den Südhöhen Wuppertals wird oben noch von der untergehenden Sonne erleuchtet. Welch eine passende Stimmung, um mich endgültig von der Reise zu meinen Wurzeln zu verabschieden! Die Vergangenheit ist vorbei, aber ich spüre so stark wie nie zuvor, wie sehr sie das Fundament meiner Gegenwart darstellt. Ob Tränchenkullern oder Schmunzeln, die vielen Erinnerungen lösten einen Teppich von Gefühlen aus, auf dem ich irgendwie schwebte (kein Wunder in der Stadt der Schwebebahn). So manches hatte ich zuvor vergessen gehabt. Ich konnte mein frühes Leben aus alten und neuen Blickwinkeln betrachten. Das alles werde ich bestimmt erst in den kommenden Wochen und Monaten endgültig einordnen können. Jedenfalls fühle ich mich reich beschenkt!

## 5.5 ES WAR SO SCHÖN...

Ich sitze im Zug nach Köln neben Konrad. Er war vor drei Tagen endlich Gelibernhards Einladung gefolgt mit dem Kommentar: „Dir gefällt es vielleicht so gut in Wuppertal, dass du nie mehr nach Hause kommst, wenn ich dich nicht abhole!" Das war natürlich maßlos übertrieben. Aber zugegeben, während meines Cronenberg-Aufenthaltes kam es mir so vor, als stünde mir endlos viel Zeit zur Verfügung. Nichts und niemand drängte mich zum Aufbruch. Ich war einfach nur da. Ich erwartete aufgeregt jeden neuen Tag. So entspannt konnte ich wahrscheinlich noch nie irgendwo zu Besuch sein. Eigentlich war ich zuvor immer mit einem unsichtbaren Bündel von unerledigten Dingen unterwegs. Während der Schulzeit wurde meist einiges auf die Ferien verschoben. Seit sechs Wochen darf ich nun ein sattes Gefühl von Zeit auskosten. Dieses Gefühl hat mir den Start in die neue Lebensphase versüßt. Mir ist ein sanfter Übergang gelungen. Jetzt werde ich mich gut vorbereitet den Veränderungen des normalen Lebens stellen können.
Lebendige Erinnerungen hüllen mich ein wie ein Kokon. Sämtliche Ängste vor dem noch unbekannten Alltag werden sanft zurückgehalten. Einzigartige Bilder der Route 66-Tour mit den Back-to-the-Roots-Ausflügen entwickeln ein Eigenleben in meinem Kopf. Dazu gesellen sich auch Erinnerungen an viele weitere wertvolle Erlebnisse oder Erfahrungen. Das häufige Lachen, das bis tief in die Zehenspitzen hinunter ging. Die menschenfreund-

lichen Diskussionen, die mein Denken bereicherten. Die tiefgründigen Gespräche, die meine Seele berührten...

Unvergessen wird beispielsweise dieser Sonntagsausflug zur Müngstener Brücke bleiben. Wie wir uns lachend mit der Schwebefähre über die Wupper pumpten, nachdem die höchste Eisenbahnbrücke Deutschlands von unten bestaunt worden war. An diesem gelungenen Tag lernte ich die Wupper aus Wanderperspektive kennen. Sie zeigte sich mir als idyllisches Flüsslein im herbstlichen Wald, das so keinerlei Ähnlichkeiten mit dem mir bekannten städtischen Schwebebahnfluss aufwies. Teil drei dieser Exkursion war dann das Kaffeetrinken mit Sightseeing oben auf Schloss Burg samt Seilbahntransport. Witzig, dass meine Nachbarin Martina mein Wo-bin-ich-gerade-Fotorätsel nicht auf Anhieb lösen konnte, trotz der kurzen Entfernung zu ihrer früheren Heimat Wermelskirchen. Zugegeben, die Burgbilder waren nicht ganz typisch, denn wegen der großen Baustelle hatte ich ihr nur Detailaufnahmen schicken können.

Die Regenwanderung durchs Bergische Land zum Manuelskotten am Kaltenbach stellte ein weiteres Highlight dar. Eine Privatführung durch dieses Industriedenkmal ließ mich die Wiege der Werkzeugindustrie noch intensiver kennenlernen. Ich wusste ja zuvor bereits, warum hier schon im späten Mittelalter Eisenwaren hergestellt wurden. Ich konnte vor Ort noch ein wenig besser nachvollziehen, wie das damals funktionierte. Und ich habe auch die neuen Vokabeln „Hammer" und „Kotten" gelernt: So heißen die teilweise noch existierenden Gebäude mitten im Wald. In ihnen wurde mit Hilfe von Wasserkraft Eisen verarbeitet, Schmieden und Schleifereien sozusagen. Mich beeindruckte es, wie ein Förderverein an diesem Ort Vergangenheit lebendig hält, zum einen für Besichtigungen, zum anderen immer noch zur gewerblichen Nutzung. Interessanterweise hat hier eine Tochter von Gelibernhard geheiratet, sehr originell! Dieses Museum mitten im Wald wollte so überhaupt nicht in mein Klischee von

Hochzeitsambiente reinpassen. Respekt vor so viel Einfallsreichtum!

Es zog uns aber nicht nur ins Bergische Land, sondern auch in „die Stadt". Nachdem wir Konrad in Elberfeld vom Zug abgeholt hatten, gingen wir abends zu viert aus. Zunächst einmal schlemmten wir beim Spanier. Dann ging es gut gesättigt auf Kneipentour. Konkret hieß das: Wir gönnten uns ein Bier im Luisenviertel. Dass wir da ausgerechnet Getränke aus einem Badischen Brauhaus bekamen, wurde von Konrad und mir höchst amüsiert zur Kenntnis genommen.

Als Abschlusssensation sehe ich den Ausflug mit Geli und Konrad in den Skulpturenpark im Stadtteil Barmen. In meinem Blog schrieb ich darüber:

„...*Die Villa Waldfrieden wurde nach dem Krieg für den Wuppertaler Lackfabrikanten Kurt Herberts nach anthroposophischen Vorstellungen gebaut. Dieser starb dort 1989 und der Künstler Tony Cragg hat sein Grundstück in ein Ausstellungszentrum für Skulpturen verwandelt. Wir sind zwar Kunstbanausen, aber das ein oder andere Kunstwerk bringt uns schon zum Nachdenken. Manchmal schütteln wir jedoch auch nur einfach den Kopf...*"

Ich nehme kaum wahr, dass ich im Zug sitze. Szenen und Gesprächsfetzen fliegen ungeordnet durch meinen Kopf. Sie erscheinen realer als die Landschaft vor dem Fenster. Ich höre die Stimmen meiner Gastgeber noch fast so deutlich wie die von Konrad an meiner Seite. Immer wieder muss er geduldig Kurzberichte und Beschreibungen anhören. Unsortiert sprudelt es aus mir heraus. Unser Zug trägt mich aber unaufhaltsam von den Quellen meines Kopfkinos davon, Kilometer um Kilometer. Die gleichbleibende Geschwindigkeit versetzt mich nach und nach in eine müde Trägheit. Abschiedsgefühle werden angenehm gedämpft. Das Denken wird langsamer, die Zunge schwerer. Ich fühle mich so voll wie nach einem üppigen Festmahl. Je länger wir fahren, desto ruhiger werden Körper und Geist. Dieses satte Gefühl der Zufriedenheit untermalt meine angenehme Schläfrigkeit.

Es war alles so schön!!! Meine Füße haben mich zu meinem Geburtsort getragen. Ich durfte in die Tiefen der eigenen Geschichte eintauchen, noch einmal gleichsam mit Kinderaugen schauen. Mir kommt es so vor, als ob ich nun die ersten zehn Jahre besser als zuvor in den Rest meines Lebens integrieren kann. Eine neuartige starke Verbindung mit meiner Familie tröstet mich über die unbestimmte, unerfüllte Sehnsucht hinweg, die mich vor allem in der Jugendzeit häufig plagte. Die Reise war ein Volltreffer! Die Fülle an Erfahrungen übertraf bei weitem alle meine Erwartungen, und das obwohl ich nicht einmal jeden Plan umsetzen konnte. So bin ich beispielsweise weder die Treppenhäuser meiner Omas hinaufgestiegen, noch habe ich eine Bibliothek oder ein Museum zum Recherchieren aufgesucht. Warum sind meine Großeltern in dieser Stadt gelandet? Welchen Bedingungen waren sie dort ausgesetzt? Vielleicht werde ich ein anderes Mal noch etwas mehr darüber rausfinden. Und dann werde ich vielleicht Gelibernhard auch endlich ins Zillertal einladen. Das Ausflugslokal schloss nämlich seine Türen wegen Betriebsferien, kurz nachdem ich dort vorbei gewandert war.

# EPILOG

Genau sechs Wochen war ich unterwegs. Die Heimreise rundete diese Zeit stimmig ab. Wir besuchten noch einmal zwei Stationen meiner Wanderung. In Oppenheim und Speyer übernachteten wir in den selben Häusern. Das Alte Amtsgericht fand Konrad zwar auch ansprechend, aber er beurteilte das Haus lange nicht so überschwänglich wie ich gut vier Wochen zuvor. Wahrscheinlich war ich die ganze Zeit mit einem Cocktail aus Glücksgefühlen unterwegs gewesen. Ich hatte sozusagen ständig die rosa Brille aufgehabt, wie schön!!! Und es gab nicht einmal Entzugserscheinungen zu beklagen. Diese verlängerte Rückreise mit dem Zug war wie ein sanftes Ausschleichen. Und als ich wieder in Oberjettingen ankam, hatte ich bereits diese positive Analyse im Gepäck. Ich wiederhole: Volltreffer! Wie sollte es auch anders sein bei so viel enger Verbundenheit mit Natur und Mitmenschen, bei so viel wohlwollender Resonanz in jeder Hinsicht!

Die Ankunft zuhause setzte dann einen ergreifenden Schlusspunkt. Martina hatte ein Schild über die Türe gehängt: „WILLKOMMEN ZUHAUSE" stand da in goldenen Lettern. Auf dem Wohnzimmertisch wartete eine Karte, ein Blumenstrauß und ein Fläschchen Wein. Glück pur!

Bild 98: Wieder daheim nach genau sechs Wochen

Diese überwältigende Gefühle haben natürlich nachgelassen, aber meine Route 66 hat mein Leben auf mehreren Ebenen bereichert. Ich fühle mich noch mehr als die Person, die ich eigentlich schon immer bin. Es fügten sich in mir die verschiedensten Puzzleteile zusammen. Ich habe etwas kaum Greifbares gefunden, von dem ich zuvor nicht einmal wusste, dass es mir gefehlt hatte. Es fühlt sich an wie „erlöstes Heimweh" oder „Daheimsein" in meiner eigenen Geschichte.

Ich erlebte das perfekte Initiationsritual für meinen Ruhestand. „Ich brauche meinen Job nicht für mein Ego!" Diese Erkenntnis war mir bereits zweifellos klar, als ich ein Vierteljahr später eine Vertretung von vier Stunden in der Woche übernahm. Diese Arbeit fühlte sich ganz anders an als vor dem Ruhestand, ich unterrichtete ich ziemlich zwanglos nur Themen, die mir am Herzen lagen. Dabei sah ich mich eher als Coach, denn als Lehrerin. „Ich komme nicht als dieselbe zurück, die gegangen ist!" Diesen Satz bekamen alle zu hören, die es wollten oder auch nicht. Der Flow, den ich noch lange nach der Wanderung spürte, verhalf mir zu intensiven Wahrnehmungen, nicht nur in der Schule.

Ich habe auch eine neue Beziehung zum Herbst gefunden. Bei dieser Jahreszeit überwiegt nun nicht mehr das traurige Loslassen des Sommers, sondern die farbenfrohe Fülle und Reife. Das gilt natürlich auch für den Herbst meines Lebens. Ich kann ihn jetzt ein wenig besser annehmen. Diese Wehmut, die ich verspüre, wenn ich Vergänglichkeit betrachte, die darf dabei so sein, wie sie ist. Und das gilt auch für meine einzigartige Wandererfahrungen, die sehr schnell Vergangenheit geworden sind. Von den Früchten dieser Reise kann ich noch lange zehren, wahrscheinlich ein Leben lang. Mit diesem Buch will ich ein klein wenig der Vergänglichkeit trotzen. Konservenobst sozusagen!

*„Ich wandere in Zukunft und Vergangenheit bei ganz viel Gegenwart.",* schrieb ich im Vorwort. Was bedeutet der Satz jetzt für mich? Meine Wahrnehmung hat sich verändert. Seither sehe ich die Zeit nicht mehr so sehr als Fluss. Sie kommt mir nun eher vor wie ein See, in dem alles zusammen fließt. Diese Haltung prägt auch das Verhältnis zur Verwandtschaft. Meine Cousinen und Cousins empfinde ich nicht mehr als Menschen, die einmal vor langer Zeit aus meinem Leben verschwunden sind, um bei seltenen Anlässen wieder aufzutauchen. Ich pflege jetzt ganz neue Beziehungen.

Was war das Wichtigste? Das kann ich mit „Verbundenheit" auf den Punkt bringen. Ich verschmolz mit meiner Umgebung, war eins mit der Natur. Mein eigenes Leben wurde mir noch ein wenig vertrauter. Ich durfte aber auch kurze Berührungen mit mir völlig fremden Seelen erfahren. Ich erlebte Familie so intensiv wie nie zuvor. Nun streiche ich dieses Projekt getrost von meiner Löffelliste!

# DANK

Ich danke Konrad ganz herzlich für die engagierte Unterstützung. Ich hatte zunächst etwas Bedenken bezüglich seiner Reaktion und weihte ihn zu Beginn eher zögerlich in meine Pläne ein. Aber meine Vorsicht war völlig unberechtigt gewesen. Er fand meine Idee zwar verrückt, unterstützte mich jedoch von Anfang an. Er befürwortete die Überlegung mit dem Blog, er würzte meine Planungen mit vielen konkreten Hinweisen. Aber dass er sich dann auch noch als der beste nur denkbare Quartiermanager erweisen würde, das hätte ich mir zuvor im Traum nicht vorstellen können.

Mein Dank gilt auch unseren Kindern. Sie standen mir beide durchgehend zur Seite. Andrea war die erste, vor der ich meinen Plan laut aussprach. Ihre positive Reaktion half mir am Anfang dabei, meine eigene Idee selbst erst mal langsam ernst zu nehmen. Und sie verbrachte sogar als einzige einen Wandertag live mit mir zusammen. Meine vielen, teilweise verflochtenen Gedanken stießen bei ihr stets auf offene Ohren.

Daniel schenkte mir meinen Online-Routenplaner und wies mich ganz praktisch in dessen Funktionen ein. Er ging mit mir einkaufen, unter anderem erwarben wir den Gustav gemeinsam. Geduldig schulte er mich Schritt für Schritt, sodass ich am Ende selbstständig einen Blog-Beitrag schreiben konnte.

Allen meinen Gastgeberinnen und Gastgebern bin ich natürlich auch von Herzen dankbar: Barbara und Andreas, Gabi und Matthias, Elisabeth, Geli und Bernhard. Sie verhalfen mir nicht nur zu unvergesslichen Erfahrungen in der Gegenwart, sondern auch zum eindrucksvollen Eintauchen in die Vergangenheit. Sie trugen zu meinen intensiven Wurzelerfahrungen bei. Ich durfte eine neue Dimension von Verwandtschaft erfahren und eine alte Schulfreundschaft erneuern. Ich erlebte mich zum ersten Mal ausgiebig als befreundete ehemalige Kollegin.

Darüberhinaus waren da auch noch ganz viele unterschiedliche mehr oder weniger vertraute Menschen, die an meine ungewöhnliche Idee glaubten und mich mit wertvollen Tipps, Fragen oder Kommentaren unterstützten. Natürlich zähle ich dazu auch alle die Lieben, die mich mit Proviant und anderen hilfreichen Utensilien versorgten. Ich bedanke mich dafür, denn jeder Beitrag ermöglichte es mir, dass ich letzten Endes ziemlich gut vorbereitet aufbrechen konnte.

Es ist mir auch noch wichtig zu erwähnen, wie sehr ich mich über all die Anrufe, Textnachrichten oder Blogkommentare freute, die mich unterwegs erreichten.

Danke Euch allen! Das Zusammenspiel von so viel wohlwollender Anteilnahme machte es mir erst möglich, dass ich so weit, so tief und so nachhaltig reisen konnte.

*„Hast du keine Angst so alleine zu laufen?"* Nein! Ich bin eigentlich nie wirklich alleine unterwegs gewesen!

Ich fand auch auf dem Weg zu diesem Buch viel Unterstützung. Ich bedanke ich mich deshalb noch ein weiteres Mal bei Konrad und zwar für die vielen kritischen Hinweise und seinen technischen Support. Ich bin auch Petra, Gabi und allen anderen sehr dankbar, die mir durch Korrekturen, Kommentare oder Verbesserungsvorschläge halfen. Adelheid Mall und Astrid Feltes-Peter sorgten durch ihren professionellen Beistand dafür, dass meine Reiseerzählung den letzten Schliff bekam. Herzlichen Dank!

*"Was war das Wichtigste? Das kann ich mit ‚Verbundenheit' auf den Punkt bringen."* Danke Euch allen, mit denen ich mich auch durch dieses Buch noch ein wenig mehr verbunden fühlen darf!!!

# ABBILDUNGSVERZEICHNIS

# QUELLEN

1. Humperdinck Engelbert (Hg.) (1959): Sang und Klang für's Kinderherz. Eine Sammlung der schönsten Kinderlieder. Braunschweig: Bertelsmann Lesering, Lizenz Klinkhardt und Biermann.

2. Disselhoff, August (1848): Nun ade, du mein lieb' Heimatland, ebd. Seite 6.

3. Volkslied: Ein Sträußchen am Hute, ebd. Seite 12.

4. Von Eichendorff, Joseph (1817): Wem Gott will rechte Gunst erweisen, ebd. Seite 14.

5. De Burgh, Chris, (1982): The Getaway, Don't pay the Ferryman. Santa Monica, Kalifornien: A&M Records.

6. Tucholski, Kurt (1930): Lerne Lachen. In: Die Weltbühne Nr.3, Seite 94.

7. Eifel Tourismus GmbH, Prüm: Vulkan-Express. www.eifel.info (23.11.2022, 9:35 Uhr).

Die Omi mit Roland, Bernhard und mir